32 lectures
on official document writing

公文写作32讲

从思维构思到笔法语言

薛贵辉——著

清华大学出版社
北京

内 容 简 介

本书是《笔杆子修炼36堂课：公文写作精进之道》的姊妹篇，旨在破解公文写作理论和实践的"相约难题"。作者将自己在省、市、区、街道四级20年一线写作经验加以升华，围绕"思维""构思""笔法""语言"，打造32个写作专题，靶向式"挠痒痒"。

本书最大特点是跨界思考、迭代思维、激活思想，来自实践、拿出实招、指向实战，综合运用多学科知识，以灵动的思维、生动有趣的语言，循循善诱，揭示写作的"底层原理"，具有思想性、启发性、实战性，不禁让人感慨：原来，公文写作还能这样学！与其说本书是"公文写作技法"，不如说是"思维训练心法"，它适用于所有从事文字工作的职场人士，如果你是爱思考的人，本书足以解你的"渴"。

图书在版编目（CIP）数据

公文写作 32 讲：从思维构思到笔法语言 / 薛贵辉著 . —北京：清华大学出版社，2023.2（2023.6重印）

（新时代·职场新技能）

ISBN 978-7-302-61042-7

Ⅰ.①公… Ⅱ.①薛… Ⅲ.①公文—写作 Ⅳ.① C931.46

中国版本图书馆 CIP 数据核字 (2022) 第 096451 号

责任编辑：刘 洋
封面设计：徐 超
版式设计：方加青
责任校对：王凤芝
责任印制：沈 露

出版发行：清华大学出版社
   网 址：http://www.tup.com.cn，http://www.wqbook.com
   地 址：北京清华大学学研大厦 A 座   邮 编：100084
   社 总 机：010-83470000   邮 购：010-62786544
   投稿与读者服务：010-62776969，c-service@tup.tsinghua.edu.cn
   质 量 反 馈：010-62772015，zhiliang@tup.tsinghua.edu.cn
印 装 者：三河市春园印刷有限公司
经 销：全国新华书店
开 本：170mm×240mm   印 张：21   字 数：350 千字
版 次：2023 年 2 月第 1 版   印 次：2023 年 6 月第 3 次印刷
定 价：108.00 元

产品编号：096612-01

自　序

我在机关工作近 20 年，发现一个令人困惑的现象：磨刀的通常不砍柴，砍柴的一般不磨刀。

说直白一点就是，懂理论的一般不写材料，写材料的往往缺乏理论知识；会讲的大多不会写，会写的大多不会讲；好听的不好用，好用的不好听。搞研究的人热衷于"阳春白雪"般的殿堂理论，实际写材料的人大多满足于屡试不爽的"独门绝技"，只要工作过得去，不管出拳是否符合"套路"。所以，在公文写作这片星辰大海中，理论和实践总差着"最后一公里"，二者如同牛郎与织女，难以相会。

所以，讲好公文写作课的关键，就在于解决好"最后一公里"难题，把理论引向实战，从实践中升华理论，因为公文写作是应用写作，以"用"为主，不接地气的理论如同空中楼阁、海市蜃楼，虚幻无用。

如何促成理论和实践的浪漫"约会"？

方法无非两种，要么让理论走向实践，要么让实践走向理论。对前一种而言，把懂理论的专家请来写材料最直接，但行不通，因为几乎没有哪位功成名就的专家还有必要或有意愿做这份工作。于是只有第二种可选，即让写材料的人懂理论，把实战经验系统化、理论化，变成可复制的东西，变"野路子"为"家路子"。

问题是，第二种方法有个前提，那就是需要一群有实战经验的人来干这事儿，这些人既要舍得分享自己的"独门绝技"，还能研究理论，让理论与实践在他们身上发生"化合反应"。谁愿意干这件难事呢？早有一大群同行担起了这个使命，而且还出版了不少优秀著作，我为这种精神所感动和鼓舞。作为一个在机关写作近 20 年的人，我既是前辈经验的受益者，也有义不容辞的"传帮带"责任，有必要把自己的经验分享给更多人，有责任为"最后一公里"难题出点力。

于是，我决定写书。

正所谓"春江水暖鸭先知"，以我在写作一线的切身体会，我懂大家需要什么、困惑什么，所以我心目中的书，首先应该来自实践，并从实践中得到理论升华；其次应以用户为中心，有务实管用、专挠痒处的干货。不仅如此，语言还要让人听得懂、记得住、忘不掉，不罗列硬邦邦的教条，只以柔软的文字靠近读者。最为重要的是，不简单讲"应该这样写"，而应注重思维启发，从实践中找到理论依据，讲清"为何这样写"。

打破公文书籍的"刻板印象"，把书写得既有实用性、理论性，还有启发性、趣味性、思辨性，是不容易的。幸运的是，一次偶然的阅读，看到一位作者借军事策略来谈商业生态链的构建，这给我开了一个脑洞，于是我尝试跨界思考谈写作，跳出文稿思考写作，尝试用身边的事物取喻类比，揭示写作的基本规律。我尝试以军事眼光来思考写作，惊讶地发现，写作与领军打仗何其相似，稿子如战场，主题如主帅，素材如兵马，谋篇布局如同排兵布阵；以建筑视角来思考写作，发现文稿与建筑也很相似，二者都有主题、层次、框架、装饰，写作像极了建筑施工，设计、施工、审核、验收这些环节都体现在写作里。不仅如此，我还发现，雕刻、音乐、绘画、数学、医学、经济学等学科及镜子、梳子等日常物品都暗藏写作智慧。基于这个观察，我大胆付诸实践，跳出公文看公文，从多种学科中取喻借鉴，跨界思考，探寻事物间的底层规律。几年下来，收获颇丰，先后借"相对论"谈写作方法的多变性，借"进化论"谈成长机制的建立，借"博弈论"谈写作中的协调，借军事谈素材积累，借中医理论谈文稿瘦身，借数学"不等式"谈精简文稿的误区，不一而足。我边研究边分享，有的发表在国内公文写作专业期刊上，有的发布在公众号"一纸文章为时著"上，有的通过"云岭大讲堂"讲授。很多人感叹："没想到写公文还可以这样思考！"跨界思考很有意思，不仅能打开脑洞，启发思维，直击本质，还让公文写作理论变得有趣了。

写作是辛勤的耕耘。这几年，辛苦的付出结出了甜蜜果实，我不仅赢得了大量读者的信任和认同，还迎来了《公文写作 32 讲》和《笔杆子修炼 36 堂课》

两本书的诞生。我大胆跳出文稿讲文稿，用全新视角，结合多学科理论来讲写作，在结构设计上，采用"讲"的形式，针对写作者在写作中"最关心、最直接、最现实"的问题，靶向式"挠痒痒"，语言上大胆使用网络热词、新颖观点，保持思维"在线"，可以说有料、有趣、有味。另外，每讲（课）前都摘录名家观点，复盘构思过程，以便读者把握创作"机理"，解锁创意"密码"。两本书虽是公文写作书，却不限于公文写作，也不限于党政机关，但凡搞文字工作的都可使用，还可当作思维训练书。

本书与《笔杆子修炼36堂课：公文写作精进之道》是姊妹篇，探讨公文写作的思维方式、构思方法、表述方法和语言技巧。全书32讲，分4篇：第1篇从写作的本质、内涵、方法、实例、应变、科学、镜鉴等讲思维方式；第2篇从谋篇布局、设计理念、设计方法、拓展思维、扩大格局、多谋善断等讲构思方法；第3篇从引题、衔接、逻辑、数据、踩点、务实和层次等讲表述方法；第4篇从修辞力、感知力、品鉴力、震撼力、感染力、说服力和表现力等讲语言技巧。

一路走来，真心感觉写材料难，写书更难。

茨威格在《人类群星闪耀时》里写道："一个人生命中最大的幸运，莫过于在他的人生中途，即在他年富力强的时候发现了自己的使命。"我在不惑之年发现了自己的使命，并为之付出了努力，毫无疑问，我应该感到幸运。为此，五年来，为了写书，我忍受了无数的清苦、寂寞，很多人不解，认为这样不值得，但我选择了坚持，因为我知道我要做什么，正如王鼎钧先生《作文四书》里写的："我是赤着脚走路的那种人，路上没有红毯，只有荆棘。中年以后整理自己的生活经验，发生了一个疑问，当年走在路上，前面明明有荆棘，为什么走在前面的人不告诉我呢？前面有陷阱，为什么没有人作个标记呢？前面有甘泉，为什么去喝水的人不邀我同行呢？经过一番研究，我知道一般人在这方面是很吝啬的。于是我又衍生出一个想法：我一边赤脚行走，一边把什么地方有荆棘、什么地方有甘泉写下来，放在路旁让后面走过来的人拾去看看。"写了近20年的材料，我也不吝于"赤脚走路"的人，因而特别希望把文字路上的"荆棘""陷阱"标出来，把规律找出来，把"甘泉"引出来，让路上的同行者好走一些，让愿意走这条路的人多一些，更热闹一些。

当然，文字工作是场漫长的"马拉松"，是一个久久为功的过程，每一步都是学习力、思维力、意志力、创造力、道德力的综合修炼，千万急不得。我最担心初学的朋友急于求成，耐不住性子，吃不了这种苦。格拉德威尔在《异类》里提出"一万小时定律"，这是成长型思维的体现，是有道理的，一个人不管干什么，一万小时的锤炼无疑是从平凡人变成专家的必要条件。请相信，任何努力，只要在长期主义的复利下，一定会积累成奇迹。

　　如果你选择了写作，那就只顾风雨兼程！

　　而我，愿意为你铺路搭桥。

　　请跟我走吧！

薛贵辉

2022 年 7 月

目　录

第二篇　构思

想得清楚，才写得明白

第三篇　笔法
有好工艺才有好产品

第四篇　语言

文为阅己者容

第一篇

思维

写作是思维的较量

·写作是将网状的思想，通过树状的句法，组织为线状展开的文字。

——史蒂芬·平克

写作是思维的表达，思维是写作的核心。可以说，有什么样的思维，就会产出什么样的"产品"。大量实践证明：写作是思维的终极较量，写作，写的其实是思维。

本篇围绕"思维方式"讲 12 个问题：

◆ 情怀：材料人如何对待写作

◆ 本质：公文写作的 9 大思维

◆ 用户：啥是用户思维？

◆ 审视：如何从多学科角度思考写作

◆ 内涵：跨界思考的概念、作用和类型

◆ 方法：跨界思考的 7 个步骤

◆ 实例：跨界思考的实例

◆ 应变：公文写作"相对论"

◆ 协调：公文写作"博弈论"

◆ 数学：公文写作的"数学原理"

◆ 镜鉴：公文写作的"镜鉴思维"

◆ 兵鉴：公文写作"战争论"

我写，故我在

——材料人该怎样对待写作

我写文章如同在生活，创作就是我生活的一部分。我写的时候就生活在自己描写的生活里。如果我有的作品还写得好一点的话，那就是我写作时也生活在文章里。

——巴金

 本讲导读

"您写了近 20 年材料，为啥还要乐此不疲地写？"这是很多朋友问我的问题。这个问题回答起来比较难，但又很重要，因为它涉及内心能否自洽的问题，也涉及职业观、价值观的问题。如果不回答好，可能难以说服更多的人在写作之路上坚持走下去，所以我把它作为第一讲。正好，2019 年 11 月 27 日，我开通个人公文写作公众号"一纸文章为时著"时，发刊词——《既把陈醋当成墨，写近半生何惧酸？》就回答了这个问题，阐释了我个人的写作世界观：坦然面对，泰然处之，坚定往前走。本讲旨在呼吁大家都能立起"笔杆子"的坚守，涵养"笔杆子"情怀，永远保持淡定的心态和钻研的精神。

本讲核心观点

- 既把陈醋当成墨，写近半生何惧酸？
- 写作需要情怀的加持
- 干一行就得研究一行
- 文字路上，与你同行

在机关里爬了近 20 年格子，40 出头的我，接下来如何走？

这是近来常想的问题。其实，人生路上，每 10 年就是一个里程碑。对每个人来说，每过一个里程碑，就面临一次选择，出门向左走，还是向右走，多少有些疑惑！

40 岁，是不惑之年。

什么是不惑？

古人说：仁者不忧，智者不惑，勇者不惧。所谓不惑，不是一种知识和智力的状态，而是对过去、现在和未来的心态。

在我看来，不惑，不是要对事物洞若观火、通晓一切、算无遗策；真正的不惑，是对过去淡定，对当下珍惜，对未来笃定。人到不惑之年，应洞见到，过去已成历史，谁也改变不了，现在即将变为事实，从两者之后画出的延长线就代表未来，它是过去和现在的延续，我要做的，就是坦然面对，泰然处之，坚定往前走。

1. 既把陈醋当成墨，写近半生何惧酸？

最近，我在网上看到一幅图，是一位中年男人的素描画，画中的男人头发有些卷曲，满脸堆着沧桑，显然经历了生活的考验。只见他眯着眼、歪着头、叼着烟，拿着酒瓶自斟自饮，无奈中夹杂着些许迷茫。画上赫然摆着两行字：错把陈醋当成墨，写尽半生都是酸！

这话很耐人寻味。一个"中年油腻男"的感慨，虽略带世俗之气，却暗合了"材料狗"的普遍心理。一个"写"字，一个"酸"字，可谓正中下怀，挠到了痒处。在职场中，文字工作很奇妙，酸、辣、苦、甜、咸，五味俱全，且各种味道经常随意组合，很难分辨是哪一种。由是，一般人不愿品，也很难品出真实味道。

"干什么事情都好说，就是不要让我写材料。"这是很多人内心的潜台词。

害怕写材料，生怕沾在手上甩不掉，怕被人贴上"只会写材料"的"书呆子"标签，走不了。

这种担忧不无道理。大量事实证明：写材料的人，会被认为"只会写材料，不会办事情"，并且写得越好，留给别人的印象越深，最后就真的"只能写材料"了。这种现象，让我想到一种动物：梅花鹿。如果把公文写作者看成梅花鹿，那写材料这件事情就像梅花鹿头上的角，那鹿角平时看起来像珊瑚一样美丽诱人，端的别致，可一旦放在危险的丛林里，枝枝丫丫的大角，瞬间变成逃命的羁绊，挂在树丛中无法动弹。

这叫"优势反制"。谁也不希望被优势反制。

因而，在险象环生的"社会丛林"里，人们更愿意当自由的猎豹，退一步讲，当一只角马或羚羊也不错，至少关键时刻可以快速奔逃。反正，少有人愿当梅花鹿。不过，话说回来，既然已经是梅花鹿了，又能咋办？还能变身不成？既然变不了身，就顺其自然吧，既把陈醋当成了墨，再酸一点也无妨。要不，怎么每天还有那么多梅花鹿诞生呢？这叫"存在即合理"。

2. 写作需要情怀的加持

这些年，不断有朋友提醒我：写了这么多年材料，也该干点别的了，别再傻傻研究什么写作啦。你写得越好，"笔杆子"标签越明显，今后路子越窄。

我知道，这是对我好，可问题是，材料总得有人来写，大家都不想写，谁来写呢？正如佛家说的："我不入地狱，谁入地狱？"于是，我就"傻傻地"选择了写，别人都在退避三舍，我偏偏要"自投罗网"，并且还乐此不疲，岂不是傻吗？

当然，人活着，还是要有点情怀的！

有时候，情怀也需要淡定的加持，需要几分傻气。

早些年，我看《士兵突击》，喜欢许三多的蜕变过程，尤其是他那句傻傻的话："有意义就是好好活，好好活就是做有意义的事。"

我隐约觉得，这就是一种情怀。

这种情怀，成就了兵王许三多。

我看《阿甘正传》，在我眼中，阿甘就是美国的许三多。

"Run，Forrest，run！（快跑，福尔斯特，跑！）"

这种情怀，成就了阿甘的传奇人生。

中国有句古话："小成靠聪明，大成靠天真。"之前不太懂，看了许三多、阿甘的故事后，懂了。

干任何事情，都要有点情怀，有点傻劲儿。因为在人生路上，精明的算法往往不管用，"你有你的计划，世界另有计划"，世界这么大，怎么算得过来呢？

文字工作无疑是件苦差事，没有情怀是坚守不住的。有人给公文写作者画像：秃脑门、尿黄尿、省媳妇、费灯泡，真心不容易。那种苦，不仅是贾岛"吟安一个字，捻断数茎须"，那种殚精竭虑的痛苦，也不仅是朱淑真"哭损双眸断尽肠，怕黄昏后又昏黄，更堪细雨新秋夜，一点残灯伴夜长"，那种缠绵悱恻的孤苦，还夹杂着"板凳需坐十年冷，文章不写一字空"的简单乏味的清苦。

文字工作是一场马拉松，一跑就是十年八年，甚至更长。如何心平气和跑完全场，还得学许三多，学阿甘，学他们不抛弃、不放弃、不浮躁，不想太多，日拱一卒，一门心思往前跑。

3. 干一行就得研究一行

这些年，我在写好公文之余，花了很大工夫研究公文写作，受益匪浅，于是开始写文章总结，与大家交流。一些文章在《秘书工作》《写作》《秘书》《应用写作》等专业期刊上发表。在枯燥乏味的文字中，我吮吸到了一丝丝甜味，找到了一点微不足道的乐趣。

时间长了，有人就感到奇怪，问我："你这样做，一定很喜欢写作吧？"我一时答不上来！类似的问题也有人问过画家尤勇，尤勇回答说："倒不是喜欢不喜欢的问题，而是我每天都意识到自己画得不够好，有很多在技法上要解决的问题。这才是我一直画下去的原因。"是的，不管干什么事情，让你坚持下去的理由，不是什么喜欢，而是"干好本职工作，就要把问题解决掉"，解决问题就得去研究问题。就这么简单。

可问题是，有些人似乎不明白这一点。

一些人写材料，即便是一个简单的报告，也不知道从哪里写起，哪些该写，哪些不该写。费了九牛二虎之力，勉强拿出来的初稿，连逻辑都不通，看得人一头雾水。什么原因？表面上是文字表达技巧差，本质上却是对工作缺乏研究、缺乏理解。其实，不会"写"只是表象问题，因为"写"只是表达的一种方式而已。

写作是思想的外化过程，关键看对工作有没有见地。

写作就像打印机打印文件。打印机只是一种输出设备，若想打出完整文件，必先得有内容，否则再牛的打印机也打不出像样的文本。同理，一个人若想把事情写清楚，必先把事情想明白。很多人正是由于不深入研究工作，习惯于靠经验和本能，不去探知问题的本质规律，提起笔来就写，不"蒙圈"才怪。

达·芬奇说："让劳作跑在思考之前，一定是个拙劣的画家。"其他事情何尝不是这样呢？我之所以拿写材料来说事儿，不是让所有人都来研究公文写作，只是想借题发挥，释放一个观点：任何人，不管干什么，都得有点研究精神。

通过执着、细致的研究，把自己的本职工作搞懂，悟透其中的本质、规律、特点，这样才能胜任工作。

研究其实很简单，它不是专家学者的专利，有时它只需要一个态度就够了，用一点心就能做到。研究过程很像古人写字、绘画前研墨的过程，只需一方砚、一块墨，少许清水，然后慢条斯理地磨。没有太复杂的技术，关键是要有耐心，能平心静气、不厌其烦地磨，功夫到了，再硬的墨都会化为任你挥毫的墨汁。

4. 文字路上，与你同行

现在很多单位都缺愿意写材料、会写材料的人，"笔杆子"稀缺，"一笔难求"。令人不解的是，对于写材料，一般人不愿意沾手，沾了手的人轻易上不了手，上了手的人往往又脱不了手，整个链条被锁死。

如何破？这是一个问题。

这几年，我在文稿写作方面做了大量研究，有所领悟。于是有单位请我去讲课，我把观点分享给大家。从反馈情况看，得到了大家的普遍认同。遗憾的是，讲课时间有限，范围也不大。大家有意犹未尽之感，于是有人建议我开通微信公众号，在线上分享。这是个好主意。

经反复斟酌，做了不少功课，公众号总算开通了，名曰"一纸文章为时著"，取意于白居易《与元九书》"文章合为时而著"，寄希望于写文章的人有胸怀天下、经世济民、与时偕行的格局、使命和情怀。当然，这只是一种取意，并不代表我有这么大的野心。我只有一个小小心愿：为大家尽点绵薄之力，解决点实际的写作难题，让更多的人选择写作，善于写作，少走弯路。

我的文章，不敢奢望它像灵丹妙药一样，起到立竿见影的效果，帮大家解决所有问题。我不是药神，也没有神药。我想，我的思考若能给你一点心灵的慰藉、思想的启发，能收获一些价值的认同、情感的共鸣，哪怕就那么一丁点，心亦足矣！既然选择了远方，我会风雨兼程，希望一路有你们的陪伴！

俗话说，万事开头难。经营公众号，对我来说是大姑娘上花轿头一回，完全没有经验可言。加之这几年肩上的责任越来越重，时间和精力都是问题。不过没关系，正如汪国真在《热爱生命》一诗中写道：

我不去想是否能够成功

既然选择了远方

就只顾风雨兼程

……

我不去想身后会不会袭来寒风冷雨

既然目标是地平线

留给世界的只能是背影

我不去想未来是平坦还是泥泞

只要热爱生命

一切都在意料之中

我打定了主意，不管多艰难、多辛苦，既然写了，就要写到底！

我的文章会秉持 3 点原则。

（1）非原创不分享。我保证分享的每篇文章都是原创，一字一句都是用脑子过滤过的，没有敷衍，也无苟且。我对每一次落笔负责，对大家负责。

（2）无思想不写作。写作不是简单的文字工作，它是思维的集成。任何一次行笔，都是思维的联袂表演。我的文章重于思维训练、思想探寻，跳出文稿跨界思考，帮你拆除思维围墙，让思想的野马自由驰骋，从你意想不到的视角去打开脑洞，揭示写作的底层逻辑。

我的文章不是范文，不是复制粘贴、改头换面就可应付了事的那种。授人以鱼，不如授人以渔，我更推崇思考的价值，更愿意为你提供一种思考的范式。所谓高手，就是会思考，我希望你成为会思考的人。

（3）无感受不呻吟。发自内心，方能打动人心。这十多年中，我曾在省、市、县、街道四级工作，服务过不同风格领导，写过无数稿子，在真刀真枪中收获了经验。我所分享的，都是切身感受，没有无病呻吟，即便偶尔来点"鸡汤"，带点"酸涩"，也属亲手烹饪，但喝无妨。在未来的日子里，我会坚持每周分享一篇文章，千万别嫌少！

如果你是个爱研究、不怕酸的人，给我等着，有你好看的！

（注：本文写于 2019 年 11 月，作为个人微信公众号"一纸文章为时著"发表的首篇创作文章）

第2讲　写作，写的是思维

——公文写作的"9大思维"

写作从本质上或是思维的物化，即用语言文字表现作者的思维活动及其结果。清代李渔说"袖手于前，始能疾书于后"就是指运思成熟后，才能顺畅地执笔行文。运思即思维的运行，指在主体心灵中将感知摄取的素材转化为形象、形式的实践过程。它是一种创造性的思维活动，是升华认识、疏通思路、厘清材料、设计文章蓝图的必由之路。

——董海玉、刘海涛

本讲导读

这些年，常有人问我："写作能力的核心是什么？如何成为公文写作高手？"有很多答案。我的观点是：公文写作的核心能力是思维能力。因为写作本质上就是一种思维活动，思维如同大脑"操作系统"，管理着生产资料（写作素材），影响生产关系（表述方式），最终决定生产力（写作水平）。写作水平的提升本质上就是思维水平的提升，文稿品质的较量本质上是思维水平的较量。所谓写作，其实写的是思维。在这样的基础上，本讲跨越多学科领域，归纳了公文写作中常用的9种思维方式，即用户思维，相对思维、系统思维、跨界思维、故事思维、数学思维、逻辑思维、模仿思维、战略思维，目的是帮大家洞见思维的价值，拓展思维的角度，保持开放心态，让思维时刻"在线"。

本讲核心观点

- 思维在写作中的4大作用
- 公文写作的9大思维
- 训练写作思维的5种方法

公文写作靠什么？

有人说靠大量掌握写作素材，有人说靠扎实的文字功底，还有人说靠娴熟的写作技巧。说的都没错，只是没点到核心上。

我的观点，写好公文关键是思考，而思考的源头在思维，所以可以这么讲，写作写的其实是思维方式。

下面，重点讲 3 个问题。

1. 思维在写作中的 4 大作用

从一定意义上讲，文稿是思维的艺术，写作是思维的表达。思维是决定写作成败的关键。这得从以下 4 个方面来理解。

（1）动脑是动手的前奏

达·芬奇曾说，让劳作跑在思考之前，一定是个拙劣画家。我想，若让写作跑到思考前面，一定是个蹩脚的作者。

思考永远是写作的前奏，写作过程中，"写"是"想"的顺势而为，要想写清楚，先得想明白，这叫"意在笔先"。

安徒生创作童话故事前，喜欢在林中漫步构思，英国作家雪莱写小说，虽说写作只花了几个月功夫，构思过程却长达数年之久。

（2）思维是观点的梳子

从认知科学的角度看，思维的主要任务是对输入大脑的碎片化信息进行处理，按一定逻辑梳理重组这些信息，然后形成观点。

正如美国认知科学家、语言心理学家史蒂芬·平克（Steven Pinker）说的，写作的实质是"将网状的思想，通过树状的句法，组织为线状展开的文字"的过程。在这个过程中，若没有思维这把梳子，恐怕很难将碎片化的信息"组织为线状展开的文字"。

（3）思维是写作的工艺

写文章与生产产品是一样的道理，思维方式如同生产工艺，不同的思维产出不同的产品。

写作中，只有具备系统思维、逻辑思维、辩证思维，方能写出合乎规律、结构完整、内容丰满、脉络通畅的文章；只有具备用户思维，方能写出适销对路的稿子；只有具备相对思维，方能做到个性化定制、"柔性化"写作；只有具备跨界思维，方能另辟蹊径，写出有创意的稿子；只有具备工程思维，方能精益求精，写出没有质量缺陷的文稿。

（4）思维是思想的眼睛

思维决定一个人思考问题的维度和方向。

系统思维可以帮我们展开思考的扇面，多维度、多层面思考；跨界思维能帮我们在不同事物间掘出一条思想隧道，发现写作的底层逻辑；模仿思维可以让我们借题发挥、借风驶船，在模仿中创新，在借鉴中超越；镜鉴思维能给我们装上望远镜、放大镜、显微镜、潜望镜，看到肉眼看不到的风景。

写作与思维密不可分。汉代王充在《论衡》中说："心思为谋，集札为文，情见于辞，意验于言。"什么叫"心思为谋"？所谓思和谋，都离不开思维。刘勰在《文心雕龙·神思》里讲："文之思也，其神远矣，故寂然凝虑，思接千载；悄焉动容，视通万里。"陆机在《文赋》中也说："其始也，皆收视反听，耽思傍讯，精骛八极，心游万仞。"这些古代文论观点都表明了思维在写作中的重要性。写好文章，非得在思维训练上下下功夫不可。

2. 公文写作的 9 大思维

思维是写作的关键工艺、核心技术，只有掌握这种技术，才能给手中之笔注入澎湃的动力。公文写作者要注意训练以下 9 种思维方式。

（1）用户思维

即以用户为中心，站在用户角度思考问题，个性化定制，满足多元化的文稿"消费"需求。

之所以强调用户思维，可从两方面来理解：首先，从写作本质看，文稿是一种文字产品，作者是"内容生产者"，写作过程也应遵循商业逻辑。其次，从公文特点看，公文是为他人"代言"，好与不好，不是自己说了算，是"消费者"说了算。所以，这个过程不是"表达逻辑"，而是"倾听逻辑"，不是你想写什么、擅长写什么，而是别人想说什么、想听什么。

有些人总想不通，写文章为什么要去迎合别人呢？如果你这么想，那就错了！因为只顾自己表达，不顾读者感受，这是在写日记，不是写公文。若想让人接受你的观点，喜欢你的文章，没有用户思维做不到。所以要以用户为中心，把用户当上帝，充分了解用户，了解他们有什么特点、关心什么问题，然后替他们把话说出来。

（2）相对思维

即不绝对地理解写作中的每一个方法和经验，而是相对地运用，具体问题具体分析，把写作当成解一道函数题：$y=f(x)$，因变量 y 好比稿子，而自变量 x 是影响写作的因子，y 随 x 变化而变化。

之所以推崇相对思维，是因为世界上没有绝对的事物，一切都是相对的。爱因斯坦也正是基于这样的思维，颠覆了牛顿关于时空度量刻度大小不会因参照系变化而变化的绝对时空观，创立了相对论。公文写作理论有明显的相对性特征，文稿这个物种天生是社会的产物，得与外部世界交换信息，随外界环境变化而变化，那些被我们经常强调的方法，譬如写文章要求短、求新、求实，入题要开门见山、一针见血等，都不是一概而论、放之四海而皆准的，而是受特定的时间、场合、人物、事件和文种因子影响的。在古代，这种思维叫作"文无定法"。

（3）系统思维

包括两方面内涵：一是结构成体系，即把文稿当成一个系统来看，做好谋篇布局。二是内容成体系，即提出问题、分析问题、解决问题时做到完整、全面。

之所以推崇系统思维，一方面，因为世界本来就是一个大系统，每篇文章就是由字、词、句、段，主旨、结构、材料、语言组成的一个系统。比如，我们谈文稿的精简问题，一般都不建议"生米煮成熟饭"后再来考虑删减，也不建议孤立地从"文字"入手，而是主张从谋篇布局、材料选择阶段就介入，这就好比中医的"治未病"，预防为主。不仅如此，还要考虑立意构思、谋篇布局、材料选择、表述方式等对篇幅造成的间接影响，全过程、全要素、多维度考虑问题，才能高效率地让稿子"瘦"下来。另一方面，公文解决的每个问题也是一个个不同层级的系统，如生态环境中，我们通常强调山、水、林、田、湖、草、沙等要素，就是系统思维的体现。所以，写作时应着眼全过程，考虑全要素，注重整体性，切换多维度。

（4）跨界思维

即类比思维，指跨越到不同学科领域，把陌生事物与众所周知的事物进行类比，从而找出两个不同事物间相通的底层逻辑。

世界是一个普遍联系的世界，表面上风马牛不相及的事物，底层却往往有着相通的逻辑。常用语句中就隐含着跨界思维，如风声很紧、现场沸腾了、翻开新篇章、腐败、砍价、堵住漏洞、梳理、沟通、研究、锻炼、发火、打磨、雕刻、打算、连轴转等。公文写作也可以用跨界思维回归到某种具象场景中，在跨界类比中获得灵感和创意，打开脑洞。

古往今来，人们都喜欢在跨界类比中获得创意灵感。比方说，把写作比作盖房子，比为做菜或带兵打仗。我还读过一篇信息，作者借用中医"望、闻、问、切"四诊法，从四个方面总结精准脱贫经验，既贴切又豁然贯通。再如习近平总书记 2013 年访问德国时借用"牛顿力学三定律"谈中德关系，用"惯性""加速度"和"反作用力"来说明中德继续合作、加快合作、减小阻力，意味深长，形象生动。所以，学习写作，需要跨界思考，打破学科间、领域间的壁垒，融会贯通，找到共同的底层逻辑。

（5）故事思维

即通过举例子、列数据、讲过程等特定"故事形态"，把零散的信息整合起来，形成一个完整的表达模块，有机地嵌入文本，增强文章的现场感、真实性和说服力。

人类最先有故事，然后才有道理，因为只有通过故事才能创造道理。从古至今，人们已经习惯了听故事，当遇到问题时，第一反应是"是谁？在哪里？怎么了？"，而不是"为什么？"。所以有人说，"讲故事将会成为 21 世纪最应具备的基本技能之一"。

写公文当然不是写小说，不过，公文里举例子、列数据、说过程的实质就是讲故事，把事物生动具体地呈现给读者。写好公文要有故事思维，因为一个故事胜过一打道理，讲好一个故事，可以赋予冰冷的数据和事实以温情，让读者产生代入感——就像放电影一样，让你身临其境地经历这个事情。

毛泽东喜欢讲故事，习近平总书记也善于讲故事，在各种致辞、外交前的理论文章、演讲中，都会讲故事。比如，习近平总书记在 2017 年金砖国家领导人厦门会晤的欢迎宴会致辞中说道："1985 年，32 年前，我来到厦门工作，当时是到这里来担任副市长。那天正好是我 32 岁生日，现在捻指算来又过了32 年。当时的厦门基本上没有什么高楼大厦，晚上的灯光非常稀疏，外国商人和游客也很少见。如今，32 年过去了，海风海浪依旧，厦门却已旧貌换新颜。"这个致辞用自己亲身经历说明我国改革开放取得的辉煌成绩，非常生动，充满了亲和力、说服力和感染力。

（6）数学思维

包含两个层次：一是文本形式要体现数学要求，做到准确、规范、严谨，富于逻辑性。二是善于运用数学方法表达，如比较、分析、综合、抽象、归纳、概括，乃至演绎、推理、预测等。

"数学是上帝用来书写宇宙的文字"（伽利略），无论自然科学还是社会科学，为了获得对研究对象"质"的深刻认识，需要做出"量"的刻画，而量的刻画自然离不开数学方法。马克思曾说："一门科学只有当它达到了能够成功地运用数学时，才算真正发展了。"这是对数学作用的深刻理解。在现代科学中，运用数学的程度，已成为衡量一门科学发展到什么程度，衡量一种理论成熟与否的重要标志。

"在抽象的意义下，一切科学都是数学。"（C.R. 劳，《统计与真理：怎样运用偶然性》）数学是打开科学大门的钥匙，也是打开写作之门的钥匙。公文是"文"与"数"的联袂表演，任何文稿都离不开数，更离不开数学思想、数学方法和数学视角。数学式的表达让文字和数字更准确、规范、严谨，富于逻辑性。数学方法能井然有序地说明问题、张弛有度地论述事理。比如，分析法可以让笼统的事情条理清晰，归纳法可以让琐碎的事物凸显本质，比较法可以让成绩高下立判。

（7）逻辑思维

指让思考的过程、表达的内容符合事物本身的自然规律，先后、大小、多少、远近、因果、转折、递进关系合理，呈现出事物该有的秩序和状态，没有违和感。

德国哲学家黑格尔说过："逻辑是一切思考的基础。"逻辑的本质就是事物存在或变化的规律，任何事物都有一定的逻辑。我们常说"劈柴不照纹，累死劈柴人"，讲的就是遵循逻辑。

逻辑是写作的基础，一篇文章顺不顺，关键看内在脉络是否清晰，是否有一条明确的线索来串联。这条脉络和线索背后就是逻辑关系。通顺的文章，就顺在逻辑上。因此，写文章一定要有逻辑思维，在谋篇布局、材料安排、语言组织、行文走笔时遵守逻辑规律，恪守逻辑规则，这样才能有条不紊地叙事论理，环环相扣地发表见解，写出没有违和感的文章，这叫"顺理"方能"成章"。

（8）模仿思维

即善于学习借鉴别人的写作经验和方法，通过适当创造，形成自己的成果。所谓"依葫芦画瓢""天下文章一大抄""照猫画虎"，就是模仿思维的体现。

模仿是人类的本能，是一种学习方法，也是一种思维方式。人类从牙牙学语、蹒跚学步开始，所有的智慧都是从模仿借鉴中得来的。学习书法、绘画要临摹、写生，学习写作也需要模仿。朱熹说："古人作文作诗，多是模仿前人而作之。"茅盾说："模仿是创造的第一步，是学习的最初形式。"写作者一定要有这种思维，学会在模仿中借鉴，在借鉴中超越。

莎士比亚起初模仿英国旧戏剧作者，布朗宁起初模仿雪莱，陀思妥耶夫斯基和许多俄国小说家都模仿雨果。现在很多初学者写材料，往往不知从何下手，一些老同志因为写材料久了，也会遇到"天花板"，写不出新意来。原因在哪里？一个重要的方面就是不善于模仿，因为对于任何东西都想独立创造是不可能的，条件也不允许。

模仿无疑是公文写作者提高综合材料写作水平的有效途径。不过，这里说的模仿，不是简单地在文字上照搬照抄，而是综合借鉴吸收"再创作"的过程，如同书法绘画里的写生和临帖，正确的做法是以优秀范文为蓝本，学习其写作构思、技巧和文风，研究义理、考据和辞章。

（9）战略思维

就是提出问题、分析问题、解决问题时，善于从全局的、长远的、根本性的角度出发，从超大的时空格局来思考谋划。曾国藩曾说："谋大事者，首重格局。"所谓格局，体现的就是战略思维，就是超大的眼界、胸襟、气魄和胆识。

大家都知道，三国时期有刘备"三顾茅庐"，诸葛亮献"隆中对"的故事。试想，一个躬耕于南阳，居于草庐之中的待业青年，能指点江山、激昂文字，畅谈天下大事，靠的是什么？就是格局。有大格局的人"笔底伏波三千丈，胸中藏甲百万兵"，能够观大势、谋大事。写公文一定要有战略思维，这样才能在写作中站得高、看得远、谋得深、看得透、跟得上。

公文写作中还有许多思维方式，如互联网思维、法律思维、工程学思维、经济学思维、管理学思维，甚至美学思维等，都值得大家揣摩学习。

3. 训练写作思维的 5 种方法

心理学家麦克斯威尔·马尔茨说："所有人都是为成功而降临到这个世界上，但是有的人成功了，有的人没有，那是因为每个人使用大脑的方法不同。"虽然每个人都有思维，但思维的质量有差别，思维质量直接影响思考和写作质量。高质量的思维能让写作朝着我们期望的方向发展，不良的思维则会让人付出巨大代价。

练习写作，实际上是在训练思维。如何训练写作思维？可从以下 5 个方面入手。

（1）增强意识

古人云"行成于思，毁于随"，写文章也是这个理。欲写文章，必先思考，必须有科学的思维做支撑。公文写作者要跳出写作看写作，在思考谋划上下功夫，注重思维方式的训练。

（2）掌握方法

思考不是胡思乱想，而是一门技术，是有规律地展开思维的扇面。它有自己的一套工艺，有具体的分类和方法。建议平时要善于总结不同思维的规律和过程，找到思考问题的出发点、着力点和落脚点。

（3）刻意练习

在岸上永远学不会游泳。脑科学试验证明，思维也是大脑神经网络中的回路系统，就像肌肉一样，只要刻意练习就能得到提升。只要掌握了方法，通过时间的浸润，思维会更科学。

（4）养成习惯

播下一种行为，收获一种习惯。思维本质上就是一种习惯，习惯会成自然，思维也会产生定式。好的思维路径经过长期"踩踏"，会产生条件反射，让人自然地按正确的路径进行思考。

（5）不断修正

人之所以要不断学习，就是因为人需要不断完善自己，修正自己的错误。任何一种思维都不是一劳永逸的，随着外在世界的变化，思维也要随之刷新。如同电脑操作系统，要以开放的心态，随时给它打打"补丁"，升级到更高级别的版本。

好公文最终拼同理心
——一次失败唤醒的"用户思维"

第3讲

　　射箭要看靶子，弹琴要看听众，写文章做演说倒可以不看读者不看听众吗？我们和无论什么人做朋友，如果不懂得彼此的心，不知道彼此心里面想些什么东西，能够做成知心朋友吗？

——毛泽东

本讲导读

　　你知道什么是用户思维吗？若非 2017 年那次把稿子写砸了，我可能至今还不懂。如何才能写出领导满意的稿子？这是笔杆子必须思考的问题。在公文写作中，领导其实就是文字产品的"用户"，所以，那次写作让我深刻地明白了一个道理：写作要有用户思维。所谓用户思维，就是懂得换位思考，懂得关切用户想要什么，以用户为中心来写作，而不是以自我为中心，凭自己的感觉去写。当时我还不明白这一点，"吃了一个大亏"。所以，本讲专门把那次"失败的写作"构思过程复盘出来，附上初稿和修改稿，便于大家获得"前车之鉴"。通过本讲，希望大家在写作中有意识地培养自己的用户思维，围绕用户来生产文字产品。

本讲核心观点

- 一次失败的写作
- 什么是用户思维？
- 养成用户思维的"3 个阶段"及"6 维模型"

商界有句话：好的产品，最终都是拼同理心。

写文章也一样，好的文章，是"接受美学"的一次实践，是社会学、心理学实验的一个样本。

前些年，我跟一位前辈聊起写材料的事，他说了一段意味深长的话：在机关里写材料就像做企业，你的厂子生产什么产品，很大程度上由客户说了算，你的东西好不好，评判标准也在客户那里，一切都得围着客户转。倘若没有用户思维，没有高度的共情能力，断然写不好材料。

我当时觉得这个洞察很独特，很有道理，但什么是用户思维，如何养成用户思维，我还没领悟到其内涵。

直到四年前，因为我的自以为是，写了一篇失败的评论文章，被领导批评一顿，推倒重来后，我才真正领悟了什么是用户思维。这几年，我在"云岭大讲堂"讲写作思维，将用户思维作为公文写作十大思维的第一思维来讲。后来，很多朋友都希望我把这个课件分享出来，综合考虑后，我打算把这些思维方式拆开来讲，一个一个地讲透彻。

本讲，我通过复盘自己写的一篇文章，谈谈什么是用户思维、用户思维有多重要、如何培养用户思维这 3 个问题。

1. 一次失败的写作

2017 年初，在云南省组织部长工作会上，省里提出"打造一支有信念、有思路、有激情、有办法，推动跨越发展的云岭铁军"的要求。为抓好落实，组织部开展干部作风转变活动，首先安排各单位领导在媒体上发表评论文章，在舆论上蓄势造势，评论的主题是：转变干部作风，打造"云岭铁军"。

这类稿子的写作任务自然落到综合处头上。我当时是副处长，考虑到事情重要，单位领导新到任，时间也紧，就亲自操刀。当时我想：这种稿子写得多了，篇幅不长，不难搞定。

我自信满满地开始了构思。当时我有四个基本判断：第一，这是个公开发表的文章，语言和观点务必严谨、准确。第二，按评论文章的风格，一般都是短小精悍，篇幅一千字以内，结构要简单，可分几个自然段展开，逻辑上自然衔接即可。第三，既然是评论文章，自然得"有评""有论"，说白了，文章要谈出认识，写出观点来。第四，文章主题是"云岭铁军"，那一定要在"铁军"二字上作文章，否则就破不了题。

而且我觉得这篇稿子的文字不能平铺直叙，也不能写一些"正确的废话"，应该另辟蹊径，写出思想，写出见地，让人有眼前一亮的感觉。于是，我立即组织了强大的思维力，调度所有能调度的信息，让自己的"小宇宙"爆发。

一阵"精骛八极，心游万仞"后，我终于获得一些灵感，具体如下：

第一，那一年，省里确定了全省打一场"工业经济攻坚战"的思路，还印发了实施方案，当时正在如火如荼地推进中。若不结合这个问题来谈"云岭铁军"的打造，显然写不到点子上，写出来的观点也是"空对空"的，没有用。

第二，"铁军"二字让我想到了战争，进而同"攻坚战"三个字产生共鸣，于是更加坚定了我跨界到"军事"去构思这篇文章的"大胆假设"，让我开始联想一些有关战争的信息。

第三，在前两点的铺垫下，电视剧《亮剑》的桥段一幕幕地在我的脑海中"回放"。《亮剑》是我非常喜欢的一部电视剧，李云龙打的每场硬仗都非常提气，在苍云岭与坂田联队战斗，在李家坡与山崎大队战斗，在平安县城与山本一木战斗，每场都是"攻坚战"。尤其是李云龙在军校毕业时的论文答辩题目《论军人的战斗意志：亮剑精神》，非常有趣。把省里提出的"有信念、有思路、有激情、有办法"几条要求联系起来，亮剑精神与铁军就搭上了桥。

于是乎，一个标题诞生了：《打好攻坚战需要"亮剑"精神》。在此基础上，我开始拆解亮剑精神，结合信念、思路、激情、办法等关键词及李云龙对亮剑精神的解释，提出了剑魂、剑气、剑术三个观点，用以表达干部的宗旨、精气神和工作方法。

在谋篇布局上，我将文章分为五个段落，一头一尾加三个观点，"总—分—总"的结构。我对这个创意很满意，以最快速度拿出了初稿。

打好攻坚战需要"亮剑"精神
（初稿）

古代剑客们与对手狭路相逢时，无论对手有多么强大，就算是天下第一，明知不敌，也要亮出自己的宝剑，即使是倒在对手剑下，也虽败犹荣，这就是"亮剑"精神。当前，全省上下正在"大抓工业，大兴实体"，全力以赴打好工业经济攻坚战。在这场特殊战斗中，前有"强敌"，后有"追兵"，必须发扬"亮剑"精神，敢于亮剑、善于亮剑，才能克敌制胜，百战不殆。

一、亮剑，需要亮出"剑魂"。剑客有了胸怀天下、匡扶正义的信仰，就有了魂。在工业经济攻坚战中，每一位参与者都是战士，都必须亮出自己的宝剑，都应该牢记宗旨，不忘初心，继续前进。这里的"剑魂"就是信仰，就是在工作中彰显出的矢志不移的信念、"咬定青山不放松"的韧劲、不达目标不罢休的拼劲。有了信仰，就能让人果敢决断，不争论、不等待、不观望、不犹豫，该出手时就出手，努力使理想更坚定、目标更明确、力量更集中、措施更有力。剑锋所指，所向披靡。

二、亮剑，需要亮出"剑气"。这是剑客由内而外散发出来的精气神。在工业经济攻坚战中，推动产业转型升级、园区建设、民营经济发展以及供给侧结构性改革各项工作，都面临着诸多困难和挑战，需要我们有冲锋陷阵的胆识、敢试敢闯的勇气。这种胆识和勇气，就是雷厉风行、干字为先的风格，凡事力求先人一步、快人一拍，第一时间行动，第一时间落实；这种胆识和勇气就是无惧无畏、勇往直前的气势，敢打"硬仗"，能接"硬招"，不管任务多艰巨、形势多严峻，都能克敌制胜；不管千磨万击，总能坚忍不拔，傲然自立。

三、亮剑，需要亮出"剑术"。剑客的勇气和胆识不是靠盲目自信，而是靠剑术。要打赢工业经济攻坚战，党员干部必须像剑客一样，掌握精湛的"剑术"。按照全省"夯实一个基础、聚焦四个重点、强化五项保障"的总体部署，抓重点，攻难点，找准着力点，转变思维方式，刷新发展思路，完善体制机制，继承好办法、改进老办法、探索新办法，果断亮剑出鞘，以精湛的"剑术"在险处难处攻坚，在关键环节突破。亮出云岭铁军在推动跨越发展中的智慧光芒、责任担当和精神力量。

"关山初度尘未洗，策马扬鞭再奋蹄。"打好工业经济攻坚战，是省里的重要战略部署，责任重大，使命光荣。取得这场战斗的胜利，必须要全省上下发扬"亮剑"精神，同心同德，共同亮剑，亮出信仰，亮出勇气，亮出推动跨越式发展的精气神，使工业经济持续发挥"顶梁柱"作用。

初稿形成后，我满怀信心地报给领导，心想：领导一定满意，即便领导要改，也不会改多少。可事实证明，我高兴得太早了。第二天早上，领导把我叫到办公室，阴沉着脸，冷冷地批评道："你看你写的什么啊？什么剑魂、剑气的，拿回去重新写，别写这些稀奇古怪的东西。"

听了这话，我尴尬极了，心情就像6月里被人当头泼了一盆冰水，凉透了。写了这么多年的材料，还没遇到这种情况。我快快不乐地回到办公室，反复回味领导的话，心里无数个问号和感叹号，有些不服气，还有些惋惜，这么好的一个构思，怎么被说成这样啊！这不是明珠暗投嘛！

带着疑惑和"委屈"，去向分管领导请教，领导听我说完，笑了笑，说："很正常，不要多想，一定要朴实，不要标新立异，老老实实地写就行了。"在分管领导的指导下，我改变了写法，对稿子进行了改造，去掉了剑魂、剑气、剑术等观点，改5段为3段。

打好工业经济攻坚战 锻造工业铁军
（定稿）

锻造一支敢闯敢试担当有为的"云岭铁军"是省里对全省各级党员干部的要求。产业兴则云南兴，工业强则云南强。省里反复强调，云南要实现跨越发展，关键在产业，核心在工业，要大抓工业，大兴实体。当前，全省上下正在全力以赴打好工业经济攻坚战，任务艰巨，使命光荣。要打赢这场攻坚战，必须按照"有信念、有思路、有激情、有办法"的要求，锻造一支政治过硬、善谋发展、能打胜仗的工业铁军。

"空谈误国，实干兴邦"，工业铁军不仅要有高度的政治自觉和强烈的使命担当，更要有破解问题的思路及办法，要善抓落实，善谋发展。工业经济攻坚战任务艰巨，无论是推动传统产业转型升级，做优存量，还是加快新兴产业发展，做大增量；无论是推动园区转型发展，增强载体，还是加快民营经济发展，增强活力，都面临着诸多困难和挑战，有许多"硬骨头"要啃，需要一支无惧无畏、勇往直前，敢于迎难而上，狠抓落实，能打硬仗的工业队伍。当前，省里部署了工业经济攻坚战，明确了目标、重点和要求，我们要坚决抓好落实。要围绕攻坚指标，对标对表，咬定青山不放松，撸起袖子加油干，不达目标不罢休；善于聚焦重点，围绕信息化引领、产业转型升级、大项目带动、园区发展四个领域，抓住重点，攻克难点；要明确路径，强化措施，不争论、不等待、不观望、不犹豫，实字为基，快字当头，干字为先，不折不扣落实好各项政策措施；要切实改进作风，着力提高政治能力、学习研究能力，以及对工业经济发展的掌控能力和推动能力，进一步提振干事创业的精气神，以抓铁有痕、踏石留印的作风推动各项措施落到实处。

"关山初度尘未洗，策马扬鞭再奋蹄。"当前，工业经济攻坚战正稳步推进，全省工业经济高开稳走"大抓工业，大兴实体"的氛围加速形成，一大批项目快速落地，传统优势产业转型发展步伐加快。当然，在发展中仍有一系列的困难和问题需要破解，这就需要我们发扬铁军精神，俯下身子抓落实，坚决打好工业经济攻坚战，全力打造云南工业经济升级版。

稿子再次报上去后，主要领导果然满意了。我就向分管领导讨教，他说："前一稿领导之所以不满意，不是你写得不好，而是你写的东西不对他胃口，你还不了解他。"

这句话彻底点醒了我，让我想起前面那位前辈跟我讲过的话，写材料就得围着客户转，倘若没有用户思维，没有高度的共情能力，断然写不好材料。道理都懂了，怎么写起来就抛到脑后了呢？

交完稿后，我对整个过程进行了复盘，这个稿子之所以写砸了，原因有三点。

（1）没与领导交流沟通

由于领导刚从州里来履新，那段时间省里的会议特别多，我们几乎见不着他，所以没机会听他的想法，这算是客观原因，但更多是主动意识不强。事后想想，尽管领导忙，见不着面，也可以通过其他方式（比如电话、短信等）请示汇报的。

（2）没对领导作分析研判

没有设身处地为他考虑，甚至连他之前的文稿都没有深入研读，也没找州里服务过他的同志请教。那时，他刚来上任不到一个月，之前是州里行政"一把手"，还有在企业工作的经历，最重要的是，他已成为考察对象。据这些情况可以断定，他的风格总体上务实求稳，不喜欢理论化的东西，不会标新立异，可我恰恰忽略了这一点。

（3）沉浸在自己的思考逻辑里

由于前面的两点，我当时完全沉浸在自己的世界里，按自己的想法来构思，完全没有考虑到领导是什么想法，喜欢什么、不喜欢什么，哪些适合写、哪些不适合，只是一厢情愿地把自己的创意"强塞"给领导，没有用户思维，不碰壁才怪呢！

这次失败的写作，唤醒了我脑中沉睡的用户思维。

2. 什么是用户思维？

实践表明，写作的背后是一套复杂的思维能力：敏锐的观察和提问能力，资料搜集与消化能力，抽丝剥茧的分析论证能力，化无形为有形的整合能力，以读者为中心的共情和沟通能力。

美国社会学家 C. 赖特·米尔斯在《社会学的想象力》一书中说："任何一位作家，牢记他的受众是什么类型的人，并且真正地为他们所想，是非常重要的。"米尔斯所说的"为受众着想"，就是用户思维。职场里的写作者虽然不是作家，但道理是相通的，必须对用户有充分的理解，并与用户共情。

什么是用户思维？

用户思维即在写作中，不是自己想怎么写就怎么写，而是以"用户"为中心，时刻站在"消费者"角度思考问题，柔性化写作、个性化定制，满足多元化的消费需求。

这个定义需从 3 个方面来理解。

（1）公文本质上是一种产品，由生产者生产，提供给特定的用户消费，生产—消费这个过程与商业活动具有相似的运行逻辑。

（2）写作者在写作中没有完全的产品设计权，通常都是"奉命写作"，如同商业活动中的"代工"，加工者的生产行为必须符合"甲方"的"加工"要求，才能获得报酬。

（3）公文属于应用文，"有用"是其基本属性，任何一篇公文都得在实践中检验，好不好用，生产者只能听使用者的。

这些分析，从最近这些年我写过的大量稿子中都可得到印证。我在现在的单位已工作 10 年，服务过 7 任主要领导。这些领导的学历、履历、性格、偏好、风格各不相同，对文稿的要求也有很大差异。有的领导理论功底深，材料需要写得深刻、有哲理；有的领导实践经验丰富，材料需要写得简单明了、通俗易懂；有的领导习惯对仗排比，有的则不然；有的领导个性鲜明，喜欢观点张扬，有的则小心谨慎，语言相对保守。同一个会议的报告，一旦换了领导，稿子几乎都得重写，这种情况发生了好多次。

3. 养成用户思维的 3 个阶段、6 维模型

最近，我读中山大学刘军强教授《写作是门手艺》一书，很赞同他的一个观点：写作本质上是要形成一种共情能力。他有个很形象的比喻：写文章如同送礼，收礼的人如果能收到自己喜欢的东西，会非常开心，反之则不然。要让收礼的人喜欢，就得弄清楚对方属于哪种类型，有什么需求，喜欢什么，不喜欢什么。

写作也一样，需要对受众进行研判，形成牢固的受众意识，因为受众也是文本的关联方，他们的阅读体验决定了文稿的受欢迎程度。你自己以为好的文章，受众不接受，都不算好。

按写作的规律，用户思维的养成大致得经过 3 个阶段。

第一阶段：我将无我，别太把自己当回事

公文写作与文学创作的一个明显区别是，文学作品是用自己喜欢的话写自己的心，写者即作者，二者身份"两位一体"。公文则不同，是用别人喜欢的语言表达别人的心，写者往往不是作者，二者是分离的，作者往往是用稿子的人（通常为单位领导），这里姑且称之为"用户"或"甲方"吧！

在"写"与"作"分离的情况下，写的人往往只是按"甲方"的设计方案"代工"，或按"甲方"的需求设计并加工，最后向"甲方"（或用户）交付产品。产品好不好，由"甲方"说了算。

理解了这一点，你的用户思维就算是觉醒了。实际工作中，很多朋友正是太把自己当回事了，就像之前的我，沉浸在自己的世界里，潜意识里满是"我以为""我感觉"，自以为是，不去思考用户怎么想，用户喜不喜欢，合不合适。

第二阶段：用户至上，把用户当成"上帝"

在商业活动中，"把顾客当上帝""以用户为中心"就是用户思维的体现。当然，"上帝""中心"不是嘴上说说而已，而是贯穿于产品全生命周期的。高明的企业家，会按用户需求、偏好来设计生产，并在用户反馈中不断完善，甚至实现个性化定制。如果不问用户是谁，喜欢什么，不喜欢什么，有什么需求，仅凭自己的感觉设计生产，那样的产品销路一定不会太好。

公文写作中的用户有哪些？

文学领域的用户概念相对简单，约等于读者。公文写作则相对复杂，不仅

有单位领导（如讲话稿的使用人），还包括所有受文对象（如文件的执行者、监督者、利益相关方），是一个用户群。不仅如此，公文的用户还是分级的。拿讲话稿来说，领导算是最先消费文稿的一级用户，而台下聆听的人则是二级用户，会后继续学习的人是三级用户，问题的利益相关方则可能是稿子的终极用户。

不管什么用户，有一点是共同的，即写作者心中要时刻装着用户，想方设法为用户着想。比如，《历史的记忆：塔奇曼论历史》一书的作者芭芭拉·W. 塔奇曼说："读者，（是）我一直将之装在心里的人。凯瑟琳·德林克鲍恩说过，她写作的书桌上用别针别着一张便签笺，写着：'你的读者会看下去吗？'"

如何才算心里装着用户，以用户为中心呢？

这里有个"6维分析模型"供大家参考。

（1）状态维度：若是领导，重点关注领导是刚刚上任还是任职已久，或正处于晋升考察阶段。总之，不管什么用户，都要了解其特殊背景，换位思考，才能取得与之共情的效果。

（2）学历维度：学历是一个人学习深度的反应，决定人的知识结构、价值观念，进而影响文稿的气质。如果用户学的都是经济学，一个是本科生，一个是博士生，无疑，他们在对某些问题的理解深度上是有差异的，这种差异最终一定会映射在文稿上。

（3）专业维度：专业对一个人的风格影响巨大，一个人的底层知识是什么，他的思维方式就会与之呼应。毫无疑问，学金融出身的和学工程机械出身的思考问题的方式有差异，学哲学出身的与学法学出身的思考问题的方式同样有差异，他们对文稿的认知或多或少会带有本专业的影子。

（4）履历维度：一个人价值观的形成与其成长过程密切相关。长期从事理论研究的人，更关注写作的逻辑和分析问题的方法；长期在基层一线工作的人，更关注问题的破解方法；长期在企业工作的人，或多或少会用企业的思维方式来处理问题。可以肯定，不同履历的用户对稿子的理解和预期不一样，他们或多或少会带有原行业的影子。

（5）性格维度：人的行为模式、兴趣偏好在一定程度上由性格决定。性格外向的人敢于表达，愿意接受新观点；性格内向的人表现得相对拘谨，追求稳妥，谨言慎行。不同性格的人，对文字风格是有不同要求的。

（6）偏好维度：每个人都有些莫名其妙的偏好，没有任何道理可言。比如，有些领导喜欢引用诗词歌赋、名言警句，有些领导喜欢通俗易懂的表达，有的喜欢排比对仗，有的喜欢像日常讲话一样表达，有的甚至有特定的句式结构，不一而足。

要想掌握以上 6 个维度的信息，不能凭空去想，而是要有针对性地调查研究、交流沟通，必要时还得亲自请示汇报。但凡写作的高手，都是识人的高手，他们都有强大的"情报"收集和分析能力，有强大的人性洞察和共情能力。这几乎是所有写作的一条定律。

路遥在《早晨从中午开始》中详细介绍了他创作《平凡的世界》前调研的过程。为了把握故事的宏观政治背景，路遥翻阅了 10 年的《人民日报》。为了写孙兰香的大学生活，路遥跑到西北工业大学仔细观察，甚至抄下食堂的菜单和价格。《自私的基因》作者道金斯也是个有用户思维的学者，他把他的受众分为三类：外行、内行和从外行到内行的过渡者，读者谱系拉得很长，但道金斯非常老练，考虑到了各类读者的感受。

第三阶段：回归自我，在"写""用"间达成一致

需要说明的是，用户思维并非让人丧失自我，像一台"人肉打印机"，无原则无立场地迎合、讨好文稿的用户，别人说什么，就只会写什么，毫无自己的创见。

真正的用户思维，应该在充分尊重用户诉求的基础上，提出皆大欢喜的解决方案。在"写"与"用"双方建构一种生产与消费的最终平衡。

强调回归自我，原因很简单。

首先，公文写作终究还是写作，而写作本身是一项复杂的创造性劳动，如果捉刀的人没一点主观能动性，就失去了自身价值，成了"机器""木偶"。所谓"握笔便作三分主"就是这个道理，不是不作主，也不是全作主。试想，若无写作者的创造，用户再有想法，文章也不可能凭空冒出来。这就是苹果这样的国际大公司，即便有着一流的产品设计水平，同样需要富士康、台积电"代工"的原因。

其次，不见得每个用户对产品（稿子）都有明确的消费预期，用户的需求往往是笼统的、模糊的、片面的、被动的，甚至是错误的，这就得靠生产者来定义。就像我们无法确定自己到底需要一部什么样的手机一样，当我们还在使用座机的时候，不知道自己需要一部大哥大，当用上手机时，不知道诺基亚 N70 不仅可以打电话，还可以拍照、听音乐，而谁又预想到，现在的手机竟然会变成无所不能的智能终端。要知道，这些产品都是由生产者定义的，从某种意义上讲，消费需求是生产者创造出来的，而不是用户提出来的。

另外，人与人的交流沟通不是绝对全面的，有时，受客观条件（如没有时间交流沟通）限制，写作者根本没机会与用户沟通（就像我那次写作前没机会与领导沟通一样）。即便沟通了，用户在表达诉求时，也可能说得不准确、不具体，或信息在中间人传递的过程中失真了。怎么办？写作者就得冷静分析，从对用户负责的角度，把用户没有考虑到的主动考虑到，而不是机械地执行。如果写作者不加以创造，写出来的稿子未必靠谱，算不上真的为用户着想、对用户负责，用户大概率上是不认可的，因而也算不上有用户思维。所以，用户思维的养成还得经历这 3 个阶段的磨炼，不能片面理解。

写到这里，我不禁想起胡适的老师、美国哲学家约翰·杜威在《经验与自然》里表达的一个观点："思维尤其是一种艺术，而作为思维产物的知识和命题，也跟雕像和交响乐一样，乃是艺术作品。思维的每一后继的阶段都是一个结论，而在这个结论中，产生这个结论的事物的意义就被概括起来了；而且当它被陈述出来时立即就成为一道辐射在其他事物上的光芒——或成为遮蔽它们的迷雾。"

所以，写作要有用户思维。

如果你还不理解，请玩玩"狼人杀"游戏吧，这种游戏里面的角色有狼人、平民和上帝。上帝是主持者，知道所有人的身份和底牌，平民信息有限，只能自己揣摩试错。如果你想有用户思维，那就试着用上帝视角来思考。

第4讲 文稿是座"大观园"
——公文写作的跨界思考

音乐在历史长河的发展中，和文学的发展有非常相似乃至神似的方面。它们存在的方式都是以时间为单位，读文学要一页一页地看，听音乐也要一个小节一个小节地听，它们都不像绘画、雕塑，一幅绘画我们瞬间就可以把它看完，用不着时间流淌的过程，即使雕塑的背面你看不见，放一面镜子也就看见了。但音乐和文学的材料不同，音乐的材料是乐器和人的声音，文学的材料是文字。在一句话当中只能有一个主语，如果不同的人从不同的角度同时发出各自的一种声音，那将是一种新的声音，却是一种杂乱的声音，我们什么也听不清的声音。而乐器放在一起，发出各自的不同声音，合在一起却可以是非常好听的音乐。

——肖复兴

本讲导读

在写本书的过程中，我一直在做一个思想实验：跨界思考。因此，我始终尝试跳出文稿看文稿。本讲就是受苏轼《题西林壁》一诗的启发，这首诗促使我从多种角度来审视公文写作。为此，我阅读了大量写作理论著作，如《文心雕龙》《文赋》《随园诗话》《闲情偶记》《文章例话》，以及军事、书法、绘画、园林方面的著作，跳出写作思考写作。我借《红楼梦》中"大观园"的概念，寓意小小文章有"大看头"，从建筑、军事、书法、绘画、雕刻、音乐、摄影、人体等角度分析写作的基本原理。必须承认的是，这些思考难免有牵强附会之处，有些观点甚至显得幼稚、不成体系，大家学习时，只要掌握跨界思考的基本方法就够了。

本讲核心观点

- 建筑视角下的写作

- 军事视角下的写作
- 艺术视角下的写作
- 人体视角下的写作
- 其他视角下的写作

我有个观点：想让文稿出彩，要善于跨界思考。

对写作理论的学习也一样。只有掌握这种思维方式，学会跳出文稿看文稿，在多学科、多维度中取象比类，找到相通的底层逻辑，才能在"深入""浅出"中求得事半功倍之效。

进入正题前，先讲个故事。

话说，宋神宗元丰七年（公元1084年），苏轼由黄州（湖北黄冈）贬迁汝州（河南平顶山），途经江西九江时，与友人去庐山旅游。情感细腻的苏轼因景触思，写下了著名的《题西林壁》一诗：

> 横看成岭侧成峰，远近高低各不同。
>
> 不识庐山真面目，只缘身在此山中。

这首诗大家一定都能倒背如流，也常常会在公文中引用。不难看出，前两句中，诗人感慨于庐山的形态变化，山崇岭峻、绵延逶迤、郁郁葱葱、峰峦起伏、奇峰突起。最重要的是，随着位置变化，那种变化万千的景色给了诗人极大震撼，既而让他悟出了人生哲理。

在这个移位换景的观景体验中，诗人小宇宙爆发，将观赏自然景观的场景与观察社会事物的场景跨界联系起来，领悟到一个道理：世间所有"景色"之所以片面，皆因身处"山中"。正所谓"只在此山中，云深不知处"，身处其中，便难以观其全面，知其所在。若想全面认识"庐山真面目"，就得跳出庐山看庐山，从多角度观察。

故事讲完了，也许大家也明白了其中的道理。问题是，学习公文者，该以什么视角来观察公文？这就需要亲自尝试了。事实上，文稿就是一座"大观园"，里面有很多吸引眼球的景色，而观赏的关键在于找到独特的视角，否则，看到了也不一定看"见"，可能会像刘姥姥进大观园一样，大脑里全是问号和叹号。

公文写作理论，很多方面与建筑、园林、军事、书法、绘画、音乐、雕刻、中医等学科规律不谋而合，有很强的可比性，可以借用这些学科的生动形象来类比抽象的写作理论。

下面，从 5 个方面来看看。

1. 建筑视角

可把一篇文章比为一座建筑，把写作过程看成建筑施工。在这个意义上，写作者好比这座"文字建筑"的设计师、建造师。

这个观点得到普遍认同。如清代著名戏曲理论家李渔就这样论述写作："基址初平，间架未定，先筹何处建厅，何处开户，栋需何木，梁用何材，必俟成局了然，始可挥斥运斧。"（《闲情偶记·词曲部》）日本作家小林多喜二也将文稿结构与建筑结构进行过类比，思维方法是相同的。

进一步对比分析。

（1）从主题角度思考

建筑有主题，文章也有主题，这是相同的道理。比如建筑有居住用的、生产用的、办公用的，这是主题，而文章根据工作内容，有写招商引资，有写工业园区，有写产业转型升级，这是文章的主题。总之，主题是二者的灵魂和统帅，没有主题的建筑和文章都会杂乱无章，没有中心。

（2）从风格角度思考

一栋建筑定有其风格，有古典风格，有现代风格，有希腊风格，有罗马风格，有哥特风格，有洛可可风格，等等。文章的语言、句式、结构、标题也有风格，有的自由奔放，有的严肃拘谨，有的充满诗意，有的通俗易懂。有了风格，建筑和文章才有辨识度。

（3）从材料角度思考

建筑重视建材，施工前，施工单位要进行材料采购招标，不管是钢筋、水泥还是砖石，哪怕是一颗螺栓都要把好质量关。没有材料，或者说没有合用的材料，再厉害的建造师都盖不起房子来。文稿同样离不开材料，我们经常说"工夫在诗外""巧妇难为无米之炊"，就是讲材料的重要性，写作者无不重视收集素材。

（4）从写作过程思考

二者在实际动手前都要谋划一番，建筑上叫设计，写作则称为构思或写提纲。建筑的设计方案需报批，文稿提纲也需审定；建筑施工完毕后要多方验收才能投入使用，文稿写就后也要经校对审核方能印发。建筑施工中，有时因客观条件变化或业主需求，经常变更设计，文稿写作中，也会根据情况变化或决策改变而调整提纲。

2. 军事视角

以兵喻文是我国古代的一个文化现象，古人常把文稿比喻为战场，把写作当成打仗，把写作者看成带兵打仗的将帅。

唐代林滋在《文战赋》中提出"士之角文，当如战敌"，通俗地说就是写文章像对敌作战。宋代杨万里则认为"作文如治兵，择械不如择卒，择卒不如择将"（《答徐赓书》），用治兵选将比喻作文要抓住中心。清代袁枚在《随园诗话》中说"用事如用兵，愈多愈难"，认为文章中典故的运用像领军打仗，士兵越多越难统筹。最系统的要数朝鲜人朴趾源，他在《骚坛赤帜引》中把写文章与领兵打仗进行了深入类比，认为"善为文者，其知兵乎。字譬则士也，意譬则将也。题目者，敌国也；……破题而结束者，先登而擒敌也"，十分深刻形象地阐明了写文章与作战之间的相同规律。

读了以上观点，我忽然理解了中国历史上为什么文与武的概念总是并列出现，原因就在于二者道理相通。正因如此，历史上有很多投笔从戎、出将入相的故事，如班超、辛弃疾、范仲淹等，他们能在文武两界自由切换，靠的是什么？靠的就是对底层逻辑的把握。当然，他们能跨界的前提，是写作与军事之间的可比性：二者一文一武，表面上相去甚远，却有道理相通相贯。

不妨假设一个打仗的过程。统帅想打赢一场战争，要干些什么事情呢？我从外行的角度梳理一下，首先肯定是参谋部门确定战略目标、战略原则，既而制订详细的作战计划，这些工作完成后，就要根据作战需要进行战争动员了。这时，统帅要考虑如何挑选精兵强将，如何配备粮草弹药，如何排兵布阵，等等。在军队的管理上，还要协调部队之间的关系，根据战争损耗及时补充兵员、物资，根据战场变化及时调整策略，选准突破点，不时运用战争策略，出奇制胜。

回到公文写作上来思考。写作前，写作者一般也要确定战略目标，即文章主题。这和战争的总体目标是一样的，主题确定后才能有的放矢地备战。通常，备战内容包括开展调查研究，收集素材，根据掌握的"情报"谋篇布局，拟定写作提纲,等等。这和战争何其相似!写作过程中还要适时协调处理结构关系,梳理逻辑,根据表达需要及时补充删减素材。为提升表达效果,要选好切入点,使用修辞手法,以增强文章表现力。按德国军事家克劳塞维茨《战争论》中的观点,战争是一个不断破除不确定性,拨开"战争迷雾"的过程。公文写作也一样,需要边写边对观点进行纠偏、调整,最后才敲定下来。

3. 艺术视角

相对于与建筑和军事的关系,写作与艺术的关系更为密切。

写作自古以来就是艺术创作的一种形式,现代公文写作多少带有艺术的"文化基因"。所以,完全可以用艺术思维来审视文稿写作,把文稿当成一件艺术品来看待。在此视域下,写作过程就是艺术创作过程,写作者也算是艺术家了。

自古以来,古人就从书法、绘画、摄影、音乐、雕塑、篆刻等角度与写作进行跨界类比。

(1)从书法角度看

清人薛雪在《一瓢诗话》中讲"诗文与书法一理",这是很有道理的一个洞见。不妨想想,书法作品注重结构之美,书法布局、间架、结字、结体都有特定方法,书法字体篆、隶、楷、行、草,或方正、圆熟,或雄浑、刚健,或秀逸、古朴,讲求的是气韵生动。写文章也讲结构之美,谋篇布局、结构关系在一定程度上都体现了作者的思考水平。书法有不同风格,文章语言也讲求风格,如刘勰《文心雕龙》总结有典雅、远奥、精约、显附、繁缛、壮丽、新奇、轻靡"八体"之说。周振甫在《文章例话》中讲文章的风格,归纳了十四种之多。书法讲笔法,文稿也讲笔法,书法运笔时有轻重、快慢、偏正、曲直之分,写作有详略、虚实、平和、犀利的区别。学习书法通常要临摹经典字帖,学习公文写作通常也会模仿借鉴优秀文稿。二者相通之处很多,大家一定要仔细琢磨,这样才能品出味道,获得自己的体验。

(2)从雕刻角度看

清人唐彪在《读书作文谱》中认为:"作文如攻玉然,今日攻去石一层,而玉微见;明日又攻去石一层,而玉更见;再攻不已,石尽而玉全出矣。"公文写作过程就像雕刻玉石,一篇好文稿"出炉",得经过多道工序、多次打磨、加工、润色,方可成器。两个过程很相似,难怪现在我们讲到修改文章时,自然而然地会从大脑中调用"打磨"这个词来形容。

（3）从音乐角度看

写文章与演奏音乐也很像。公文写作里，我们常说写作之前要先定好"调子"。所谓"调子"，即对一件事情的判断，比如事情的发展"好"或"不好"，"较好"或"最好"，都是调子。在字里行间还要体现"主旋律"，提出的思想观点、工作措施要与领导"合拍"。行文上还要讲求曲直、快慢、长短的"节奏感"。这些文艺理论，其实都源于音乐，所谓"调子""节奏""节拍""旋律"，都是音乐演奏的要求。从这个意义上讲，一篇好的文章就是一首好的曲子。大家在学习时，不妨回归到音乐的场景中去理解品味，这样你会感到更熟悉，更容易接受。

（4）从摄影角度看

从本质上讲，写文章和摄影都是对事物形象的记录，二者很相似，只不过一个用的是文字，一个用的是快门。二者在很多方面有相通之处，比如文章强调"视野"要开阔，"角度"要独特、准确，问题要"聚焦"，体现亮点，主题要"清晰"，不能模糊，对个别问题要适当"渲染"。摄影则强调构图、曝光、光线、色彩等，总之最终目的是使照片主题突出、画面美观。

（5）从园林角度看

在中国，园林是一种带有诗意的艺术。这种艺术在形态上是物质的、立体的，它和文章一样，都是思维的物化产品，只不过园林是三维的，文章是一维的。园林和文稿有相同的文化基因：园林注重意境，强调"曲径通幽""步移景换"，让人产生余味或遐想；文章强调起承转合、起伏变化、引人入胜，有道是"文似看山不喜平"。每座园林都有主题，比如我在扬州见过的个园，全园突出了竹子这个主题。文稿也不例外；园林注重布局，文稿强调谋篇。不一而足。

4. 人体视角

在写作理论中，人是写作的主体、客体，是写作活动的直接参与者，是写作活动中最活跃、最显眼的要素。古人在进行创作思考时，最容易想到的是人，把人的生活规律、人体结构、看病就医等与写作联系起来，进行富于想象的比喻，非常值得品读。

我阅读古代文艺批评理论和现代写作理论，发现了很多用人体来进行比喻的文本。这种比喻很受欢迎，因为人对自己的身体结构再熟悉不过了，比较起来形象生动，容易让人接受。

比如，南北朝颜之推在《颜氏家训》里就说："文章当以理致为心肾，气调为筋骨，事义为皮肤，华丽为冠冕。"他把思想内容看作文章的生命，但又要求有高尚的才气格调和讲究的形式，正确地解决了内容和形式的关系问题。宋人吴沆也说："诗有肌肤，有血脉，有骨骼，有精神。"明人徐师曾在《文体明辨序说·文章纲领总论》中强调："体者，文之干也；意者，文之帅也；气者，文之翼也；辞者，文之华也。"清人申居郧将作文看成做人，十分形象。

到了现代，大家都认同了这种思考方式，都乐于把这种比喻继续下去。人的大脑是人思想的源泉，而文稿的"大脑"就是其主题。人体有骨架、血肉、皮肤，而文稿的"骨架"就是其结构，文稿的"血肉"就是其内容，"皮肤"就是其语言。人体有脉络，而文稿的"脉络"就是其思路。人要体检，文稿要校对。

还有一个维度很有意思。写作者通常离不开改稿、审稿，这很像中医给别人诊病治病，中医强调"整体观"，强调从整体上分析，而读懂一篇文章，也要从整体结构上把握，先看结构，再看观点、材料、语言、逻辑。中医讲"辨证论治"，写作叫具体问题具体分析。两者的思维方式是很相似的，大家要敢于放飞思维，跨界联想。

5. 其他视角

古人还从其他领域进行跨界思考。

（1）南朝颜之推把写作类比为骑马

他在《颜氏家训》中说："凡为文章，犹人乘骐骥，虽有逸气，当以衔勒制之，勿使流乱轨躅，放意填坑岸也。"这段话强调写文章要围绕中心，扣紧主题，既放得开，又收得拢，张弛有度，进退有据。

（2）明代庄元臣把文章比喻为船

他在《叔苴子·内篇》卷五中论述内容与形式的关系："文章犹舟也，舟之贵贱，不在大小华质，而视其所载者。"庄元臣把文章比喻为船，把内容比喻为船所载之货物。所谓"华质"就是华丽的外表，意思就是，文章的优劣不在于长短和文辞华丽，而取决于内容的蕴含丰实。

（3）清代袁枚把意旨文辞比喻为主仆

他在《续诗品注·崇意》里讲道："意似主人，辞如奴婢，奴强主弱，呼之不至。"袁枚把写作中意旨与文辞的关系喻为主与奴的关系，说明文辞受意旨的驱使，倘若颠倒了，就无法运作了。

（4）清代李渔把写文章类比为缝衣服

他说："编戏有如缝衣，其初则以完全者剪碎，其后又以剪碎者凑成。剪碎易，凑成难。凑成之工，全在针线紧密；一节偶疏，全篇之破绽出矣。"写文章确实是这样，先要有成竹在胸，从文章的整体要求出发，对材料进行取舍剪裁，安排好各部分的衔接，注意前后的伏笔照应。

总之，跨界是一种思维方式，是写作的创新之源，也是学习理论的一种有效方式。以上是古今中外文艺创作经常谈到的领域，事实上远远不止这些，因为跨界的极致是无界，关键看你能否深入进去分析。文稿就是一座"大观园"，园子里有很多"美景"等着你去欣赏，只要你善于跳出文稿看文稿，多视角观看、多维度思考，在跨领域类比中，一定能够获得丰富的体验。

第5讲 跨界推开创新之门
——跨界思考的概念、作用和类型

横看成岭侧成峰，远近高低各不同。

不识庐山真面目，只缘身在此山中。

——苏轼

本讲导读

本讲是"跨界三部曲"之一，主要探讨跨界的概念、作用和类型。写作有一个永恒的话题：如何写出创意来。对此，有人主张逆向思考获得创意，反弹琵琶、另辟蹊径；有人主张发散思考获得创意，从不同方向扩散辐射，延展资源；也有人主张改变排列方式，重组要素获得创意。我的观点，跨界思考才是创新之源。这源于一本书的启发，书中讲述了某企业借鉴蒙古军团作战、袁世凯天津"小站练兵"、航母战斗群等军事经验获得做生态链的商业策略。军事和商业貌似八竿子打不着，实则有相通的底层逻辑。于是我想：既然商业可以跨界借鉴，写作应该也可以。实践证明，跨界思考能够解除思想束缚，打开创新之门，很多人正是因为善于跨界而获得了灵感，写出了好作品。

本讲核心观点

- 什么是跨界思考？
- 跨界思考的 3 大作用
- 跨界思考的 3 种类型

跨界是一种思考方式，现在还成了一种时尚，跨界思考越来越受到人们追捧。

问题是，什么是跨界思考？跨界思考有什么用？在具体思考过程中，跨界思考有哪些类别？

下面，依次探讨一下。

1. 什么是跨界思考？

先看几个例子。

例 1　我们的心就是一个圆形，因为它的离心率永远是零。我对你的思念就是一个循环小数，一遍一遍，执迷不悟。我们就是抛物线，你是焦点，我是准线，你想我有多深，我念你便有多真。零向量可以有很多方向，却只有一个长度，就像我，可以有很多朋友，却只有一个你，值得我来守护。生活，可以是甜的，也可以是苦的，却不能没有你，枯燥平淡；生活，就像分母，可以是正的，也可以是负的，却不能没有意义，取值为零。如果你的心是 x 轴，那我就是个正弦函数，围你转动，有收有放；如果我的心是 x 轴，那你就是开口向上 Δ 为负的抛物线，永远都在我的心上……

这是一段在网络上广为流传的文字，作者大量运用数学和几何知识，将"离心率""循环小数""抛物线""焦点""准线""正弦函数"等概念与人的感情类比，找到了相同的机理，可谓鞭辟入里，让人耳目一新。

例 2　忙，是人生中的一个步骤，每个人所忙的事务不同，但是不能是碌碌无为的白忙，要忙就忙得精彩，忙得不亦乐乎。忙是问号。忙看似简单，其中却大有学问。忙是人生中不可缺少的一部分，但是，怎样才能忙出精彩，忙得不亦乐乎，却并不简单。人生如同一张地图，我们一直在自己的地图上行走，时不时我们眼前就出现一个十字路口，我们该向哪儿，面对那纵轴横轴相交的十字路口，我们该怎样选择？……忙是省略号。四季在有规律地进行着冷暖交替，大自然就一直按照这样的规律不停地忙，人们亦如此。为自己找一个目标，为目标而不停地忙，让这种忙一直忙下去，当目标达成，就再找一个目标，继续这种忙，就像省略号一样，无休止地忙下去……忙是惊叹号。世界上的人都在忙着自己的事，大自然亦如此……人生是有限的、短暂的，因此，每个人都应该在有限的生命里忙出属于他的惊叹号，忙出他的人生精彩篇章。

这段文字摘自一篇中学生的作文，名为《忙，不亦乐乎》。值得品味的是，文章把人生与标点符号联系在一起，写出了哲理的味道。

例 3　甲：下边穿一条巴库（裤）。

乙：巴库？

甲：料子挺好的。

乙：什么料子的？

甲：毛里求斯（丝）的。

乙：那脚上呢？

甲：脚上蹬着一双高筒皮靴。

乙：你这靴子是皮革还是人造革？

甲：是大马士革的。

乙：有这革吗？

甲：头上还戴着一顶乌克兰式的巴士帽。

乙：你戴它干吗呀？

甲：为了保护我的两只尼泊尔（耳）。

乙：尼泊尔？

甲：对呀！穿戴好之后。我乘着飞机出发了。

乙：你坐 747 还是三叉戟啊？

甲：不是，我坐的是赫尔辛基（机）。

乙：有这飞机吗？

甲：下了飞机我找了一条船。

乙：什么船？

甲：阿根廷（艇）。

乙：阿根廷？

甲：这船漂亮极了。

乙：说给大伙听听。

甲：前面插着攀枝花。

乙：哦。

甲：后面挂着西雅图。

乙：嗯。

甲：中间竖起了吐鲁番（帆）。

乙：是只大帆船啊？

甲：下船之后我骑马。

乙：什么马？

甲：巴拿马。

乙：巴拿马？这能骑吗？

甲：能骑。我骑着巴拿马赶了两天两夜。

乙：那得走多远哪？

甲：我计算了一下，大概走了新德里吧。

乙：新德里是多少啊？

甲：这是新的计量单位，你不懂。我绕过北部湾，翻过新加坡，最后到了冰岛……

　　这是相声演员马季和赵炎表演的相声《地名学》（节选）。表演者运用跨界思维，把不同地名与相关情景连接起来，构思巧妙，耐人寻味。

　　例4　人生就像坐一辆公交车，你只知道起点，不知道终点。如果你够幸运，一上车就有个座位，然后你可以安静地坐着，独自听听音乐，看看书，一个人悠然自得。你也可以好好地看看窗外的风景，享受旅程中的种种美景，也可以想办法去坐头等位，或者首席位。如果你不够幸运，上车的时候很拥挤，你会非常费力地挤在人群里，渴望找到一个座位，或者一个把手扶着，如果够倒霉，你可能连立锥之地都没有，被其他人挤来挤去。即使是这样不堪，你也可以听听音乐享受，甚至看看书什么的，或者看看外面的风景。你也可能一直很紧张，总是想着找一个位子，或者找个把手紧紧抓住。如果你还比较幸运，有些人下车了，你找到了位子或者抓到了把手。如果你比较倒霉，一直到终点，一直被人挤来挤去，而没有找到位子或者把手。或者你觉得受不了了，主动要求下车，结束你的旅程……

这是网上的一篇文章，题为《人生就像坐公交车》。作者把人生与乘公交车的场景类比，这样一来，空洞的道理就显得具体生动、容易理解了。

无独有偶，还有一篇题为《人生就像一场旅行》的文章写道：

人生这次旅行的起点我们不能选择，而终点我们不能阻止出现，过程却在我们自己脚下。自出生那一刻起，就开始了我们漫漫的人生旅程。没有一条路没有风雨没有坎坷，也没有一条路始终是黑暗没有光亮的。不管是阳光灿烂还是风雨交加，在时间的流逝中，都将成为旅程中的一部分回忆。既然选择了就得走下去，要想走得好，那么只有随时保持足够的信心和勇气，才能不断前进，寻找到更多更美好的风景……在人生的路上迈着温和中包含着刚健的步伐，在渐进中积累回忆和纪念，在没有追悔的期待中完成行程。

文章把人生与旅行类比，很有画面感。

读到这里，有人不免要问，这些文章都不是公文啊，公文写作能用得上跨界思维吗？

答案是肯定的。

2013 年 9 月，习近平总书记访问德国，会见德国总理默克尔时，借用物理学"牛顿力学三定律"来阐述中德关系：

总理女士是物理学博士，我由"牛顿力学三定律"联想到如何更好推动中德关系发展。一是牢牢把握中德合作的"惯性"。合作是中德关系的主旋律和大方向，双方要坚持不动摇。要继续加强高层交往，用好政府磋商、战略对话等机制，不断提升战略互信。二是通过深化务实合作提升中德关系的"加速度"。中国正在以改革促调整，以调整促发展。我们有信心实现经济持续健康发展，为中德合作提供更多机遇。两国要强化伙伴和机遇意识，本着互利双赢、共同发展的精神，不断扩大利益交融，全面深化务实合作。三是减少两国关系发展的"反作用力"。双方要着眼共同利益，求大同，存小异，减少两国关系发展的阻力。

大家知道，"惯性""加速度""反作用力"都是物理学概念，倘若没有丰富的联想能力和跨界思维，很难讲出如此有智慧的话。

写到这里，可以给跨界思考下个结论了。

所谓跨界思考，即类比思维，是指在写作时，跨越到不同学科领域，把陌生事物与众所周知的事物进行类比，从而找出两个不同事物间相通的底层逻辑。

跨界是创新之源，跨界思考能解放思想的束缚，打开一道创新之门。古今中外，很多人正是通过跨界思考获得了创造灵感，获得了通往创新之门的钥匙。实践证明，公文写作也可以运用跨界思维获得写作的灵感和创意。

2. 跨界思考的 3 大作用

近年来，跨界已成为一个热词，如跨界发展、跨界思维、跨界思考等，都在讲跨界的好处。对写作来说，跨界思考有哪些好处呢？

按我的理解，主要是 3 个方面的好处。

（1）跨界思考是一种"普世智慧"

纵观人类发展史，跨界思考是人类生存发展的基本智慧。人们在认识世界的过程中，习惯于把不同事物联系起来，找到相似点，然后由此及彼，逐步扩大知识面。实践证明，自然界中很多事物，表面上看没有任何联系，实际上却有很多相通的规律，只有跨界思考才能洞察到。所以在表达方式中，打比方、举例子、作比喻，总能收到"四两拨千斤"之效，轻松让人心领神会。查理·芒格就很推崇跨界思考，盛赞跨界思考为"普世智慧"。他说："必须掌握各主要学科的主要观点，将它们融会贯通并在日常生活中加以运用。"他将跨界思维誉为"锤子"，将创新研究比作"钉子"，"对于一个拿着锤子的人来说，所有的问题看起来像一个钉子"。

（2）跨界思考是人类创新的源泉

谁学会了跨界思考，谁就掌握了打开创新之门的钥匙，因为跨界思考可以突破固有思维的限制，用全新视角来审视，触类旁通，融会贯通。自古以来，跨界思考的方式推动着人类思维创新，乃至科技进步。深入研读科技史，你会惊奇地发现，很多重大发明都是在跨界思考中产生的，据说锯子是鲁班观察小草结构后借鉴而来的，虽只是传说，也表明这种思维的存在。近代科学史上也有很多这样的故事，比如牛顿发现万有引力、瓦特改良蒸汽机，都是受到其他事物的启发而触类旁通的结果。现代科学里的仿生学，实质也是跨界。

（3）跨界思考是对事物联系的"复原"

世界是普遍联系的，在无限宇宙中，任何事物都不是孤立存在的，看似风马牛不相及的事物，内部却有相通的道理，遵循着共同的底层规律。只要善于转换思考维度，用不同视角审视，定会找到相互的联系，进而激发灵感。比如从军事角度审视，文稿犹如思想的战场，定主题如同选主帅，收集素材如同招兵买马，谋篇布局如同排兵布阵。从建筑师角度审视，文稿与建筑何其相似，二者都有主题、分层次、有框架、有装饰，写作活动俨然建筑施工，是建筑设计、施工、审核、验收等环节的"翻版"，写作者既是设计师，还是建造师。不仅如此，数学、物理、雕刻、音乐、绘画等很多学科，乃至日常生活里司空见惯的物品，如镜子、梳子等，都藏着写作的原理和方法。只要世事洞明，一切皆有学问。可以说，跨界思维就是新时代的"格物致知"。

总而言之，跨界思考是将逻辑思考与创新思考交错，混搭并合而为一的融合力，是在无关中发现有关、无用中发现有用的探索力，也是在没有为什么中发现为什么，在没有道理中发现道理的洞悉力。达·芬奇说："复杂的极致，是简单。"我看，跨界的极致，是无界。

3. 跨界思考的 3 种类型

（1）从在文稿中的运用规模来分，有 3 类

一是在句子中跨界类比。实际上就是作比喻、打比方，用形象生动的事物来表达一个观点。比如：

加强各民族交往交流交融，促进各民族像石榴籽一样紧紧抱在一起，共同团结奋斗、共同繁荣发展。

在一个句子中，用"石榴籽"来比喻团结。

二是在段落中跨界类比。即在文章的某个段落中普遍使用类比方法。比如：

湖北民营经济发展遇到的"冰山、高山、火山"正在翻越，制约民营经济发展的"卷帘门""玻璃门""旋转门"正在打破，适合民营经济发展的"水量、水温、水质"正在形成，民营企业和民营企业家的担心、揪心、烦心正在变为信心、

放心、舒心，民营经济迎来了又一个大发展的春天。

这段话里分别用"冰山、高山、火山""卷帘门、玻璃门、旋转门""水量、水温、水质"来类比营商环境中的系列问题。

三是在篇章中跨界类比。把一个或多个领域的理论作为整篇文章或某部分框架。比如某讲话用"四盆水"来类比四种修养：

第一盆"洗头水"，洗出清醒头脑；
第二盆"洗脸水"，洗出清新面孔；
第三盆"洗手水"，洗出干净双手；
第四盆"洗脚水"，洗出踏实双脚。

（2）从一次跨越领域数量来分，有两类

一是跨越一个领域。比如2017年"两会"期间，习近平总书记参加四川代表团审议时，把用权和开车联系起来说：

各级领导干部要带头执行《准则》《条例》，把好用权"方向盘"，系好廉洁"安全带"，激浊扬清，扶正祛邪，自觉为营造风清气正的政治生态履职尽责、作出贡献。

"安全带"和"方向盘"都是汽车的器件，属于同一个领域。

二是跨越多个领域。比如某单位年度总结，写了五个部分：

一是紧抓"执行力"这个"牛鼻子"，坚持"四管齐下"优保障，当好服务领导的"参谋员"。

二是紧扣"影响力"这个"着力点"，坚持"四措并举"抓宣传，当好事业发展的"吹鼓手"。

三是紧盯"亲和力"这个"风向标"，坚持"四为同抓"强信访，当好城市管理的"消防队"。

四是紧握"战斗力"这个"中心轴"，坚持"四线共牵"促管理，当好内部管理的"黏合剂"。

五是紧跟"竞争力"这个"指挥棒",坚持"四建合一"建队伍,当好队伍建设的"建筑师"。

这篇文章把多个领域的概念整合起来,令人拍案叫绝。

（3）从不同领域的连接媒介来分,也有两类

一是内容连接,即以事物的原理、性质、关系、功能为联系。例如:

习近平总书记在民营企业座谈会上的重要讲话,充分表明了党中央支持民营经济发展的坚强决心和鲜明态度,为民营经济敲下了"定音锤",给民营企业家吃下了"定心丸",为各级党委政府提供了"定盘星"。针对民营经济发展中遇到的难点堵点痛点问题,湖北制定了含金量很高的政策措施,促进民营经济发展升级。

大家知道,"定音锤"是制造铜锣时最后校准音色的工具,"定心丸"是一种药品,有宁心安神、益气养血之效,"定盘星"是秤杆上标志起算点（重量为零）的星号,秤砣悬在这里时,恰好和秤盘平衡。作者用各事物相同的功能来连接,让人很容易理解。

二是形式连接,即以事物的形状、结构为联系。例如:

通过各项工程的实施,我区将构建起以七个街道为"头",以发展规划为核心,以实施工业强区和商贸旅游兴区为"翼",以建成草海城市"新客厅"和打造螺蛳湾国际化现代物流中心两个突破口为"爪",以环境建设、基础设施和人才工程为"尾"的"凤凰型"经济社会发展格局。

凤凰是传说中的百鸟之王,头、尾、翼、爪组成了一个整体。这段文字正是借用了凤凰的结构,把虚拟的发展空间布局与实际的凤凰形体联系起来,设计出形象的"凤凰型经济社会发展格局"。

总之,跨界思考是实践性很强的思维活动,一定要结合上面的例子多体会。

7 步跨界法

——跨界思考的 7 个步骤

第6讲

追求知识上的融通，一开始看来似乎对创造力有所限制，然而事实刚好相反；利用统一的知识系统辨识未探索的真实领域，是最踏实的方法。它为已知的事物提供了清楚的地图，也为未来研究中最可能出现成果的问题，提供了一个架构。科学史学家在观察中往往看到，提出正确的问题比给出正确的答案更为重要。一个不足为道的问题，答案也同样不足为道；然而一个正确的问题即使没有明确的答案，仍会导致重要的发现。因此，这类问题将永远存在于未来的科学探索和艺术想象的历程中。

——爱德华·威尔逊

📋 本讲导读

本讲是"跨界三部曲"之二，分享我总结的 7 个跨界思考的步骤。上一讲我们讲了什么是跨界，跨界的 3 个好处和 3 种跨界思考的类型。很多读者问："都说跨界思考好，关键是怎么跨界思考？"所以，本讲就回答"怎么跨界"的问题。跨界是打开创新之门的钥匙，如果不掌握这把钥匙，很难在思维的世界里自由驰骋。本讲归纳总结了跨界的 7 个步骤：深入问题看问题—跳出问题看问题—拆除思维的围墙—变换观察的角度—找到共同的逻辑—焊接彼此的思路—创新表述的方法。为便于理解，我以《组工干部应练就"五味俱全"》一文为例，对思考过程进行复盘，并提出几条建议。所谓"7 步跨界法"只是个人经验的总结，难免有失当之处，大家只要掌握基本方法即可。

📒 本讲核心观点

- 什么是 7 步跨界法？
- 实例分析
- 提升跨界思考能力的 3 点建议

如何跨界思考？

这是读者最关心的问题。正如毛泽东所言："我们不但要提出任务，而且要解决完成任务的方法问题。我们的任务是过河，但是没有桥或没有船就不能过。不解决桥或船的问题，过河就是一句空话。不解决方法问题，任务也只是瞎说一顿。"（《关心群众生活，注意工作方法》）

对写作而言，若是不解决跨界思考的方法问题，充其量也就是瞎说一顿而已，所以这里归纳了"7 步跨界法"供大家参考。

下面讲三个问题。

1. 什么是 7 步跨界法？

说实话，总结一套跨界方法是很难的。

为什么？前文说过，跨界的本质是类比推理，是个从已知推出未知的思维系统。然而这种推理有其特殊之处，它没有一套完整的逻辑推理规则，也没有"三段论"那样的固定套路，不是纯形式化的东西，结论和前提之间缺乏必然联系。

任何一次类比，都需要一个类比源。

问题是，大千世界无奇不有，选什么东西作为类比源？这很难捉摸，只能靠直觉，没有逻辑可言。不妨想想，在这个世界上，有数不清的人被野外齿状的草划破过手皮，为什么只有鲁班能发明锯子呢？所有泡过澡的人都见过身体入池后水上涨或溢出的现象，为什么只有阿基米德才悟到皇冠体积之谜呢？关键就在于人的直觉。

直觉这东西很不"靠谱"，偶然性强。这就意味着，靠直觉来选类比对象并不保险。可以肯定，鲁班和阿基米德在获得灵感前，肯定也有过苦思冥想、百思不得其解之时，做过千百次的思考尝试，最后只在一次偶然的场景中获得了灵感。因为类比不是一个纯粹的逻辑分析过程，从来没有严密的逻辑分析规则。因此，想为跨界思维总结出一套"可复制"的方法，非常难。

当然，也不是说跨界思考只能守株待兔、坐等灵感降临。事实上，也可以主动"进攻"，尽管它还没有成熟的路径，却在大方向上遵循思考的基本规律。所以，我通过多年思考试验，总结了一套最基本的跨界思考规律：7 个环环相扣的步骤。

第 1 步：深入问题看问题

写任何一篇文章都是人对事物认知的表达。把事物认识透、理解透，就成为写作的前提和基础。倘若对问题没有必要的理解和认知，跨界就是"无头的苍蝇，到处乱撞"，任你想象力再丰富，也很难完成跨界类比。

所以，深刻认识所写事物，是跨界的"起手式"，是基础和前提，不能被略过。正如王国维先生在《人间词话》中说的："诗人对宇宙人生，须入乎其内，又须出乎其外。入乎其内，故能写之。出乎其外，故能视之。入乎其内，故有生气。出乎其外，故有高致。"所谓"入乎其内"，就是深入对象和事物观察分析，把问题理解透彻，深刻把握事物的本质。只有找到跨界类比的基点，思考的扇面才能顺利展开。

第 2 步：跳出问题看问题

"入乎其内"后，还得"出乎其外"。什么是出乎其外？其实就是超越事物本身，站在更高层面，从更广视野来审视事物，旨在把握事物的运动规律、生成本质、演变趋势、发展方向。

之所以要出乎其外，跳出问题看问题，是因为只有跳出来了，才能获得对事物的整体把握，才能使文章呈现出广阔的生存视野、深广的历史意识和凝重舒卷的人性内容。所谓"不识庐山真面目，只缘身在此山中"，就是这个道理。如果长时间限于其内，就会走入"死胡同"，思维产生"定式"，思考很难有所突破。

第 3 步：拆除思维的围墙

思想的自由度和思维的灵动性，是创意的眼睛、创新的灵魂。因为思想自由了，才能目光如炬，思维灵动了，才能意到神随，见人之未见，发人之未发。怎样达到自由、灵动之境呢？这就要拆除思想之藩篱，打破思维之界限了。科学研究表明，人在特定环境下做事会形成思维定式，俗称惯性。人在一定的思维方式下思考问题久了，同样也会形成固定套路，局限在一定的框框里"动弹不得"，写不出新意。

由此可见，若想"解锁"跨界思考新技能，必须敢于拆除既有思维的围墙，敢于自我否定，不留太多"成见"，不过度依赖以往经验思考问题。同时，还要有一颗开放的心，时刻反躬自省，看自己的思维是否陈旧了、保守了。如果有，要及时学习，从知识的网络中"下载"新知识，给思维"操作系统"的版本升升级。

第 4 步：变换观察的角度

古诗云："横看成岭侧成峰，远近高低各不同。"这说明从不同角度观察问题，可以得出不同结论。对文稿写作而言，打不开思路的原因，往往是没能换位观察、另辟蹊径。

怎样转换观察的视角？最好的方法就是换位思考。换位是跨界思考最关键的一个环节，就像汽车行驶过程中"换挡"，更像看电视节目过程中换频道。在跨界的 7 个步骤中，前 3 步都是做铺垫，是跨越前的基础动作，只有这一步才是真正开始"跨"。换位可以把自己"提拔"起来当领导，用领导视角来审视问题；可以把自己"降一降"，用基层干部或群众的视角来审视；可以把自己想象成医生、教师、工程师，甚至带兵打仗的将领，用专业的思维方式来看待问题、分析问题。

第 5 步：找到共同的逻辑

跨界好比过河，想顺利到达河对岸，必须依靠一座桥或一艘船，而事物之间的共同特征就是思想跨越的桥和船，谁找到了，跨界就成功了。苏轼之所以能写出《题西林壁》这样新颖的诗句，核心就是把看山与看人、看事联系起来，找到二者的共同特征。

如何才能找到过河的船和桥？方法就是联想和类比。通过联想和类比，可让思想的野马自由驰骋、无拘无束地联想，最终找到不同事物间的共同点。如果把前面几步比喻为播种、施肥、松土、浇水，这一步就是树木开花结果。而让思考之花怒放、结出硕果的关键在于联想方法的运用。常用的联想方法有相似联想、接近联想、对比联想、因果联想等。

第 6 步：焊接彼此的思路

这一步的作用主要是把不同事物的逻辑进行移植、衔接，如同将两根树枝嫁接起来一样，也好比把两根铁轨对接起来。

完成这一步，关键是用好上一步的思考成果，把发现的共同逻辑运用到文稿中，并让逻辑自洽、文脉畅通。怎么衔接好不同事物？有四种方式，即原理对接、结构对接、材料对接、形状对接。通过思路的焊接，跨界思考就能转化为具体的写作构思，进而真正地把思维"跨"出去。

第 7 步：创新表述的方法

这是跨界思考的最后一步，是跨界的"临门一脚"。创新表述方法，目的就是在顺利跨界后，为观点找到一个"语言外壳"，给抽象的原理赋形，形成一个完整的观点或框架结构。这就好比一堆散乱的书，通过不同形状的物体摆放，摆在架子上就是一架书，摆在箱子里就是一箱书。

举个例子来说：当你跨界思考，走了前几步，把中医"望闻问切"原理与工作方法联系起来，接下来要做的，就是用适当的语言来表述它。比如，把"望闻问切"转化为"观察、倾听、询问、掂量"四个词，让中医语言与公文语言对应起来，否则别人不容易听懂。所以，最后一步好比穿衣服，目的是给人一个直观形象，让人看得懂、记得住、忘不掉。

2. 实例分析

事实是最好的论证方法。以上 7 个步骤听起来显得抽象，具体怎么走，还是没底。下面，就以一篇文章为例来说明，文章标题为《组工干部应练就"五味俱全"》，主要内容如下：

组工干部要经得住"酸"的考验、挡得住"甜"的诱惑、耐得住"苦"的磨炼、担得起"辣"的责任、受得了"咸"的汗泪，练就"五味俱全"，品透"五味人生"。

一、淡泊明志甘为人梯，经得住"酸"的考验

组织部门肩负着选优配强干部队伍、帮助干部成长进步的重要使命，组工干部要甘做党和人民事业前进道路上的"扶梯板""铺路石"。这就要求组工干部正确看待个人职位的进步，克服"近水楼台先得月"的错误思想，看到别人进步时不眼红不心酸，将党和人民的利益看得重于泰山，把个人的一己之私看得轻如鸿毛，真正做到"不比物质比素质、不比学历比学识、不比资历比能力、不比职务比服务"，坚定理想信念，努力做好本职工作。

二、公道正派廉洁自律，挡得住"甜"的诱惑

组工干部因其工作岗位的特殊性，容易面临形形色色的"糖衣炮弹"和别有用心的诱惑拉拢。因此，组工干部只有自身公道正派，才具有说服力和感召力，才能赢得党员干部的信赖和尊重。必须要将廉洁自律、公道正派作为基本准则，时刻保持清醒头脑，切实做到不踩"红线"、不碰"底线"，耐得住寂寞，守得住清贫，挡得住诱惑，真正做到"清清白白做事，干干净净做人"。

三、甘于奉献任劳任怨，耐得住"苦"的磨炼

组织部"白＋黑""5+2"的工作常态，责任大、标准高、要求严的工作作风，让每名组工干部都养成了"不怕苦、不怕累、不怕难"的过硬本领，永葆"想干事、敢干事、能干事、干成事"的战斗精神。这就要求组工干部在各种艰难困苦面前，以强烈的责任心和事业心，脚踏实地，埋头苦干，做群众的"孺子牛""老黄牛"，用实际行动证明组工干部的光荣和责任。

四、开拓创新锐意进取，担得起"辣"的责任

敢于担当是共产党员的优秀品质，主动接受挑战、大胆开拓创新更是新时代对组工干部的新要求。组工干部的担当，就是要有干事创业"舍我其谁"的火辣与激情，就是要有"功成不必在我，建功必定有我"的勇气与魄力，在从严治党、扶贫攻坚、制度改革等"硬骨头"面前"想得出主意、站得出立场、亮得出身份、负得起责任"，用担当精神彰显组工干部的时代风采。

五、俯身能干躬耕不倦，受得了"咸"的汗泪

组工干部要俯下身沉下心，做勤快的"泥腿子"，用"脚步"丈量民情，倾听基层的诉求和声音，全面掌握基层情况，详细收集各方意见，汲取群众力量，感悟基层智慧。同时，组织工作繁重琐碎，甩开膀子干才流得出汗珠子。组工干部要知行合一、俯身实干，时刻以"安专迷"的精神，以踏石留印、抓铁有痕的韧劲，脚踏实地，真抓实干，在岗位上挥洒汗水，不断推进工作上台阶、出佳绩。（来源：共产党员网　作者：武晨雨）

这篇文章用了"酸甜苦辣咸"五种味觉感受来架构全文，是一篇用跨界思维写出来的作品，别开生面，活色生香，饱含滋味。

下面，我尝试用7步跨界法来复盘"深入问题看问题—跳出问题看问题—拆除思维的围墙—变换观察的角度—找到共同的逻辑—焊接彼此的思路—创新表述的方法"这7个步骤怎么走。

第1步：深入问题看问题

可以确定，文章的主题是"新时代组工干部的修炼"，论述的是组工干部的修炼问题。这是跨界的基点，跨界首先要理解什么是组织工作、有什么特点。

一般说来，组织部门都担负着一个单位或部门党员、干部、人才的培养、选拔、管理工作。综合来看，组织工作有几方面的特点：

第一，提拔干部，更多的是"为他人作嫁衣"，成人之美，时间久了，有些人心态就会失衡。

第二，面临诱惑多，有时一句话可能决定一个干部的命运，容易受到"糖衣炮弹"的攻击，遭受形形色色的诱惑拉拢。

第三，工作任务重，经常"5+2""白＋黑"，加班加点，工作上付出多。

第四，工作上经常要啃"硬骨头"。

第五，注重倾听基层的声音，挥洒勤劳的汗水。

基于以上分析，可以得出一个结论：组工干部的感受是很复杂的，而说到感触良多，就会联想到"五味杂陈"这个成语。于是，跨界就开始了。

第 2 步：跳出问题看问题

对工作的理解认知只是基础，5 个特点只是现象，接下来需要换位思考。

不妨设想一下，从上级领导角度看，5 个方面的特点说明什么？

第一，意味着组工干部要甘于成人之美。

第二，意味着组工干部要经得住诱惑。

第三，意味着组工干部要有吃苦精神。

第四，意味着组工干部要有火辣的激情。

第五，意味着组工干部要勤于挥洒汗水。

这样一思考，就跳出了就事论事的层面，从现象中看到了深刻的道理，为后面的跨界奠定了基础。

第 3 步：拆除思维的围墙

思考到上面这个层次，若按固有思维模式来构思，写提纲时极有可能用"淡泊明志""公道正派""乐于奉献""勇于担当""深入基层"这样的词语来做标题。如果这样，文章就没有什么新意，而且是板起面孔说教，不是深入浅出说理，标题间不成体系，没有逻辑联系。

显然，这样的构思不是好构思。所以，就要进入第 3 步：拆除思维的围墙，另寻蹊径。打破常规思维方式，摒弃传统结构形式，寻找一套新的表述方式。

第 4 步：变换观察的角度

另辟蹊径的方法就是变换观察角度。

如何变换？不妨放纵思想的野马自由驰骋一番。

你想啊，组工干部"为他人作嫁衣"，自己却什么都得不到，心里会不会有种"酸溜溜"的感觉呢？恐怕会有的。再想，"糖衣炮弹"的外表既然有糖，肯定是"甜"的嘛。另外，组工干部要吃苦，有个"苦"字……想到这里，我猜你心里已经联想到了日常生活中的"酸甜苦辣"这几种味道了，跨界思考完成了一半，接着需要分析二者的共同逻辑。

第 5 步：找到共同的逻辑

开始分析共同点了。产生了"酸甜苦辣"的灵感后，就要深入分析组工干部工作特点与生活中的味道是否有相同的"逻辑"。

例文成功之处，在于找到了二者的共同点：成人之美有"酸"味，糖衣炮弹有"甜"味，任劳任怨有"苦"味，担当干事有"辣"味，挥洒汗水有"咸"味。

通过对比，找到了组织工作和味觉的相同机理：酸甜苦辣咸。跨界的桥梁找到了，接下来就看如何"焊接"了。

第 6 步：焊接彼此的思路

找到跨界的桥梁还不代表能顺利过河，接着还必须把彼此的思路焊接起来。怎么焊接思路？关键在于找到一个合适的"焊接点"。

对例文来说，焊接的任务就是把组工干部的 5 条要求形象化，说明酸在哪里，甜在哪里，苦在哪里，辣在哪里，咸在哪里。把两个相互独立的领域混合起来，让两种思想产生"化学反应"，形成一个有机的整体。

第 7 步：创新表述的方法

说白了，就是加工标题。通过排比、对仗等手法进行"美容"，提升标题的"颜值"。

正如例文的小标题：淡泊明志甘为人梯，经得住"酸"的考验；公道正派廉洁自律，挡得住"甜"的诱惑；甘于奉献任劳任怨，耐得住"苦"的磨炼；开拓创新锐意进取，担得起"辣"的责任；俯身能干躬耕不倦，受得了"咸"的汗泪。逻辑清晰、对仗工整，把一篇普通文章写得有声有色，有滋有味。

这就是跨界的力量！

3. 提升跨界思考能力的 3 点建议

当然，跨界思维不是一朝一夕可以练就的，平时要多读书，写作时要善于联想、勤于类比，这样才能保持思维的灵活度。

（1）多读书

我国科学家、实验胚胎学创始人童第周曾说过："科学家一要有很广博的知识，二要有很奇特的想象力。"写作者知识越丰富、知识结构越合理，就越能发现新问题，越能适应写作创新的需要。

写出有创意的文章，需要写作者有广博的科学文化知识。只有掌握了多个领域的知识，才谈得上在不同学科之间跨界游走。一个知识面比较窄的人，都不知道其他学科领域是什么情况，又谈何跨界呢？必须对各种学科、领域都有所思考和体悟，否则是跨不了界的。

跨界没有别的路可走，唯一途径就是学习。通过学习不断吸收新知识、扩展新视野。在日常学习中，公文写作者要有开放思维，敏锐地捕捉每一个社会动态、社会现象、学科发展，深入思考事物背后的底层逻辑。没有广博的知识，跨界就变成无源之水、无本之木，即便有跨界意识，也无界可跨。

（2）善联想

跨界思维还需要发挥想象力，无拘无束地展开想象的翅膀，这跟科学研究过程极为相似。

几乎一切科学理论研究都始于一个假设，并在实践中验证假设。比如物理学上，光的波粒二象性、爱因斯坦相对论，并不是看到所有事实后的结果，而是基于局部事实做出假设，然后再一一论证。有句话说得好：假设是通向科学的桥梁。伟大的科学家都深谙此道。数学家高斯说："没有大胆的猜测就没有伟大的发现。"数学界有名的"哥德巴赫猜想"，核心也是一个基于局部事实的假设。中国著名数学家华罗庚和陈景润都论证过这个猜想，他们没法推翻这个猜想，但谁也不敢说这个猜想就是成立的，因为它需要验证的层面很多。

值得强调的是，联想不是胡思乱想，而是基于局部事实或最朴素的逻辑推演。因此，假设的前提正确了，才可能得出正确的结论。正如华为创始人任正非说的："只有正确的假设，才有正确的思想；只有正确的思想，才有正确的方向；只有正确的方向，才正确的理论；只有正确的理论，才有正确的战略。"

（3）勤类比

当然，有了大胆假设，还必须小心求证。在大胆联想的基础上，还要小心类比，证实或证伪。类比如同科学研究中的论证，一旦求证的事实与假设不相符，就要抛弃假设，基于新的事实提出新的假设。达尔文说："我一贯力求思想不受拘束，这样当某一假说为事实证明错误时，不论我对自己的假说如何偏爱，我都放弃它。我想不起哪一个最初形成的假说不是在一段时间过后就被放弃，或被大加修改的。"英国物理学家贝尔纳指出："过于相信自己的理论或设想的人，不仅不适于作出新发现，而且会做很坏的观测。"

这个过程跟破案非常相似，高手通常基于一点蛛丝马迹大胆假设，分析各种可能性，接着寻找证据验证，如果不相符合，就抛弃假设。创新是一个不断试错的过程，人们往往先占有局部事实，然后大胆作出假设，继而以假设为索引，有针对性地搜集素材，跨界思考，从而实现创意写作。

跨界无处不在
——跨界思考的实例分析

第7讲

文学完全可以向音乐学习，巴赫金就创造了复调小说的理论，文学的叙述角度也可以是多声部的，形成一种交响的效果。音乐与文学各有其长，可以相互借鉴，当然这种借鉴不是"输血"式的简单方式，而是一种相互的营养吸收、彼此的素质培养。学文学或学别的学科的人懂一点音乐，学音乐的人懂一点文学，彼此给予营养，是很有好处的。

——肖复兴

 本讲导读

本讲是"跨界三部曲"之三，以15个生动的实例分析了跨界思维的奥秘。实例告诉我们：跨界的极致是无界。只要敢于想象，可以在任何领域间自由链接、跨界类比，获得写作灵感。这个观点源于我对《列奥纳多·达·芬奇传——从凡人到天才的创造力密码》的阅读。在大家心目中，达·芬奇好像是个画家，其实他在绘画、音乐、建筑、数学、几何学、解剖学、生理学、动物学、植物学、天文学、气象学、地质学、地理学、物理学、光学、力学、土木工程等领域都有显著成就。跨越的领域令人叹为观止，用现在的话来说，达·芬奇是个跨界高手、十足的"斜杠青年"。达·芬奇之所以能成为通才，正是因为世界是个普遍联系的世界，万事万物都不是孤立存在的，都有一座知识迁移的桥梁。正是有了这样的桥梁，写作中的跨界也就成为可能。因此，只要敢想象，任何领域都能链接。

本讲核心观点

- 跨界数学领域
- 跨界医学领域

- 跨界音乐领域
- 跨界哲学领域
- 跨界文学领域
- 跨界其他领域

我是"云岭大讲堂"的主讲嘉宾，在省内跟大家讲《公文写作与思维方式》时，很多同志建议，多展示一些跨界思考案例，以便大家参考借鉴。

这个建议很好，借鉴，本来就是一种学习方式嘛。于是，我花了很大工夫收集了公文中跨界思维的案例。我把这些案例按照数学、医学、音乐、哲学、文学等学科进行分类。希望这些实例能帮大家打开脑洞，按下跨界思考的"开关"。

下面，请同我一道了解精彩的跨界实例。

1. 跨界数学领域

数学是一门实践性、应用性都很强的学科，是人们分析问题和解决问题的一种思维工具。德国数学家克莱因曾说过："音乐能激发或抚慰情怀，绘画使人赏心悦目，诗歌能动人心弦，哲学使人获得智慧，科学可改善物质生活，但数学能给予以上的一切。"在公文写作中，数学的很多概念、原理和法则可以成为跨界借鉴的对象。

例 1　2018 年"两会"上，某省领导在一次讲话中，巧妙运用数学方法来对高质量发展进行"列式解题"。讲话说：

以供给侧结构性改革为主线，坚持质量第一、效益优先，把提高供给体系质量作为主攻方向，把发展经济的着力点放在实体经济上，着力做好"加、减、乘、除"四则运算。

"加"，就是做好"加法"，以实施"双千工程"为抓手增添发展动能；"减"，就是做好"减法"，以降成本为重点减轻企业负担；"乘"，就是做好"乘法"，通过大数据与实体经济深度融合推动跨越发展；"除"，就是做好"除法"，通过国有企业战略性重组释放改革红利。通过"加减乘除"四则运算，"加"足动能，"减"轻负担，"乘"上快车，"除"掉包袱，在高质量发展的答卷上争取取得好成绩。

例2　无独有偶，一篇题为《"加减乘除"综合施策，打造福建生态"高颜值"》（作者：胡熠）的文章也运用了四则运算法则。文章框架如下：

近年来……在"生态省"战略蓝图的指引下，按照整体论、系统论的思维，以制度建设为保障，"加减乘除"综合施策，成效显著。

一是生态保护做"加"法。面对"八山一水一分田"的现实省情，提高森林覆盖率和蓄积量，优化林分结构，加强区域森林生态系统功能，是福建生态保护做"加"法的核心要义……

二是节能减排做"减"法。近年来，福建省围绕能源资源消耗的重点行业和企业，大力发展低碳经济和循环经济，开展节能减排，减少环境污染……

三是产业转型做"乘"法。近年来，福建积极做好"生态+"产业发展，进一步加快发展战略性新兴产业和现代服务业，提高其在GDP中的比重，推动产业向中高端迈进，实现动能转换，主要经济指标持续保持平稳增长……

四是环境风险做"除"法。就是要拧紧"环保阀门"，消除环境风险的短板，建立健全的风险防范体系……

文章赋予"加减乘除"全新的内涵，精妙地揭示了福建省在环境保护中的四大理念，有理论深度，也有趣味性。

2. 跨界医学领域

不管是中医还是西医，本质上都是为人的身体健康问题提供解决方案，它的原理与工作中解决某个问题的底层逻辑是相同的。所以公文写作也可以借鉴医学中（尤其是中医）解决问题的思维、理念和方法。

例3　2018年，习近平总书记在深入推动长江经济带发展座谈会上的讲话，就借鉴了中医的相关理论和方法。

我讲过"长江病了"，而且病得还不轻。治好"长江病"，要科学运用中医整体观，追根溯源、诊断病因、找准病根、分类施策、系统治疗。这要作为长江经济带共抓大保护、不搞大开发的先手棋。要从生态系统整体性和长江流域系统性出发，开展长江生态环境大普查，系统梳理和掌握各类生态隐患和环境风险，做好资源环境承载能力评价，对母亲河做一次大体检。要针对查找到的各类生态隐患和环境风险，按照山水林田湖草是一个生命共同体的理念，研究提出从源头上系统开展生态环境修复和保护的整体预案和行动方案，然后分类施策、重点突破，通过祛风驱寒、舒筋活血和调理脏腑、通络经脉，力求药到病除。要按照主体功能区定位，明确优化开发、重点开发、限制开发、禁止开发的空间管控单元，建立健全资源环境承载能力监测预警长效机制，做到"治未病"，让母亲河永葆生机活力。

讲话跨越生态学与医学的界限，把治理生态污染与治病连接起来，运用中医的整体观念，以及气血、经络、脏腑、辨证论治、治未病等理论，融会贯通，为长江开出"治病"的方子。

一些文稿还借鉴中医"四诊法"来分析问题。

例 4 在《领导之友》2014 年第 11 期上有一篇文章，标题是《望闻问切：分析研判领导班子运行态势》（作者：林本庸），即用"四诊法"来架构文章。

2014 年以来，××县着眼于提升领导班子运行质量和干部履职水平，改变"填空式"用人现象，避免干部管理与使用脱节，探索建立领导班子综合分析研判制度，积极推行"望闻问切"工作法，为全县科级班子和干部队伍进行全面"体检"。

一、"望"：多维"审视"，体现识人察事"高分辨"。一是望"五官"。二是观"气色"。三是察"神态"。

二、"闻"：多方"探听"，坚持管理监督"全天候"。一是纪实档案"全程听"。二是重大事项"定向听"。三是畅通民意"广泛听"。

三、"问"：多元"询查"，力求"人物画像""立体化"。一是"背靠背"测评。二是"面对面"访谈。三是"点对点"调查。

四、"切"：多点"把脉"，注重研判诊断"预见性"。一是研判领导班子运行。二是研判干部职责履行。三是研判制度设计执行。

文章借用"四诊法"的内涵，论证了研判领导班子运行态势的4种方法，形象生动、有味有趣，极具冲击力。

3. 跨界音乐领域

音乐是一种艺术形式，它来自生活，所以音乐中的智慧反过来又可以指导工作和生活，给人们思想上的启迪。比如"旋律""节奏""调子""和谐"等，经常成为指导工作的哲学思想。

例5　在《北京高校》2012年第1期上有一篇题为《首都高校践行"北京精神"，要唱好"四重奏"》（作者：伍聪、李珣）的文章，就运用了音乐概念。文章有3个观点：

一是高校要唱好爱国向党的主旋律。主旋律雄浑大气，势若扛鼎。"爱国"是"北京精神"的核心，不管是在五四运动、七七事变的历史硝烟里，还是在开国大典国庆阅兵、奥运盛会的燃情时刻中，首都高校都曾与北京市民并肩奋斗，展现出勇担时代使命的责任感和强烈的家国情怀……

二是高校要唱好大胆创新的进行曲。进行曲鼓舞激越，奔涌向前。"创新"是"北京精神"的精，而高校是先进观点、理论、做法的"策源地"，最敢进取、最有生气、最少保守，同时又有学科、人力和资源上的优势，最有条件讲创新……

三是高校要唱好包容平等的交响乐。交响乐庄严持重，包罗万象。"包容"是"北京精神"的特征，就高校而言，尤其要关注教育公平问题……

学音乐的人都知道，"主旋律"是多声部演唱或演奏的音乐中，一个声部所唱或所奏的主要曲调，其他声部只起润色、丰富、烘托、补充的作用，这里用来比喻主要精神或基本观点。"进行曲"是一种特定的音乐体裁，原为军队中用以整步伐、壮军威、鼓士气的队列音乐，以曲调规整、节奏鲜明并多带附点音符为特点，这里用来强调各高校的步调要一致的问题。"交响乐"是含多个乐章的大型管弦乐曲，一般是为管弦乐团创作，这里用来讲团队协作问题。

例6 一篇题为《奏响基层党建"四大和弦"》的文章，借用了音乐中"和弦"的概念，以表达各项措施的配合、协调。文章结构如下：

今年以来，柏杨街道着力奏响学习教育、党建责任、便民服务、纪律作风"四大和弦"，抓紧抓实基层党建工作。

一、奏响学习教育弦。

二、奏响党建责任弦。

三、奏响便民服务弦。

四、奏响纪律作风弦。

乐理中，和弦是具有一定音程关系的一组声音，一般是 3 个以上的音，按三度或非三度的叠置关系，在纵向上加以结合就成了和弦。通俗地说，就是多个音源同时发音，形成一个和谐的复音。文章运用了和弦的这个原理和特征，比喻各项工作步调一致，统筹协调，是很形象生动的。

例7 不仅如此，有的文章还跳出音乐的专业术语，从"唱"这个音乐现象入手，找到工作与唱歌之间的联系。一篇题为《在全市宣传思想工作会议上的讲话》的文章，就用了这种方法。

文章 5 个部分标题如下：

一、宣传思想工作要唱响《红旗颂》，就是要充分认识宣传思想工作的特殊重要性，进一步增强紧迫感和政治责任感，继续坚持正确的舆论导向，始终不渝地发挥宣传思想工作的政治优势。

二、宣传思想工作要唱响《走进新时代》，就是要把握时代的脉搏，紧贴新的形势和任务，围绕推动全市经济社会赶超式发展，进一步发挥积极的作用。

三、宣传思想工作要唱响《爱的奉献》，就是要大力推进社会主义精神文明建设，推进社会主义核心价值体系建设，努力在全社会形成共同的理想信念、强大的精神动力和良好的道德规范。

四、宣传思想工作要唱响《爱拼才会赢》，就是要发扬敢于拼搏的精神，更加突出文化软实力建设，促进文化事业大发展大繁荣，更好地满足人民群众日益增长的精神文化需求。

五、宣传思想工作要唱响《敢问路在何方》，就是要适应新的形势，继续解放思想，锐意改革创新，进一步提高质量和水平，努力开创我市宣传思想工作的新局面。

这5个部分用"唱"5首歌的形式，表达5个方面的要求，选用5首饱含正能量、大家耳熟能详的歌曲，给读者营造5个场景。比起板起面孔来讲道理的写作方式，这样的表述令人耳目一新、回味无穷，绝对是个好创意。

4. 跨界哲学领域

哲学是世界观和方法论的集合，是有严密逻辑系统的宇宙观。哲学研究宇宙的性质、万事万物演化的总规律、人在宇宙中的位置等一些基本问题。所以，哲学是元知识、元理学，它是科学的基因，是人们解决问题的智慧之源。公文写作同样可以从哲学中获得写作创意。

例8 一篇名为《领导干部的"五项修炼"》（作者：周银芳）的文章，跨入中国传统哲学，获取写作创意。

文章构思了5个部分：

当前，复杂多变的国际形势和艰巨繁重的改革发展任务对领导干部的能力素质提出了新的更高要求……应加强以下"五项修炼"。

一、惜时如"金"，抓紧学习。"一寸光阴一寸金，寸金难买寸光阴"。只有懂得珍惜时间，才能真正用好时间……

二、奋发如"木"，昂扬向上。社会主义现代化建设是一项艰巨的事业，需要我们长期艰苦奋斗。领导干部应当昂扬向上、奋发进取，成为干事创业的带头人。要像树木那样永远向上，有那么一股子气和劲儿……

三、包容如"水"，维护团结。是否注重团结，体现政治素质，反映精神境界。领导干部一定要具有包容的胸怀和气度，善于团结一切可以团结的力量，充分调动各方面的积极性，共同推动事业发展。要透明似水，光明磊落，坦荡做人……

四、激情如"火"，忘我工作。没有激情干不好工作，成不了大事。领导干部以饱满的激情投入工作，不仅能够发挥自己的潜能、提高工作效率，而且可以激发干部群众的干劲、形成工作合力。要有火一样的斗志，态度鲜明、毫不含糊……

五、奉献如"土"，提升修养。不图名利、多做奉献，是领导干部应有的优秀品质。要像大地一样保持本色，自觉抵制诱惑，始终坚守共产党人的精神家园，一身正气、廉洁自律；像大地一样朴实无华，弘扬艰苦奋斗的精神和作风……

这篇文章把领导干部加强素质修养的五个方面与中国传统哲学"五行"（金木水火土）观念结合起来，用"金"来比喻学习的紧迫性，用"木"来比喻天天向上的进取精神，用"水"来比喻坦荡磊落、团结包容的团队精神，用"火"来比喻激情似火的斗志，用"土"来比喻朴实无华、艰苦奋斗的作风，别有韵致、意味深长。

例9 2008 年第 1 期《城市管理与科技》杂志上有一篇文章《数字化城市管理的哲学思考》（作者：孟志军），开头写道：

××市××区在数字化城市管理经验的基础上，不断探索，提出了"监督有力，考评科学，服务一流，理念创新"的质量管理方针，创建了实用有效的监督考评体系，并在系统平台上得以自动实现，其考评结果已纳入区政府行政执行力考核。

正文 6 个部分是：

一、监督独立，在对立统一中构建和谐
二、潜移默化，在质量互变中把握尺度
三、持续改进，在自我否定中谋求发展
四、有的放矢，在主次矛盾中紧抓要点
五、严格管理，在偶然事件中走向必然
六、拓展提升，在时空四维中力求完美

正文 6 个小标题用了马克思主义哲学中"对立统一""质量互变""否定之否定"三大规律及主要矛盾、偶然与必然等概念，哲学味很浓。当然，也正因为有了哲学血液的注入，文章才具备这样的思想深度。

5. 跨界文学领域

在人类发展历程中，文学与公文有千丝万缕的联系，历史上很多经典的公文，如诸葛亮的《出师表》、骆宾王的《讨武曌檄》等，本身就文采奕奕，是千古传颂的文学名篇。文学是公文成长的土壤，很多公文都从散文、诗歌、小说等文学形式中获得灵感，汲取养分，写得非常"文艺范儿"。

例 10　江西省领导在题为《珍惜时光感恩奋进，在实现中国梦的征程中书写精彩人生》[①] 的讲话中，充分运用了诗词名句来谋篇布局，讲话充满吸引力，给人以美的享受。

文章分 3 个部分，结构如下：

今年春节期间，中央电视台有一档节目很火爆，相信很多同学都看过，就是《中国诗词大会》。这个节目赏中华诗词，寻文化基因，品生活之美，在社会上产生了广泛的影响。媒体报道，节目收视率达 11 亿人次之多，我也断断续续看了几期。其中很多诗词与我们江西有关。比如，王勃的"落霞与孤鹜齐飞，秋水共长天一色"，李白的"飞流直下三千尺，疑是银河落九天"，陶渊明的"采菊东篱下，悠然见南山"，等等。这些诗词有的写江西美景，有的诗人就是江西人。今天，我也想借毛泽东同志的三句诗词，向同学们说说江西的人和事。

第一句诗词，"踏遍青山人未老，风景这边独好"——江西是个山清水秀、人杰地灵的好地方。

第二句诗词，"唤起工农千百万，同心干"——江西是个充满希望、前景灿烂的好地方。

第三句诗词，"一万年太久，只争朝夕"——江西是个一展身手、大有可为的好地方。

以上 3 句诗词都是毛泽东的词作，第一句是他在 1934 年 7 月 23 日登上江西会昌山后写下的《清平乐·会昌》中的名句，用来说明江西不管是历史文化，

---

① http://www.jxyy.edu.cn/gqt/info/1030/2378.htm.

还是自然风光，都是一块"风景独好"的宝地；第二句是 1931 年在宁都县黄陂村写下的著名词作《渔家傲·反第一次大"围剿"》中的名句，用来表达夺取工作胜利的决心和信心；第三句是《满江红·和郭沫若同志》中的名句，用来表达干事业要有锲而不舍的愚公精神，哪怕是一万年也要搞下去，更要分秒必争，抢抓机遇，从现在做起。

例 11 一篇某市领导在女企业家联谊会成立仪式上的致辞，墨香扑鼻，文学味很浓。

讲话同样借用 3 句诗词来架构：

今天，参加这个仪式，听了 ×× 的创业回顾，很有感触。归纳起来有三句话。

第一句是："春风十里不如你"。相逢是缘，相聚更是缘。在座都是 ×× 女企业家的优秀代表，既有土生土长，用勤劳双手造福家乡的"×× 女儿"；也有不远千里，把家安在 ××、把心留在 ×× 的"×× 媳妇"；还把事业放在 ××、把梦想落在 ×× 的"×× 姑娘"……

第二句是："百花齐放才是春"。"独行走得快，结伴走得远。"经济新常态下，"合作共赢"已成为越来越多企业的共识。联谊会，顾名思义就是要在志趣自愿的基础上，加强联系、联络、联动，从而建立起共同发展的友谊。在这个平台上，企业与政府之间如何联手唱戏、同向发力，企业与企业之间如何互补优势、对接供需……

第三句是："一枝一叶总关情"。人，因缘而聚，因情而暖。希望联谊会各位会长、副会长、理事们不负众望，尽心尽责做好"人"的文章，与会员企业一道努力，不断壮大队伍，细抓管理、常态联系、靠前服务，把联谊会办成联络感情、交流工作的桥梁纽带，办成听取意见、服务企业的重要窗口，办成丰富文化生活、分享发展经验的会员舞台，办成活动灵活、宾至如归的温馨之家……

第一句"春风十里不如你"出自当代作家冯唐的《春》，唐代诗人杜牧也有"春风十里扬州路，卷上珠帘总不如"之句，用来对人或事物致以最极致的赞誉。第二句"百花齐放才是春"改自《古今贤文》"一花独放不是春，百花齐放春满园"，表达集体主义精神。第三句"一枝一叶总关情"是郑板桥的诗句。

致辞借用这 3 句诗表达了对企业家们心系家乡、眷顾故土、抱团发展的期许。

6. 跨界其他领域

除了以上的学科领域，在写作中还经常跨越学习、生活、工作领域，借用大家熟悉的场景，形象化地表达。

考试，是读书时代最常见的场景，一般是老师出卷，学生答卷，最后阅卷，通过考试判断学生的学习效果。这种场景，在很多工作中都有，换言之，考试和工作的原理相通。

例 12 一位领导在一个重要讲话里借用了"考试"场景，对干部提出要求。开头说：

> 习近平总书记指出："时代是出卷人，我们是答卷人，人民是阅卷人。"如何做好新时代答卷，从经济社会发展的角度来说，有这样几个方面需要我们做好回答。

接着用"五张答卷"的逻辑，提出 5 条要求：

> 一是做好坚决打赢脱贫攻坚战的答卷。这是我们向党中央和全省各族人民的庄严承诺，是立了军令状的。
>
> 二是要做好高质量跨越式发展的答卷。高质量发展是新时代经济社会发展的总要求，也是新时代的一场大考。我们必须考出水平，取得好成绩。
>
> 三是做好深化改革开放的答卷。只有把这篇文章做活了，才能把云南的发展潜力最大限度地激发出来。
>
> 四是做好民族团结进步示范区的答卷。推动各民族和睦相处，和衷共济，和谐发展。
>
> 五是要做好生态文明建设排头兵的答卷。把生态文明建设贯穿于城乡规划、产业发展、生产方式、生活方式等各方面。习总书记强调，"软肩膀挑不起重担子，无论是干事业还是攻坚克难，不仅需要宽肩膀，也需要铁肩膀"。前进的道路不可能一马平川，新时代的赶考不可能一帆风顺。

以上借用考试答卷的场景来谈工作，非常形象生动。读到这里，你也许还会问：还有没有其他场景可借鉴呢？当然有，作文章就可以。通常来说，作文章是思考问题、分析问题、解决问题的过程，所以可以把"作文章"引申为"干事情""下功夫"。

例 13 某领导在一次会议上用"作文章"的场景，提出"着力做好'特精融'三篇文章，打造沿海经济带上的特色精品城市"的要求。讲话说：

打造沿海经济带上的特色精品城市，首先重点是放在特色和精品上。潮州处于海西经济区和珠三角经济区中间的一个重要节点，在沿海经济带上要实现特色化差异化发展，与周边城市协调发展。潮州要重点做好"特精融"三篇文章。

第一篇是"特"字文章。特就是要突出潮州的特色。打造特色产业，塑造特色城市，弘扬特色潮州文化。特别是文化方面，要实施文化＋战略，努力把文化和经济、产业融合起来，使潮州从文化资源大市转变为文化经济强市，推动陶瓷、食品、不锈钢、塑料等传统特色产业转型升级，在新时代焕发新的发展活力。

第二篇是"精"字文章。精致是潮州文化的特质之一，潮州农业精耕细作，种田如绣花，木雕、刺绣、陶瓷等制造业精雕细琢，第三产业中的潮州菜食不厌精，都集中体现"精"字。要把精致特质、精品意识、精美追求融入产业发展、城乡建设、文化建设中去，以内涵式发展来增强城市的美誉度和竞争力。

第三篇是"融"字文章。要以更加开放的姿态、更加广阔的视野，来融入国家"一带一路"倡议、融入粤港澳大湾区建设、融入海西经济区发展、融入汕潮揭城市群建设，做好"融"的文章。

古人说："世事洞明皆学问，人情练达即文章。"生活中很多习以为常的经验和事物都隐藏着深刻的哲理，只要善于跨界思考，将之与工作联系起来，就有可能引发写作灵感。

习近平总书记系列重要讲话也有借鉴生活经验的情况。比如，他在亚太经合组织工商领导人峰会发表主旨演讲中借用了地瓜的特性，说：

地瓜的藤蔓向四面八方延伸，但它的块茎始终长在根基位置。同样道理，无论发展到什么程度，中国都将扎根亚太、建设亚太、造福亚太。

这段讲话把地瓜的生长特性与中国发展作类比，准确生动。他在北京大学考察时还把青年的成长类比为扣扣子，告诉大家，若第一粒扣子扣错了，剩余的都会扣错，所以人生的扣子从一开始就要扣好。

工作不仅可与学习、生活链接，工作之间也可以相互启发，借鉴运用。比如，在财务工作中，"算账"是最核心的现象，"打算盘"也是传统财务中常用的手段。表面上看，这些都是某个领域的孤立现象，但是同样可以借鉴到其他工作中去。

例 14 某医院领导在单位中层干部任前谈话中，用"算账"这个情景把对问题的"把握"比喻为"算"，把事情看作财务人员手中的"一本账"，很有专业特点。文章内容如下：

作为一名受过高等教育的中层干部，要学会算账，规划好自己的幸福人生。

一是"经济账"。俗话说得好，"君子爱财取之有道"，作为一名医院的中层干部，收入外与公务员比，内与医院普通职工比，相对都要高很多，特别是曾院长上任后进行绩效改革大幅度提高了中层干部的收入，可以说目前的收入足以让我们在座各位的家庭谈不上荣华富贵，但至少是丰衣足食。如果自己没有把握好，经不起诱惑，发生违纪违规事情，可能会让你失去你现在所拥有的衣食无忧，这又是何必呢？

二是"政治账"。大家通过自己的努力，组织的培养，在医院二千多名职工中脱颖而出成为医院的中层干部，可以说是来之不易，不要因为一时糊涂使自己"一失足成千古恨"，断送了自己的政治生涯。

三是"荣誉账"。清廉方能扬名，我们只有通过自己的勤政廉洁方可博得他人尊重和赞誉，但如果不懂得珍惜，自毁其名走上歧途，不但给医院抹了黑也毁了自己的大好名声，使自己在别人面前抬不起头。

例 15 在另一篇有关财政工作的讲话中，作者把财政工作形象地比喻为账房先生"打算盘"。小标题是这样拟的：

第一，要打好促产培财的"活算盘"

第二，要打好节约支出的"铁算盘"

第三，要打好强化征管的"硬算盘"

第四，要打好跑项争资的"巧算盘"

在公文中，跨界的现象非常普遍，从一些词语中就可以显现出来，比如"先手棋""当头炮""打牌""练功""发动机""助推器""制动器""加速器""方向盘""指挥棒""免疫针""防火墙""紧箍咒""撒手锏""净化器""晴雨表""试金石""压舱石""比例尺""坐标系""放大镜""责任田""牛鼻子""排头兵""冲锋号""主阵地""聚光灯""聚焦""取景""快门""硬骨头""深水区""加油站""充电桩"等，这些词语跨越了多个行业。甚至还可以跨越到经济、管理、心理、化学、军事、建筑、法律、雕刻、绘画、书法等，纵横于自然科学与社会科学之间。

以上这些跨界的案例说明：世界是普遍联系的世界，虽然学科有界限，但思维没有界限，智慧也没有界限，跨界借鉴的领域是无限的。可以说，知识的海洋有多宽广，跨越的领域就有多宽广。我们要做的就是，破除思维的藩篱，找到相同的联系。

公文写作"相对论"
——"文无定法"里的写作原理

第8讲

天下皆知美之为美，斯恶己；皆知善之为善，斯不善己。故有无相生，难易相成，长短相形，高下相倾，音声相和，前后相随。

——老子

本讲导读

本讲内容曾发表于《秘书工作》2019 年第 8 期，原名《公文写作里的"相对论"》。创意源于爱因斯坦相对论。按理说，相对论是物理学理论，与公文没什么关系，殊不知，它们都遵循着相对性原理。从哲学的角度理解，相对论体现的是相对性原理，比如没有高就没有矮，没有快就没有慢，没有大就没有小。正是基于这样的理解，爱因斯坦才颠覆了牛顿的绝对时空观，提出相对论。从这个角度看，公文写作里也有相对论。从古代文论的代表性观点就能看出来，如"文无定法""定体则无，大体须有"，"有""无"之间就是相对的。公文写作的方法总体上是相对的，任何一篇文章的写作都要随时间、空间、人物、事情、文种变化而变化，写作过程就像解函数 $y=f(x)$，y 是因变量，是所写文稿，x 是自变量，是影响因子，y 随 x 变化而变化。本讲借用了"相对论"的概念，分析影响写作相对性的"5 大变量""6 大范畴"，希望公文写作者养成相对思维，学会相对性写作。

本讲核心观点

- 为啥写公文也讲"相对论"？
- 相对性表现的 6 个维度
- 影响相对性的 5 大变量
- 应对相对性的 5 种策略

众所周知，物理学上有爱因斯坦（Albert Einstein）惊世骇俗的相对论。

殊不知，公文写作也有"相对论"。

当然，这里说的相对论是带引号的相对论，不是想跟你讲"四维时空""弯曲空间"等概念，而是想借用相对论的思维方法，探讨写作方法的"相对性"问题。

下面来一探究竟。

1. 为啥写公文也讲"相对论"？

相对论的理论很难懂，然而它的底层逻辑却很明了，就是相对性原理。

说到"相对性"原理，想必大家都不陌生，它是一种哲学思想，与"绝对性"相对，是有条件的、受制约的、特殊的、可以改变的意思。爱因斯坦正是基于这个原理，才创立了伟大的相对论。这种思想自古就有，比如老子的《道德经》就说："天下皆知美之为美，斯恶已；皆知善之为善，斯不善已。故有无相生，难易相成，长短相形，高下相倾，音声相和，前后相随。"其中，"美恶""有无""难易""长短""高下""前后"等概念就体现了相对性。

在公文写作中，我们常说"文无定法""有一定之法"，以及"量体裁衣""看菜吃饭""到什么山唱什么歌"，这些话都是相对性原理的反映。在众多的写作方法里，没有哪一种是绝对的，是放之四海而皆准的，它们都产生于特定的时空环境，也必须在特定时空环境下运用。任何一次写作都受特定的时间、空间、人物、事件、文种等因子影响，正是这些变动因子的存在，决定了公文写作本质上就是一种相对性写作。想想，谁能罔顾这些变量的存在，简单套用固定方法"关起门来写作"呢？

2. 相对性表现的 6 个维度

归结起来，公文写作的相对性主要表现在方法的"有无"、篇幅的"长短"、内容的"虚实"、形式的"新旧"、表述的"繁简"、笔法的"曲直"、站位的"高低"、语言的"平奇"等多个方面，重点是 6 个维度。

（1）方法上的"有"与"无"

关于写作方法问题，理论界一直有"文无定法"之说。比如，金代王若虚在《滹南遗老集·文辨三》中说："夫文岂有定法哉！意所至则为之。题意适然，殊无害也。"元代郝经在《陵川文集·答友人论文法书》中说："文有大法，无定法。"清代叶燮的《原诗·内篇上》中也有"诗文一道，岂有定法哉"之说。章学诚在《文史通义·古文十弊》中说："文成法立，未尝有定格也。"这几种观点都强调写文章没有固定不变的方法。然而，也有大量观点认为，写文章"有一定之法"。比如，刘勰在《文心雕龙·总论》中说："文场笔苑，有术有门。务先大体，鉴必穷源。"王若虚在《文辨》中也说："定体则无，大体须有。"清代沈德潜在《说诗晬语》中评论道："诗贵性情，亦须论法。乱杂而无章，非诗也。然所谓法者，行所不得不行，止所不得不止，而起伏照应，承接转换，自神明变化其中。"

这都说明写作是有方法的，不管是曹丕的《典论·论文》、陆机的《文赋》、刘勰的《文心雕龙》、司空图的《诗品》，还是现代写作教程，无不说明写作是一门学问，甚至是一个学科体系，肯定"有法可依"，否则就不会有写作学了。那问题来了，到底是有法，还是无法，该如何理解呢？我的观点是，不能一概而论，既可谓有法，也可谓无法。首先，公文写作是一种规范性写作，"有术有门"，它除了要遵循写作的基本方法，还要遵循特定文种的体例范式、语体要求。从这个意义上讲，是有"一定"之法的。不妨看看实际工作中，有几个人写公文是凭着自己的性子自由挥洒？都是"戴着镣铐跳舞"，按照规范要求来起草。然而，又不得不说，公文写作不是简单"照章办事"，也有很大的自由发挥空间，正所谓"运用之妙，存乎一心"。因为没有哪种方法能够"通吃"，也没有哪种方法可以为写作提供"整体解决方案"，绝大多数情况下，需要写作者发挥个人主观能动性，自由发挥、灵活把握。从这个意义上讲，它没有"定"法。

对方法"有无"的理解，我最欣赏清代姚鼐这几句："文有一定之法，有无定之法。有定者，所以为严整也；无定者，所以为纵横变化也。二者相济不相妨。"我觉得，这可能是关于方法"有无"问题最好的相对论。

（2）篇幅上的"长"与"短"

我们知道，毛泽东同志倡导写短文章，他在《反对党八股》一文中旗帜鲜明地批判空洞无物的长文章是"懒婆娘的裹脚，又长又臭"，呼吁"应该研究一下文章怎样写得短些，写得精粹些"。

因此，我们都把"写得短些"作为写作之信条，然而，这是否就意味着文章越短越好？或一切文章都写短才好呢？我看不尽然。首先，毛泽东强调"求短"，是在"战争时期"这个大背景下提出来的，如果是和平时期，需要对某些问题研究得更深、更专，恐怕篇幅就不能简单求短了。其次，毛泽东也没有一味反对长文章。事实上，他除了有《纪念白求恩》《为人民服务》《愚公移山》这样的千字短文，也有《论联合政府》《新民主主义论》这样的万字长文。谁又能说这些文章不好、不经典呢？

毛泽东所反对的，是那种空话连篇、言之无物的"八股文"。这个观点，习近平总书记在"之江新语"专栏文章里也谈到了。他说，最要反对的是空话连篇言之无物的八股文，诸如"穿靴戴帽"、空泛议论、堆砌材料、空话连篇、套话成串、"大而全""小而全"等弊病，都要防止和克服。当然，我们提倡短文、短话，并不是说长文就一定不好，有些重要的内容，有些深刻的道理，该强调的还是要强调。

有道是"凫胫虽短，续之则忧；鹤胫虽长，断之则悲"，为文也是这个道理。所以，大家一定要领会好长与短的相对性内涵，根据表述的客观需要确定，当长则长，当短则短，不必过于拘泥于形式。

（3）内容上的"虚"与"实"

一直以来，我们都批评不实的文章，主张避虚就实、以实为上，把文章写得越实越好。然而，"虚实"同样也是一组相对概念。要知道，它们只是内容的两种属性而已，都是文章不可或缺的表述方式，没有绝对的好坏之分。

在公文里，所谓"虚"，更多是指谈认识、谈体会、阐道理、说意义、析形势、讲思路的部分；所谓"实"，更多是指举例子、列数据、打比方、作比较、提措施的部分。

理解了这一点，"虚"和"实"的关系就容易把握了。首先，像理论文章、心得体会这样的文种，其价值就在于讲道理、谈认识、说意义、析形式，写得"虚"一点更有思想性、启发性，太具体了反而不好。其次，像总结性、部署性文章，本身就需要大量举例子、列数据、提目标、列措施，不能来虚的，写得越实越有说服力。另外，一篇文稿往往是有虚有实、虚实结合的。比如，指导意见通常要讲工作重要性，提出基本原则、基本思路、基本要求，这显然是虚的范畴；同时又必须有工作目标、工作重点、工作措施，这些则属于实的范畴。这两种属性的内容都是指导意见不可或缺的，少了哪方面都算不上完整的指导意见。

所以，虚实是相对的，也是相辅相成的。一篇好文章的标准应是"有虚有实、互相陪衬""实而不板、虚而不空"。

（4）形式上的"新"与"旧"

阅读文章的人普遍都有一种"喜新厌旧"的审美倾向，在这种心理驱使下，"求新"成为写好公文的重要法则。于是乎，很多同志就本着"求新"的初心，处处挖空心思讲创新、标新立异，往往把自己搞得很累不说，还常常弄巧成拙，把文章写得华而不实。究其原因，就是没有深刻理解新与旧的相对性。

怎样才能把握好新与旧的相对性呢？应回答好 3 个问题。

首先，什么样的文章要创新？当然不是所有公文都提倡创新，而是要具体文种具体对待。对请示、报告、批复、纪要、议案这样的"法定公文"来说，体例范式都是很规范的，有"法定"的结构、板式，这些不仅不能创新，相反还要"守旧"。而对信息简报、理论文章、讲话稿、经验交流材料等非法定公文而言，则有所不同，结构、内容、形式、语言都可以有所发挥，写出新意来。

其次，所谓的"新"体现在哪些方面？我理解，所谓"新"，应该是多维度的，既可以是结构上的新，也可以是语言上的新，还可以是思想上的新，甚至是数据、事例上的新。以上这些方面，任何一点有所创新，我们都可以认为这篇文章"有新意"。并非从头到脚都来一次"脱胎换骨"才叫新。

最后，有必要一味求新吗？我的观点是，没有必要。原因很简单，不是说任何新的东西都是好的，旧的就不好。比如，一些工作上必须长期坚持的战略思路、政策措施，就不能今天说一套，明天又说一套，该坚持的东西，恰恰要在前后的文稿中一以贯之。再比如，一些行之有效的工作经验和方法，有自身特色的东西，就应该"一个声音唱到底"，不能为了追求"新鲜感"而另起炉灶，更不能为了创新而创新。说到底，就是要做到在坚持中创新，处理好继承和发展的关系，新中守旧，旧中求新，新旧结合。

（5）表述上的"繁"与"简"

梁实秋先生认为，"简练乃是一切古典艺术之美的极则"。公文写作亦然，言简意赅、文约事丰是大家一直追求的境界。这里说的繁简问题，本质上是表述的详略问题。理解繁简的相对性，关键是搞清楚一个问题，那就是一篇文章到底什么时候该繁，什么时候该简。叶圣陶先生说，叙述事情时，要根据事情的状况不作同等分量的叙述，必须叫人家明白的部分不惜多费笔墨，不必叫人家详细明白的部分就一笔带过。我觉得，这就是一种相对性思维。

针对繁与简的相对性问题，我总结了 5 条规律。

一是多则繁，寡则简。繁简与工作内容的多寡对应，比如，一个科室的工作总结一两千字就可以说清楚，若是一个单位的全面总结则不然，后者涉及面广，有时需要数千字，乃至上万字。

二是实则繁，虚则简。对于那些言之有物的真材实料、言之有理的真知灼见、言之有情的肺腑之言，可以深入细致地分析，反之就尽量从简，甚至略而不谈。

三是难则繁，易则简。对于背景复杂、涉及面广、解决难度大的问题，可以多分几个层次，多换几个角度，而对于相对简单、容易理解的问题，可以概括性地表达，让人看得懂，没有歧义即可。

四是重则繁，轻则简。对于重点、难点、亮点，以及各方关注的焦点、热点，事关全局、影响深远和意义重大的问题，要浓墨重彩地写，对于一些无关紧要的问题，则可以轻描淡写，甚至一笔带过。

五是新则繁，旧则简。对于发现的新情况、新问题和解决问题的新措施、新方法，取得的新成绩、新进展，有必要重点写、详细写，而对于众所周知、老生常谈的情况，点到为止即可，避免重复累赘。

不管怎么说，只要记住一点：写文章的目的就是把问题说清楚、讲明白、解决掉，在保证这个目的达成的基础上，宜繁则繁，宜简则简。

（6）笔法上的"曲"与"直"

1951 年，中共中央曾指示："一切较长的文电，均应开门见山，首先提出要点，即于开端处，先用极简要文句，说明全文的目的或结论。"这个指示很明确，就是主张用"直笔"，开门见山、直陈其事。

那么，是不是一切文稿都要用直笔呢？

当然不是。因为中央指示的用词是"一切较长的文电"，不是"一切公文"。这意味着其他文章是可以用曲笔的。比方说，下面这段讲话的开头就用了曲笔：

今天的江苏大剧院，群贤毕至，少长咸集……大家都记得，有一首歌叫《常回家看看》，唱遍了大江南北。我们举办江苏发展大会，就是向海内外的江苏人发出"回家看看"的邀约，也契合了在外游子的心声……在这里，我谈三点感受和想法。

这段讲话没有一上来就谈工作、提要求，而是宕开一笔，说大剧院、谈歌曲，貌似闲谈，实则蓄势渲染，拉近与听众的心理距离，听众在不知不觉之中就被带入"彀中"，达到演说的目的。谁能说这样的表达不好呢？

不仅如此，有时在指出存在的问题前，先肯定一下成绩；在表扬别人之前，先指出存在的问题。这样做能让表达更客观、更全面，体现辩证精神。同时，表述委婉一点，在心理上也使人更容易接受一些。

所以，到底用曲笔还是直笔，关键看表达的需要，不能一概而论。

以上是写作相对性表现得最为突出的6个方面，实际上远远不止以上这些。比如，经常有读者问我，公文写作是不是站位越高越好？表述是不是越浅显越好？语言是不是越朴实越好？用词是不是越精确越好？我都告诉他们：这些问题都有很强的相对性，体现的是高低、深浅、平奇、精确模糊的相对性关系，不能一概而论。

3. 影响相对性的5大变量

前文不止一次提到，公文写作从头到尾俨然一次求解数学函数 $y=f(x)$ 的过程，有很多变量。如果说，因变量 y 就是所写文稿，那 y 自然是随自变量 x 变化而变化的。那问题来了，在一场特殊的"解函数"过程中，变量有哪些，是如何影响函数的？

实践表明：影响写作的变量大致来自5个方面。

（1）文种

文种之于文章，如同人种之于人。"人种"这个概念，于1775年由德国生理和解剖学家弗雷德里奇·布鲁门巴赫教授提出，加之1785年康德《什么是人种》的哲学化，以及达尔文进化论的推波助澜，被人们普遍接受。目前，理论界将现代人类分为4个种类，即白色人种、黄色人种、黑色人种和棕色人种。不同人种有不同肤色、眼色、发色、头型、脸型、身高等生物学特征。

人有人种，公文也有文种。《党政机关公文处理工作条例》规定，文种分为决议、决定、命令（令）、公报、公告、通告、意见、通知、通报、报告、请示、批复、议案、函、纪要十五种。这还不包括领导讲话、信息简报、理论文章、工作总结等非"法定文种"。这些文种都有独特的体例范式、写作要求。

面对这么多文种，怎么办？

过去，裁缝给人做衣服，第一件事情就是量一量顾客的身高、三围等，然后再去裁剪布料，这叫作"量体裁衣"。写公文也要量"体"裁衣，只是这里的"体"，是文体的"体"。

下面，以请示和报告为例来说明如何量"体"裁衣。先说请示，这是下级机关向上级机关请求指示、批准的一种文体。写作方法上，一般按"什么工作，有什么实际困难，需上级给予什么支持"的逻辑来，并且要求一事一文、只报一个单位，言简意赅，用"当否，请批示"字样收尾。再说报告，这是下级机关向上级机关汇报工作、反映情况，或回复上级机关询问的一种文体。写作方法上，一般按"什么工作，采取哪些措施，进展如何，存在哪些不足，如何进一步改进"的逻辑来。与请示不同的是，报告既能同时汇报多件事情，也可向多个单位呈报，篇幅可长可短，内容可详可略，结束语是"专此报告"或"特此报告"。这两种文体的写作差异性很大，所以写作方法就要量"体"裁衣、因文而异。

（2）事情

大家应该都很熟悉，唐代文学家白居易在《与元九书》中提出了"文章合为时而著，歌诗合为事而作"的写作观点。在白居易看来，文章也好，诗歌也罢，都不能脱离实际情况。

现在写公文，尤其不能脱离实际情况，不能忽略事情本身的变化。因为事情是公文的客体，文因事而作，事因文而显，每篇都为解决事情而作，事是文章诞生的缘起，又是承载文章的基础。事之不存，文将焉附？问题是，事情是复杂多变的，每件事情、每项工作都有其个性特征和演化规律，起因、经过和结果都有不同程度的差异性。这就意味着，只要是不同的事情、不同的工作领域，同样的文体就会有差异性。比如，写党建方面的材料，出于对党建工作自身特点的考虑，写出来的材料自然要体现必要的政治性，一定会多讲一些道理，谈一些认识，讲清做事情的意义在哪里。如果换成行政业务方面的材料，情况就有所不同了，一定会基于对具体业务工作的把握，写出来的材料更具技术性、操作性，通常会用更多笔墨来讲过程，讲操作方法，谈技术要点等。

举个亲身经历的事情来说。有一次，省委财经领导小组办公室给我们单位发来通知，让我们上报关于创新驱动发展方面的经验交流材料。按照要求，我们围绕"创新驱动"这个主题，总结了富有单位特色的经验做法。不料，稿子刚写完，就接到变更通知，说会议主题变成了高质量发展，这让我们感到很突然。费尽"洪荒"之力打造出来的稿子，眼看就用不上了，十分可惜。我们想，能否在现有稿子基础上进行角度的转换，"改造"出一篇新稿子来呢？如果可以，既节约时间，还不枉费之前的心血。思及于此，说干就干，我们使尽浑身解数对稿子进行了"变形"处理。事实证明，这样根本行不通，因为这两个主题内涵与外延差异很大，改头换面后总觉得不对劲，缺少了"高质量"该有的"灵魂"。材料报给领导后，毫无悬念地被否定了，只得重敲锣鼓另开张，按照领导要求重新来过。这个事例说明，一切文章都是以事为核心的，"事"决定了写什么，然后才是怎么写。所以，写作时得做到看菜吃饭、文随"事"变。

（3）人

古希腊哲学家普罗泰戈拉有句名言："人是万物的尺度。"当然，人也是文稿的尺度，因为文章是人写的，也是给人看的，离开了人，写作将不复存在，也变得毫无意义。

在影响文稿写作的所有因素中，人是最活跃、最核心的因子。人既是文章的"生产者"，也是文章的"消费者"，二者都会对文章起到塑造作用，尽管"消费者"的塑造作用是间接的、后续的、侧面的。

归结起来，这种变数来自 3 种人。

一是主笔人。我们常说，握笔能作三分主。主笔人对文稿有一定主导权。虽说公文写作是"规范性写作""遵命写作"，一般不能带写作者个人色彩，但事实上个性化特征在一定程度上是存在的。再客观的稿子，在谋篇布局、遣词造句，甚至审美偏向上或多或少都有主笔人的"影子"，表现出一定的个性化特征。尤其一些大型文稿，多为集体创作，变数更大。

二是领导者。一个单位的领导在文稿写作中具有"写作者"和"消费者"双重属性。一方面，不管谁写的稿子，只要通过领导之手签发，或通过领导的口在一定场合讲出来，领导就成了法定作者。另一方面，领导往往是文稿的第一个"消费者"，毕竟，文稿面世前首先得报领导阅改，最先"消费"文稿的就是领导。当然，不管哪一种角色，都是文稿的主导者、起决定性作用，有权对公文写作提出要求，并对文稿进行审核，这是无法否认的事实。基于以上两种角色，在文稿"生产"过程中，领导通常会提前提出写作要求，并在初稿形成后进行必要修改，将自己的思想观点、思维习惯、兴趣爱好和主观意图融入其中，让文稿更符合自己的"胃口"，所以，写作的尺度在某种程度上是掌握在领导手中的。

三是"消费者"。说白了，就是受众。受众可能是上级，也可能是下级，还可能是不特定的人。从理论上讲，受众对文稿有逆向塑造作用，因为写得好不好，不是写的人说了算，而是受众说了算。写作的逻辑不是"表达逻辑"，而是"倾听逻辑"。因此，聪明的写作者应有"用户思维"，善于倾听受众呼声，想受众之所想。比如，毛泽东在《反对党八股》一文中说："想一想自己的文章、演说、谈话、写字是给什么人看、给什么人听的。"其实这就是"用户思维"的体现。怎么理解"用户思维"？拿讲话稿来说，如果对机关干部讲，语言专业一点、书面化一点没关系，但对群众讲，就要转变一下了，不能讲太多专业术语，最好转变成大白话，若能适当引用大家听得懂、记得住、朗朗上口的俗语、谚语，效果会更好。

（4）时间

时间是万能的催化剂，也是文稿永恒的变量。因为任何事物都会随时间变化而改变，不管是人对事物的主观认知，还是客观事物本身，概莫能外。在时间的催化下，写作主体和客体都会发生变化，与此相应，文稿自身也要与时俱"变"。

举个例子：有一年，省领导计划到我单位调研，让办公厅的同志提前通知我们做好准备。哪知一切准备妥当后，办公厅来电话说，省领导计划有变，调研推后，具体推到什么时候却没说。这是公文写作者的梦魇，意味着未来一段时间，都必须随时处于"紧急状态"，随时做好改稿准备，因为说不准哪一天领导就来了。可这一等就是三个月，这期间我们算是"遭了罪"，因为每逢工作有新情况、新数据，单位领导就让我们修改一遍，有时候单位领导突然来了灵感，有了新思路，就让我们加进去。就这样，一遍一遍，前后改了十七稿之多，多么痛的领悟啊！不过，通过这件事情，我深深体会到时间在文稿写作中的变数之大了。

（5）场合

场合是文稿在空间维度上的变量。任何一篇公文，都是在特定场合用的。比如请示用在上下级之间请求解决某件事情，新闻稿用在媒体上向大众传播信息，新年贺词用来表示祝贺，等等。场合不同，写作方法差异很大。正因如此，我们才提倡到什么山唱什么歌。问题是，到了某座山后，如何才能"唱"出"好声音"呢？

我体会，关键在于把握两种舞台规则。

一种是大规则，也就是舞台本身的总体要求。舞台不同，唱法就不同。比如，同样是总结，用在动员会上，重点写成绩，给大家加油鼓劲，提神振气；用在经验交流会上，重点写做法、经验和体会，把亮点展现给大家；用在总结会上，不仅要写做法、写成绩、写经验，还要写问题、谈不足。

另一种是小规则，也就是某种舞台上的细部规则。规定不同，写法也不同。拿会议发言材料来说，一般每场会议都有议程，如果会议有多位发言者，还会规定谁先讲、谁后讲、讲什么、讲多长时间，等等。这些虽是小规则，却小觑不得，若不看场合，随着自己的性子想怎么写就怎么写，那么发言不是出现超时，就可能是与他人讲话"撞车"。这就是场合变量的重要性。

4. 应对相对性的 5 种策略

既然公文写作存在这么多变量，有如此明显的相对性，那如何才能在写作中解好这道"题"呢？

我的建议是，从 5 个方面来解这道"题"。

（1）心中有数，悟透相对性

德国哲学家歌德曾说，经验丰富的人读书用两只眼睛，一只眼睛看到纸面上的话，另一只眼睛看到纸的背后。从事公文写作的人在学习书本理论时，也要用"两只眼睛"来看问题，一只眼睛看书面上相对固定的经验，一只眼睛要看到背后的"相对性规律"。更为重要的是，要理解写作的相对性原理，把写作的方法放到具体的时空背景中去理解，不可把方法绝对化。

（2）学会取舍，体现批判性

批判就是对已有事物提出质疑。按照美国学者约翰·查菲在《批判性思维》一书中的观点，批判性思维的根本特点是"独立思考"，不盲目附和，不人云亦云。一个人只有具备这种精神特质，才能"能动"地思考问题，不被别人牵着鼻子走。学习公文写作的同志，一定要学着用批判性思维来学习，做到不唯书、不唯上，只唯实，敢于用怀疑的眼光审视现成经验，既看合理的一面，也看不合理的一面，有选择地吸收。

（3）柔性写作，保持灵活性

《孙子兵法·九变篇》里指出："将通于九变之地利者，知用兵矣。将不通于九变之地利者，虽知地形，不能得地之利矣。治兵不知九变之术，虽知五利，不能得人之用矣。"这段话的总体意思是，领兵打仗时，将领只有善于灵活地采取应变措施，方能克敌制胜。写文章也是一样的道理，写作者也要善于把握各种变量、随机应变，方能写出好文章。如何才能随机应变？关键要有开放的写作意识，把每次写作都放到开放环境中进行，有意识地关注各类变量，随时与外界交换信息，保持写作的"柔性"，不可"躲进小楼成一统，管他冬夏与春秋"，自顾自地写。

（4）变中持守，把握规律性

虽说写公文像解函数，存在诸多"变数"，但基本"运算方法"是不会变的。相反，在变化中依然存在"定数"，这个"定数"就是规律性。这就叫"文无定法，但有一定之法"。比如，写调研报告，不管谁来写，报给谁看，"基本情况—存在问题—对策措施"这个基本规律永远都不会变。也只有遵循了这个基本规律，才能写出合乎逻辑的稿子。

（5）刻意练习，提升熟练度

美国心理学家安德斯·艾利克森写过一本书叫《刻意练习》。他通过大量研究发现，不论什么行业，提高技能的最有效方法就是"刻意练习"，并且这种练习还符合"一万小时定律"，只要掌握方法，坚持练下去，剩下的就交给时间。公文写作具有很强的实践性，光懂得道理还不够，也要靠大量的实践来加持。这个过程就像我们初高中学数学一样，单靠老师课堂上讲理论很难保证考试中拿高分，还得课后做大量的练习题来巩固，采取"题海战术"不厌其烦地练习。这个过程也好比学游泳，如果不下到水里游，只站在岸上看，即便把奥运冠军请来当老师，恐怕也学不会。大家在学习公文写作过程中，不要有投机取巧的心思，坚持在每一次"游泳"中去感受和体验，笨一点不怕，时间长了，练得多了，自然就领悟了。

第9讲　公文写作"博弈论"
——公文写作的协调艺术

在什么条件下才能从没有集权的利己主义者中产生合作？这个问题已经困惑人们很长时间。大家都知道人不是天使，他们往往首先关心自己的利益。然而，合作现象四处可见，它是文明的基础。那么，在每一个人都有自私动机的情况下，怎样才能产生合作呢？我们对这个问题的回答极大地影响了我们在与他人的社会、政治、经济的交往时的思维和行为。

——罗伯特·阿克塞尔罗德

📝 本讲导读

写作者要在多种诉求中竞争妥协，不懂点博弈论真不行。本讲源于我学习博弈论得到的启发，属于跨越到经济学的思考。大家知道，博弈论是专门研究斗争或竞争的科学，其理论虽然很抽象，但其思想却很好理解，因为这种思想在中国文化史上流传已久，在棋牌、战争、体育运动中都有体现，如"知己知彼，百战百胜""田忌赛马""兵来将挡，水来土掩"都有强烈的博弈思想在里面。据我个人体会，公文写作也是多种"利益"博弈的结果，写作就是个博弈的过程，有多方利益主体参与其中，一词一句都需要呼应多方利益诉求。这个过程充满竞争与妥协，如果写作者与利益各方信息不对称，就很难提出总体上最优的解决方案。所以本讲旨在提醒公文写作者，写作中应注意关切各方诉求，并妥善处理好。

📋 本讲核心观点

- 写公文也有博弈
- 博弈的 3 种类型
- 博弈的 6 种策略

博弈论（Game Theory），又叫对策论，是专门研究斗争或竞争现象的数学理论，是现代科学的一个新学科。

而在中国历史上，博弈思想古已有之，多用在棋牌、赌博、体育、战争等竞争性活动中，如"田忌赛马"就是非完全信息动态博弈，《孙子兵法》从某种意义上讲就是一部战争领域的博弈论。

事实上，博弈思想到处都在用，因为有"利"可图的地方就有竞争，有竞争的地方自然就有博弈。目前，博弈论广泛用在生物学、经济学、国际关系、计算机科学、政治学中。博弈思想在很多场景中都有应用，当然也包括公文写作。

大家一定有这种感受：但凡起草重要报告、政策文件，起草者经常会面临来自上下左右各方的"诉求"压力，上级希望文稿体现自己的风格，兄弟部门希望表扬时对他们"多带一笔"，同时在分配任务时"手下留情"。因而，对起草者来说，写作过程是个"斗智斗勇""讨价还价"的过程，边写作边要同各方进行利益的博弈，最终才能形成一个大家都能接受的"妥协"方案。

本讲主要谈 3 个问题。

1. 写公文也有博弈

公文是应用文，以解决问题为出发点和落脚点，并且解决的大多是"公共问题"，涉及多方利益诉求。可以说，写作的使命是拿出大家都认可的"妥协方案"。这就需要写作者与各方"斗智斗勇"，展开博弈。其博弈性源于 4 个方面。

（1）公文是用来办事的

办事就会触碰相关人的利益，想把事情办好，相关方必定有"利益"让渡或转移。这里所谓利益是打引号的，不仅指经济、物质这样的实在利益，也包括虚拟形态的利益。从某种意义上讲，一方得到的积极结果皆可称为利益，比如多被表扬，少被批评，像"囚徒困境"里被法官少判两年也是利益。有了利益的让渡、转移，就必然有博弈。我们常说有人的地方就有江湖，那么有利益的地方一定就有博弈。这是写作博弈性的核心和关键。

有人这样描述"笔杆子"："笔下有财产万千，笔下有人命关天，笔下有是非曲直，笔下有毁誉忠奸。"虽然有夸张的成分，却道出了公文写作的利益性，正因为有利益"瓜葛"，所以会引发博弈。比如，某地出台的《关于促进新能源汽车产业发展若干政策》规定了"对本市汽车生产企业生产的用于本市巡游出租汽车的新能源汽车，按照 6 万元 / 辆的标准给予生产企业资金奖励，奖励资金由市、区财政各承担 50%"。奖励多少、奖给谁、由谁承担，这些"利益"都得反复博弈才能敲定。

（2）公文需要领导者审签

公文从起草到印发有严格的程序，这正是区别于"私文"的特征。一般来说，必须上报有签署权的领导审签后，方能印发执行。于是问题来了，起草者写了什么、如何写，与审签者的预期就产生了碰撞。起草者有起草者的考虑和特点，审签者有审签者的意图和风格，是否体现了审签者诉求，多大程度上满足了审签者预期，是否符合审签者"口味"，起草者得边写作边与审签者"较量"。不过，作为"弱势"一方，写作者必须服从领导，让渡自己的利益，这样公文方能顺利通过审批。当然了，提笔能做三分主，在写作过程中，审签者也会在一定程度上尊重、听取写作者的意见。

（3）公文牵扯多方利益主体

公文姓"公"，在解决问题过程中通常会牵扯多方相关者，而每一方都有不同的利益诉求。相关者越多，利益"纠葛"越复杂，起草者应对难度就越大。因为起草者除了思考文本的基本范式、公文的战略意图、审签者基本要求，还得与公文的直接利益相关方"斗法"，既要尽量满足各方诉求，还要让整体效果最优。可以想象，在大家都在"争利"的情况下，想让任何一方单方面作出妥协都是很困难的事，因为这不符合"理性经纪人"假设。其间一定伴随你来我往的"讨价还价"，这决定了博弈的复杂性。

比如，单位经常出台重点任务分工方案，把工作、责任、时限及要求明确下来，方案起草过程中，相关单位、部门就会"大肆活动"，在文字表述上就自身利益向起草者提出诉求，争取更多的行政资源，同时争取尽量减少责任，让起草者"手下留情"。面对来自多方面的诉求，起草者想拿出一个总体最优的方案，不"争斗"一番是写不好的。

（4）公文需执行后才生效

任何一篇公文都要在受文单位或个人执行后方能发挥作用。公文执行得怎么样，影响公文整体功效，执行者在这个过程中所起的作用至关重要。因此，公文起草通常要求务实管用，具有可操作性，甚至是易操作性。如果不务实、不可操作、不易操作，那就是不管用的公文。这意味着起草者不仅要与审签者、直接利益相关方博弈，还要与执行者或受众博弈，兼顾执行方的感受和诉求，比如措施是否简便易行、是否切合实际。从公文的特性看，这是需要起草者无条件做到的，由此决定了博弈的服务性。

2. 博弈的 3 种类型

公文运转过程中有诸多"局中人"，如起草者、起草者上级、审签者、直接相关方、执行者等。对于起草者而言，博弈主体来自 3 个向度。

（1）向上博弈

这个向度大致有两种利益相关方：一方是对公文负有领导责任的起草者上级，简单说就是具体负责指导文件起草的领导和最后审签文件的领导，其诉求主要是：文稿语言是否符合领导本人风格（对讲话稿来说，尤其突出），是否反映了领导的思想、观点和要求，是否符合本单位的一贯思路和主张，等等。另一方是相对于本单位而言的上级单位或领导，其诉求主要是：下级单位对工作目标的设定是否达到上级单位的预期，工作的安排是否与上级单位在认识和措施上一致，所提要求是否在上级的责权范围之内，等等。

（2）向下博弈

这个向度的利益相关方大致也有两方面：一是下级单位，作为公文的具体执行单位，其诉求主要是：公文是否最大限度肯定了自己的成绩，是否最小限度"揭露"了存在的问题，是否方便下级单位执行等，总之就是减少对自己"不利"或"不舒服"情况的出现。二是下级单位的工作人员，一般来说，他们关心的都是切身利益，如工资、福利、奖惩、休假等。

（3）横向博弈

这个向度上的利益相关方大致有 3 个方面：一是横向兄弟单位及部门，他们通常会争取起草者的"关照"，在文本中尽量争取配置最好的人、财、物、职权资源，争取多展现自己的工作成效，同时尽量减少工作责任和工作任务，指标能压尽量压。二是行政相对方，他们最期望的事情也是最大限度地满足诉求，最大限度地维护利益，减少损失。三是社会媒介，这是一个特殊的利益群体，他们在整个过程中总体上算"局外人"，但一旦出现某种特殊情况，新闻媒体就会演变成"局内人"，他们希望获得更大的知情权，要求决策过程更加公开、公平、公正，信息更加透明，甚至还会直接帮助其他"局内人"表达利益诉求。

以上"局中人"的诉求尽管在争取利益的角度、程度上有一定差异，但有一点是相同的，那就是趋利避害。不管是上级单位也好，同级或下级单位也罢，也不管是领导还是群众、媒体，无不希望为自己最大限度地争取"有利"，最大限度地避免"不利"，这是利益博弈的鲜明特征。

需要特别指出的是，公文起草者是一个特殊的"局中人"，说他是"局中人"，是因为起草者也有自己的利益诉求，就是用自己最舒服的表达，把公文写好，并且让各方满意。说他特殊，是因为起草者与其他"局中人"没有实质性利益冲突，就绝大部分公文而言，起草者通常只是担当"为别人做嫁衣"的角色，既不是"新郎"，也不是"新娘"，甚至连亲戚朋友都不是，并且这种角色在公文印发后就消失了，总体上算是"局外人"。

然而，在公文起草阶段，起草人却处于博弈的枢纽地位，就像婚礼上的司仪一样，是利益冲突的"漩涡"，具有一定的"决策权"，上级、下级和同级都只会向起草者提出诉求，起草者要做的就是满足各方诉求，并且以最好的文字方案让大家都感到满意。

3. 博弈的 6 种策略

理想状态下的公文写作博弈，应该是"信息对称"下的"合作博弈"，最好是完全信息博弈，这样写出来的公文才是大家都能接受的。怎样做到信息对称？这需要起草者知己知彼、将心比心，具体可采取以下 6 种策略。

（1）敢于抛弃"自我"

"抛弃自我"不是说让自己像打印机一样，没有自己的思想，完全按别人的想法来输出内容，而是破除"自以为是"的思想后再来写作。之所以提出这种策略，是因为公文本身不是写作者自我言说的逻辑，而是集体意志的表达，正所谓"公文姓公，言不由衷"。写作者在这场博弈中若想实现"双赢"乃至"多赢"目标，首先就得"抛弃自我"，从提笔的那一刻起就要进入"我将无我"的境界，把自己当成各方利益的"代言人"，千万不要像写日记那样，沉浸在自己的世界里，"我手只写我心"。

（2）以"用户"为中心

抛弃自我之后，什么才是思考问题的出发点呢？我想应该就是与公文相关的"局中人"。他们是思考问题的尺度，是问题的关键。综观所有"局中人"，执笔者处于相对"弱势"的地位，公文好坏的评判权在别人手中，审签者、受理者、执行者及作用对象都是产品的"消费者"，是用户。执笔者想把一篇公文写好，必须最大限度地满足"用户"的"消费需求"。如果用户需求得不到满足，或者牺牲了"用户"的利益，写作者落不到什么好，博弈就变成了"零和博弈"，是不可取的，也不符合公文的基本精神。因此对写作者来说，最明智的选择无疑是树立"用户思维"，以"用户"为中心，写"用户"想要的东西，大家都好了，才是真的好。

（3）训练共情能力

共情是心理学概念，说通俗点叫同理心或将心比心，即设身处地为对方考虑。如果说"以用户为中心"是一种意识，是一种服务理念，那共情就是一种能力，它们都是用户思维结出的果实。公文写作者不仅要善于解决用户明确表示的利益诉求，同时还要善于心理换位，从各方角度推演探知"局中人"可能还会期望但有没有明示的诉求，这样写出来的公文才合乎事实和逻辑，才彰显人性。说文艺一点这叫"予人玫瑰，手有余香"，说通俗一点这叫"你好我好，大家好"。

（4）做到知己知彼

在博弈论里有个著名模型叫"囚徒困境"，讲的是两个人单方以为最佳的选择，结果却不是团体最佳选择，其原因就是双方信息不对称，不知对方是保持沉默还是揭发了自己。公文写作不允许出现"囚徒困境"，因为那样会给行政资源带来浪费和损失。解决办法就是加强与"局中人"的交流沟通，做到知己知彼。怎么才能知己知彼？我的建议是写作者对上级机关或领导的意图和要求要多请示汇报，对同级和下级的期望要调查研究，对媒体及群众想法尽量多听多问，不打没把握的仗。

（5）整体利益至上

解决了意识、心理和信息问题后，还得掌握必要的博弈方法。在公文写作过程中，不同的相关方都会从自己的角度对文本提出建议，这些建议从单方面看都是最优的，但合在一起却可能出现各种"不协调"甚至矛盾的地方。怎么办？最好的做法就是坚持整体利益至上，多方兼顾、综合评判，打好"大算盘"，算好大账，确保整体利益最大化。不能为局部利益而牺牲整体利益，否则就会陷入"囚徒困境"。

（6）以规则为底线

前面说公文起草者要抛弃"自我"，以"用户"为中心，与用户共情，这并不是说起草者在写作中就毫无立锥之地，丧失议价能力了。我的观点是，起草者也该有自己的坚守，要在坚守法律、法规、政策和职责底线的基础上，实现总体最优。如果对方的诉求是合乎规则的，那就尽量予以考虑，如果对方的诉求违背了规则，即便对方使出百般解数，也半点都不能让步，这是写作者博弈的底线，也是体现公文权威性、公平性、公正性、严肃性的必然要求。

第10讲 数学是打开写作之门的钥匙
——公文写作的"9 大数学原理"

数学是上帝用来书写宇宙的文字。

——伽利略

 本讲导读

写材料光懂文学还不行，还得懂数学，因为数学原理里就藏着写作原理。本讲内容是跨界思考试验的成果，曾发表在《应用写作》2021 年第 3 期，标题模仿了牛顿《自然哲学的数学原理》和香农的《通讯的数学原理》。C.R. 劳在《统计与真理——怎样运用偶然性》一书里写道："在抽象的意义下，一切科学都是数学。"我越来越体会到，数学是一种普遍原理，是一种普遍规律，很多自然现象都遵循数学规律。科学界有个共识：运用数学的程度是衡量一门学科成熟与否的重要标志。从一定角度看，公文不仅是"文字"的艺术，同样也是"数字"的艺术，数学不仅是打开科学大门的钥匙，也是打开写作大门的钥匙，因为数学里含有写作的基本原理。事实上，数学为写作提供了方法论，许多数学原理就是写作的"内功心法"，如公文语言准确、规范、严谨、富于逻辑性，体现了数学的精神和规则；比较、分析、综合、抽象、归纳、概括、演绎、推理、预测，体现了数学的思想和方法。希望大家深刻领悟这些底层逻辑。

本讲核心观点

- 数学对写作的 4 大作用
- 公文写作的 9 大数学原理
- 提升数学素养的 5 条建议

多年的写作实践让我深感公文写作不是简单的文字工作。干好文字工作，光有文字功底还不够，还得懂数学原理，因为写作离不开数学思想、数学思维、数学方法和数学知识的加持。数学语言让表达简洁精确，数学思维让逻辑更为系统严谨，数学方法让论证张弛有度，数学知识让说明井然有序。数学不但能为写作提供简洁、精确的形式化语言，还能提供分析、归纳、比较、抽象、列举、假设等逻辑方法和工具。

可以说，数学原理是写作的"第一性原理"，写作离不开数学。公文写作者一定要培养数学思维，熟练运用数学方法。

1. 数学对写作的 4 大作用

数学与写作，在很多人看来是八竿子打不着的关系，实际却有相通的底层逻辑。法国作家福楼拜曾这样说："越往前走，艺术越要科学化，同时科学也要艺术化。两者从山麓分手，回头又在山顶会合。"这说明了科学与艺术是人类精神探索与建构的两种形式，它们的动机与目标是相同的。

数学与公文同样也是"从山麓分手"，"回头又在山顶会合"，它们的关系表现在以下 4 个方面。

（1）数学给写作以科学的精神

数学本质上是一门哲学，它为自然科学和社会科学提供世界观和方法论。因此，马克思说："一门科学只有当它达到了能够成功地运用数学时，才算真正发展了。"

从这个意义上看，写作的肌体里也流淌着数学的"血液"，遗传着数学的"基因"。正因如此，写作才更显科学性。

（2）数学给写作以创新的思维

虽说公文写作多是"遵命式"写作，"戴着镣铐跳舞"，可不管如何，毕竟还得"跳"起来，写点新意出来。这就可以借用数学来打破思维的禁锢。

一定意义上，数学如同创新的"触发器"，能帮你打开脑洞、刷新认知。有时候，一个看似平淡无奇的东西，经过适当比较、分析、归纳、类比后，就产生了新的观点，获得了"意外"收获。

（3）数学给写作以严谨的方法

写作是一门思考的艺术，也是思考的技术。

对写作者来说，数学是最好的辅助思考工具，写作过程一旦有了数学原理的加持，就能严谨地演绎问题，精准地计算数据，生动地类比事物，让构思轻轻松松，表达游刃有余、张弛有度。

（4）数学给写作以简洁的语言

伽利略说："展现在我们眼前的宇宙像一本用数学语言写成的大书，如不掌握数学的符号语言，就像在黑暗的迷宫里游荡，什么也认识不清。"我们若想认清世界，就得会用数学语言，因为数学语言极富简洁性、抽象性、概括性和精确性，这些特性高度契合了公文写作准确、严谨、简洁、规范的表达诉求，正中了公文"以简为美"的"下怀"。

公文一旦有了数学语言的加持，一个关键数字可抵千言万语，一个简洁归纳令人回味无穷，一个贴切类比让人豁然开朗。"数学式表达"已成为公文语言成熟度的重要表征。

2. 公文写作的 9 大数学原理

在文稿写作中，有很多"日用而不知"的数学原理，下面重点介绍最有代表性的 9 种。

（1）分析

所谓分析，即分而析之，把笼统的东西掰开了、揉碎了给读者看，它本质上是一次观点的"解剖"。

解决数学问题需要分析，写作也离不开分析。在部署性文稿中，通常要分析形势和意义，告诉受众干工作的必要性、重要性；在调查性文稿中，一般要分析问题产生的原因、造成的影响，以便说服受众接受其结论；在介绍性文稿中，还会把总体情况拆解成不同的类别、板块、层次，如分析问题原因时，通常把原因分成主观客观、内部外部、技术经济等类别；分析形势时，通常从全球、全国、地区不同层级展开。

（2）综合

分析是由合到分，综合则恰恰相反。在解数学函数题时，不仅要看变量的数值，也要看数值形成线条后的总体变化特征，这个过程就是综合。

写文稿需要强大的综合能力。一般来说，写作素材是零散的、局部的，若想把这些看似毫无关联的东西整合起来，形成一个有机整体，得出总体结论，就得靠综合能力。

例如："从总体上看，我省工业发展希望大于困难，机遇大于挑战。我们要自觉把我省工业发展放到重要战略机遇期中去思考、分析、谋划，抢抓机遇、积极作为。"分析形势后，会有不同的观点、理解和判断，有可能是众说纷纭，莫衷一是，那我们不可能说了一大堆，最后没有一个统一的说法吧？怎么办？办法就是综合，因为只有这样才能把握住事物发展的总体趋势。

（3）归纳

归纳是从个别推及一般的过程。比方说，在一个平面内，直角三角形、锐角三角形和钝角三角形的内角和都是180度，因此可以归纳出"平面内的一切三角形内角和都是180度"这个结论。

写文稿也得归纳概括，否则就很难从不同事物中发现共同的特点。

例如，某文稿把城市建设中存在的问题归纳为城中空间与城郊空间、私密空间与公共空间、地上空间与地下空间、物的空间与人的空间、动态空间与静态空间"五个不对称"，这就是从个别到一般的过程，这个过程展示了写作者高超的归纳能力。

（4）演绎

在思考方向上，演绎与归纳正好相反，是从一般推及个别的过程。在做数学证明题时，常用的方法是先讲大前提，再讲小前提，然后得出结论。如果你推理的结论与题目刚好相符，就算是做对了。

这种方法在逻辑学上称为"三段论"，即由大前提到小前提，最后得出结论。文稿写作中也常用"三段论"来推理问题。事实证明，若想把一个道理讲清楚，把一个观点说明白，"三段论"是不错的选择。

以毛泽东《为人民服务》为例，文章先说"人总是要死的，但死的意义有不同""为人民利益而死，就比泰山还重"，这是大前提，接着抛出"张思德同志是为人民利益而死的"这个小前提，最后得出"他的死是比泰山还要重的"这一结论，这是典型的演绎推理。

（5）比较

什么叫数学？顾名思义，数学是数字之科学，自然离不开比较。比较就像锉刀，可以把生锈的金属物体打磨得熠熠生辉；比较也像天平，可以让质量不等的东西大小分明。

　　写文稿也一样，不管是定量数据还是定性评价，若能设置一个参照物，从不同维度去比较，就能得出更有价值的数据，最关键的是，能让数据更直观地说明问题。

　　例如："2018 年，全省规模以上工业增加值增长 11.8%，较去年提高 1.2 个百分点，高于全国 5.6 个百分点，位居全国第 2 位，增速为近 5 年来最高。"这里对数据进行了横向比较、纵向比较和定量比较。很显然，通过多维度比较，读者对"11.8%"这个数字的意义理解得更深入了。

　　（6）抽象

　　抽象是数学最大的特色，数学里的一切模型都是抽象的产物，比如函数 $y=f(x)$ 概念的形成，就是一个不断抽象的过程。再者，"点""线""面"这些概念也是抽象的，在数学里，点就是点，线就是线，面就是面，谁也不会去纠结它们的大小、粗细和厚薄。

　　出于说明、论证的需要，文稿写作中每每要"制造"概念，比如"白天鹅""黑天鹅""中国梦"等，而概念往往都是思维抽象的结果。再如一篇文稿里谈本地规划布局时，构建了一个"凤凰形经济发展格局"的抽象概念，试着分析一下，其实这个概念就是把凤凰的头、尾、翼、爪等肢体功能抽离出来，附加到该地相应规划区功能板块上，让人一想到"凤凰"的外形，就能理解空间布局内涵。不得不说，这是一个好的抽象范本。

　　（7）列举

　　据观察，很多人面对数学公式、定律和法则，都表现得兴味索然。为什么？因为道理很枯燥，所以人们会下意识地输入几个具体数值去验证它，而不是去推理它。

　　这让我想到文稿写作中的"讲道理""说意义"部分。通常，在写作时，如果要论证某件事情很重要，很值得去做，怎么办？高明的写作者，不是一味讲道理，而是用事例来说话。很多情况下，往往一个精当的小例子就让道理跃然纸上，省去了很多笔墨。

　　例如，习近平总书记在讲到"中国人民是具有伟大创造精神的人民"时，就举了孔子、庄子、印刷术、指南针、诗经、楚辞、都江堰、大运河等例子，有力地证明了中国人民的创造性，真可谓事实胜于雄辩啊！

（8）计算

谈到数学，自然离不开计算，不管是最基本的加减乘除，还是平方、开方，或是更高级的微积分，都是计算。计算很重要，是人类认识世界、改造世界的思维工具，有句俗语说得好，"人可以不识字，但不能不识数"。所谓识数，就是会计算。

文稿写作也离不开计算，只有计算，才能让那些"死"的数据"活"起来，并为你"说好话"；只有计算，才能让那些规律显现出来。

请看："脱贫攻坚成绩显著，每年农村贫困人口减少都超过 1000 万人，累计脱贫 5500 多万人；贫困发生率从 2012 年底的 10.2% 下降到 2016 年底的 4.5%，下降 5.7 个百分点。""从总量上看，2016 年底，全国农村贫困人口还有 4300 多万人。如期实现脱贫攻坚目标，平均每年需要减少贫困人口近 1100 万人。"虽然只是做了再简单不过的加减乘除，却让原本简单的数据变得有话可说了，而且说得很到位，这就是计算的妙处。

（9）类比

类比其实是一种相似性联想。美国数学家波利亚曾说："类比是个伟大的引路人，求解立体几何问题往往有赖于平面几何中的类比问题。"我感觉，类比也是写作的伟大引路人，能带我们看到别样的风景。

要知道，类比不仅是数学方法，也是一种语言表达技巧。习近平总书记十分擅长类比，读他的重要文稿，几乎每篇都能看到类比的影子。他把和平比作空气和阳光，用石榴籽比喻民族团结，用地瓜生长特性比喻国家发展，把青年成长规律比作扣扣子。每一个类比都很形象生动，达到由此及彼、触类旁通之效，彰显了类比的妙处。

在公文写作中，数学的思想方法还有很多，比如假设、反证、分类、化归、转化、数形结合、数学模型等，在此不一一说明，感兴趣的读者可以自己作些思考。

3. 提升数学素养的 5 条建议

有人认为，数学是打开科学大门的钥匙，而我体会，数学也是打开写作大门的钥匙。若想紧紧攥住这把"金钥匙"，关键在于多层面提升数学素养。

怎么提升呢？这里有 5 条建议。

（1）善于发现数学价值

首先要不断刷新自己对数学的认知，主动在数学价值上"觉醒"，跳出数学来看数学，破除"数学就是数学"的狭隘思维，从哲学、思维、方法的维度来解读数学。这样才能从多个向度真正发现数学原理的写作价值。

（2）敢于重拾数学知识

从事公文写作的人，很多已离开学校多年，早与数学说"再见"，把知识都"还"给老师了。我想，若不是迫不得已，很少有人会去理会那些枯燥的数学概念、公式、定理。如此一来，想提升数学素养非得"重温旧梦"，重新拾起那些"被遗忘"的数学知识不可，建议大家热情地把它们"请"回来，好好咀嚼一番。

（3）勤于梳理数学方法

"工欲善其事，必先利其器。"在日常写作中，我经常听到很多人抱怨找不到好的方法，写不好材料。其实，正如罗丹所言："生活不缺少美，而是缺少一双发现美的眼睛。"我们写作时缺的不是方法，而是缺少发现方法的眼睛。既然数学里有那么多秘诀，为什么不去用呢？只要你愿意去发掘，总会发现"宝贝"，找到写作的利器。

（4）不断强化数学思维

写作，写的是思维方式。数学正好是思维的体操，可以让你的思维更具韧性，更加柔软。所以，若想增强数学素养，还是要从思维层面入手，学会像数学家一样思考问题，学会用数学方法解决问题，学会用数学语言表述问题。

（5）学会跨界融会贯通

话还得说回来，数学和语文毕竟不是一个学科。提升数学素养，也不是那么容易的，你不仅要敢于打开眼前那扇通往周遭世界的大门，拆除阻碍思维发散的围墙，还要习惯于在理论学习中创设现实场景，在现实工作中探求科学原理，破除不同领域之间的壁垒，跨学科融会贯通。如此，方能悟透写作的奥妙，成为写作高手。

以镜为鉴，可以知写作
——"6面镜子"里的写作密码

第11讲

登高而招，臂非加长也，而见者远；顺风而呼，声非加疾也，而闻者彰。假舆马者，非利足也，而致千里；假舟楫者，非能水也，而绝江河。君子生非异也，善假于物也。

——荀子

本讲导读

很多人写了多年文章，还是苦于摸不着门道。别苦恼！这"六面镜子"里就藏着解锁写作技能的思维密码。本讲是跨界思考的一次尝试，其内容原载于《秘书工作》2018年第4期，题为《写好文稿要善用六面镜子》。古人说："世事洞明皆学问，人情练达即文章。"世事洞明彰显的是格物致知精神，这种精神不仅过去适用，今天也适用。在我看来，从鲜活的事物中悟出做人做事的道理，这种思维方式就是跨界思维。学习写作的朋友想理解写作原理，把握写作本质，就需要新时代的这种"格物致知"精神。如果你深入思考便会发现：大家熟知的潜望镜、放大镜、广角镜、望远镜、梳妆镜、显微镜等的工作原理，蕴含着宝贵的写作经验，可以借鉴到写作中，希望读者掌握这些思考方法。

本讲核心观点

■ 借鉴潜望镜的"转向"功能，在领会意图时换位思考

■ 借鉴放大镜的"放大"功能，在立意构思时以小见大

■ 借鉴广角镜的"开阔"功能，在落笔行文时拓宽思路

■ 借鉴望远镜的"远望"功能，在思考问题时看得长远

■ 借鉴梳妆镜的"对照"功能，在写作中随时纠正偏差

■ 借鉴显微镜的"显微"功能，在校对核稿时明察秋毫

我在多个场合讲课时，都强调过一个观点：写作，写的是思维，写作者的比拼，最终是思维的较量。可以说，在写作之路上，谁能首先解开捆绑思维的绳索，跳出既有框架的限制，谁就能获得思考的自由，在思想的草原上自由驰骋，抢先吃到肥美的水草。

问题是，经验易得，思维难开。

正因如此，大多公文写作者都有经验主义、教条主义和实用主义倾向，但求写作过程遵规范、合程式，写作结果过得去、用得上，习惯于"知其然"，站在公文的站台上被动等待如期而至的公交车，而不善于回到生活中主动参悟妙趣横生的内在规律。

我还记得，初中语文课本里，《荀子·劝学篇》有句话很有意思，就是"君子生非异也，善假于物也"。现在想来，愈发觉得这种洞见即便在 2000 多年后的今天，照样像擦亮的金子一样，熠熠生辉。

放眼望去，很多领域的牛人，无不是"善假于物"的高手，写作也不例外。公文写作者也应该有"假物得道"的思维，跳出文稿看文稿，回归生活的本源，从大千世界里获得写作原理，引来写作源泉。这样才能在心田里种出自己的理论之树，开出自己的思想之花。

2018 年，我写过一篇文章，题为《写好文稿要善用六面镜子》，发表在当年《秘书工作》第 4 期上，借用潜望镜、放大镜、广角镜、望远镜、梳妆镜、显微镜的工作原理谈写作方法。现在看来，这就是"善假于物"的一次思维试验。令人激动的是，这 6 面镜子让我领悟到了领会领导意图、立意构思、修改校对等关键写作问题的门道。6 面镜子为我打开了 6 扇思维的窗户，令我思绪豁然，也如同给我支起了 6 个建盖思维大厦的"脚手架"，助我成长。

这个思考体验是那么奇妙，结果是那么让人受用。我想，其价值绝不在于镜子数量是 6 面还是 7 面，也不在于主体是镜子、梳子还是勺子，而在于善假于物、跨界思考的思维方式。只要你"假"这篇文章而解锁了思维密码，就可以在大千世界中，从万事万物上参悟、思考，获得你的写作认知、体验和理解。相信到那时，你得到的不仅仅是"六面镜子"，更将是一块奇妙的"新大陆"。

下面，请看如何利用这"六面镜子"来帮助思考。

1. 借鉴潜望镜的"转向"功能，在领会意图时换位思考

潜望镜是从海面下伸出海面或从低洼坑道中伸出地面，用以窥探海面或地

面上活动的装置。潜望镜的最大特点是利用光的反射改变了光的传播方向，达到在不同位置观察事物的目的。

公文写作需要"潜望镜思维"，尤其是为领导起草文稿，需要做到身在兵位、胸为帅谋。这就是换位思考。

怎么换位思考？不妨借鉴潜望镜的转向功能。

（1）在倾听中心有灵犀

领导安排一篇稿子，动手前先别急着自己作判断，而要学会"竖"起耳朵听领导讲。通过倾听，从领导的讲话中捕捉思想观点，进而判断领导支持什么、反对什么、重视什么、关注什么。在此基础上，如果还有无法领悟透彻的问题，应主动请领导讲。听多了，对领导的理解就深刻了，以后遇到写作任务，就会产生心有灵犀之感。

（2）在观察中号准脉搏

除了听，还应睁大眼睛看。看什么呢？就看领导的活动轨迹，看领导一定时期内关注什么领域、调研什么单位、阅读什么书籍。另外，还要了解领导的个性特征，进而研究其思维习惯，洞悉其思考问题的规律。只有把领导的脉搏号准了，换位思考才能顺利进行下去。

（3）在心理上转换角色

换位思考，说白了就是一种心理游戏，通常说"关起门来当领导""自己让自己当领导"，就是换位思考的实践。对于写领导讲话稿来说，换位有两层含义：一层是站在领导角度通盘考虑本单位、本部门的重点、难点，想领导之所想，急领导之所急；一层是站在听众角度体会下级希望听到的声音、想要解决的问题。

换位思考，是写作用户思维的体现。对于写作者来说，用户思维是第一思维，是推开写作之门的首位密码，不管写什么稿子，都要尊重用户，否则就写不出"适销对路"的稿子。

2. 借鉴放大镜的"放大"功能，在立意构思时以小见大

放大镜是用来观察物体微小细节的简单目视光学器件，是焦距比眼的明视距离小得多的会聚透镜。放大镜的最大功能就是放大，以小见大。

写文章要有"放大镜思维"，想在立意构思时发人之未发，见人之未见，

必须以小见大。

这种思维对立意构思有哪些好处？我想，大致有两方面好处。

（1）帮你聚集问题，找到问题的焦点在哪里

有了这种思维，就能把思维聚焦到重点、难点问题上，找到领导的兴奋点、群众的关注点和媒体报道的热点。有了这种思维，就能做到收缩视野，从小处切入，围绕一个小问题重点发力，就能聚焦目光，集中火力，围绕核心问题来写。

聚焦重点是个哲学方法。

毛泽东同志就倡导这样的方法。在阐释这一方法时，他多次引用过两句戏文。1958 年 6 月 21 日在中央军委扩大会议上，他说："打了抗美援朝战争以后，我就把军队工作推给彭德怀同志了。我做工作就是单打一，搞那么一件事就钻进去了。我也提倡这个方法。有本书叫《香山记》，讲观音菩萨怎么出身，别的我都忘记了，头两句叫作'不唱天来不唱地，只唱一出《香山记》'。我就采用这两句作为方法，这几年是不唱天来不唱地，就是只唱一本别的戏，军事，我就没有唱了。"1964 年 3 月 28 日，山西省委第一书记陶鲁笳向他汇报，"只唱一出《香山记》"的办法传达后，效果很好。毛泽东说："就像你们河北唱《劈山救母》一样，不能什么都唱。这个方法要普遍运用。"

1959 年 4 月 5 日，在八届七中全会上，毛泽东同志一开始就强调，"别的事我不讲，只讲工作方法，现在的中心问题是工作方法，要会做工作"。然后，他一口气讲了十几条："搞经济计划，要有重点，有重点就有政策。没有重点，平均分配，就无所谓政策。这是很好的经验，跟我们历来搞政治、搞军事相适合。总要有重点，一个时期总要搞个重点嘛。"

1961 年 3 月，他在广州中央工作会议上再次说："今后不要搞那么多文件，要适当压缩。不要想在一个文件里什么问题都讲。为了全面，什么都讲，结果就是不解决问题。"（来源于《光明日报》，作者张太原）

（2）帮你放大"影像"，把工作的亮点闪现出来

"以小见大、突出闪光点"即法国作家巴尔扎克倡导的用小题目来做大文章，"用最小的面积惊人地集中了最大量的思想"。这句话符合自然规律。事实上，人通过一滴水，可以感知到太阳的光辉，通过一粒沙子，可以探知世界的奥妙，通过观察一片落叶，可以推断秋之将至。不管什么，就一句话：小问题可见大道理。好的作者，往往如此。

有一个典型的例子。

十多年以前,郑晓龙导演过一部电影《刮痧》,我观影后的感觉就是见微知著。故事发生在美国,人物主要是一家中国人。事情是从这家的小孩感冒发烧开始的,因爷爷看不懂洋文,无法拿药给孙子吃,就使用了中国民间常用的治疗方法,即刮痧,就是用铜钱等物蘸水或油在病人的背上刮,直到背部皮肤充血为止。在幼儿园里,孩子背部的印痕被老师发现,于是孩子被老师和记者"保护"起来。孩子的家长再也无资格与孩子见面,原因是他们认为孩子遭到了家庭暴力,权利受到了损害,而且两名记者还将孩子的父亲告上法庭。由于美国人不理解中国人的做法,在法庭上中国人与美国记者、法官展开了激烈的辩论,两种不同文化撞击出电光火石……

表面上,影片讲述的是一个很微小的事件,但通过刮痧,展示给人们的是一个文化多元的世界,由此引发观众对国与国之间文化交流的深层次思考。这部电影告诉我们,从平常小事入手常常是达到写作目的重要途径之一。

在文学作品中,许多深刻的立意都体现在一件小事中。比如以前学过的课文,如《七根火柴》《变色龙》《一件小事》《社戏》《背影》《最后一课》等,都采用了以小见大的写法。原理很简单,我们的生活是由无数小事组成的,大事也产生于小事。有时候,写文章好比吃饼,谁也不可能一口就吞下一块大饼,必须寻找一个合适的角度、一个合适的切入口、一个具体的题目,从咬第一口开始。

3. 借鉴广角镜的"开阔"功能,在落笔行文时拓宽思路

广角镜是摄影经常使用的镜头,其特点是大视野、大景深、大角度,取景范围更宽、更广,全景式地呈现景观。

有道是"不谋全局者,不足谋一域",有时候公文写作需要"广角镜思维",需要写作者具有宽广的视野和全局性思维,在工作内容上兼顾方方面面的情况,展示工作的全景图。

这种思维对于写作的意义在哪里?我的理解有 3 个方面。

(1)告诉我们宽幅度取材

俗话说"巧妇难为无米之炊",广角镜告诉我们,写作前收集素材的范围和幅度一定要宽、要全,尽量全面掌握各单位、各领域工作情况,数量上

多多益善，范围上不可挂一漏万，尽量不遗漏任何一个单位和领域的工作。例如：

中国人民是具有伟大创造精神的人民。在几千年历史长河中，中国人民始终辛勤劳作、发明创造，我国产生了老子、孔子、庄子、孟子、墨子、孙子、韩非子等闻名于世的伟大思想巨匠，发明了造纸术、火药、印刷术、指南针等深刻影响人类文明进程的伟大科技成果，创作了诗经、楚辞、汉赋、唐诗、宋词、元曲、明清小说等伟大文艺作品，传承了格萨尔王、玛纳斯、江格尔等震撼人心的伟大史诗，建设了万里长城、都江堰、大运河、故宫、布达拉宫等气势恢宏的伟大工程。

这段文字出自习近平总书记《在第十三届全国人民代表大会第一次会议上的讲话》。讲话为了证明"中国人民是具有伟大创造精神的人民"这一观点，最大限度地兼顾了中国人民在文化、科技、工程等方面的成果，取材幅度是很宽的。

（2）指导我们作多向度思考

广角镜告诉我们，在构思时，从不同角度来思考，比如看到成绩或优势的同时，也要看到问题或不足；看到客观原因时，也要看到主观原因；看到局部问题时，也要看到全局问题，尽量照顾到各方面的情况，不能顾此失彼。例如：

五年来的成就是全方位的、开创性的，五年来的变革是深层次的、根本性的。五年来，我们党以巨大的政治勇气和强烈的责任担当，提出一系列新理念新思想新战略，出台一系列重大方针政策，推出一系列重大举措，推进一系列重大工作，解决了许多长期想解决而没有解决的难题，办成了许多过去想办而没有办成的大事，推动党和国家事业发生历史性变革。

这段文字出自党的十九大报告，它从不同的向度对 5 年来的成就作全方位评价，连续 4 个"一系列"，让 5 年来的成就显得更为丰满、系统、全面，令人信服。

（3）启发我们作多层级划分

广，不仅有横向的广，还有纵向的广。所以在提纲拟制阶段，多层级地细化提纲可让思路丰富起来。至于如何细化提纲，我有一个屡试不爽的方法——"三分法"，即对问题进行分类、分块、分层，沿着问题的纹路顺藤摸瓜，层层剥开，步步深入，把一个整体的问题分解为若干不同类别、不同组成要素或不同层次。

4. 借鉴望远镜的"远望"功能，在思考问题时看得长远

望远镜是一种用于远距离观察物体的光学仪器，主要功能是放大远处物体，实现超视距观察。

文稿写作就是以文辅政，目的是解决问题，而解决问题就要出思路、出对策。想提出好思路、好对策，必须有远见卓识、深谋远虑，这就是"望远镜思维"。有了这种思维，能如古人所谓"观古今于须臾，抚四海于一瞬"，把握现状，洞察未来。

这种思维的精髓就两个字："高""远"。

所谓"高"，即站到一定高度思考问题。

就公文写作而言，就是站在政治的高度，时刻与党的路线、方针、政策保持相一致，与上级战略决策部署相互呼应；站在理论的高度，揭示事物发展的内在规律，关注前沿知识，捕捉新情况、新趋势；站在全局的高度，胸怀全局、谋划全局、顾全大局。例如：

历史总是伴随着人们追求美好生活的脚步向前发展的。回首两千多年前，我们的先辈们正是迈着这样的脚步，靠着坚韧不拔的进取精神，开辟出联通亚欧大陆的丝绸之路，强有力地推动了人类文明发展进步。

这段文字出自习近平总书记《在"一带一路"国际合作高峰论坛圆桌峰会上的闭幕辞》，讲话从全人类文明的高度来审视我国汉代开辟的"丝绸之路"的价值，并且洞见了"历史总是伴随着人们追求美好生活的脚步向前发展的"这一历史发展的底层逻辑。

所谓"远",即有远见卓识。

出谋划策时不但要立足实际解决当前问题，还需要有战略思维、超前意识、深谋远虑，善于着眼于长远，眼睛向前看，既善于分析形势、把握趋势，也敢于提出目标愿景，提出具有前瞻性、趋势性、方向性、可操作性的对策措施。例如：

2000 多年前，我们的先辈筚路蓝缕，穿越草原沙漠，开辟出联通亚欧非的陆上丝绸之路；我们的先辈扬帆远航，穿越惊涛骇浪，闯荡出连接东西方的海上丝绸之路。古丝绸之路打开了各国友好交往的新窗口，书写了人类发展进步的新篇章。

这段话出自习近平总书记《在"一带一路"国际合作高峰论坛开幕式上的演讲》，视距非常远，从 2000 多年前写起，可谓"思接千古，视通万里""观古今于须臾，抚四海于一瞬"，给人一种"大历史"的豁然贯通感。

5. 借鉴梳妆镜的"对照"功能，在写作中随时纠正偏差

梳妆镜是一种平面镜，通过镜面给人反射一个同比例的镜像，让人从第二者的角度正视自己、观察自己。人们日常使用梳妆镜的目的就是检查仪表，整理着装，纠正偏差。

文稿写作正好是一个不断检查纠偏的过程。一篇文稿出炉全过程都要"照镜子"，反复修改，检查写出来的内容与之前预设的目标是否有偏差，这就是"梳妆镜思维"。

运用好这种思维方式，非借助工具不可。有没有好用的工具？我觉得"校对清单"就挺好，也就是把写作的关键问题列成一个表，就像监理工程师一样，边写边对照着检查，发现问题及时纠正。

对照检查什么呢？我理解，重点对照 4 个方面的内容。

（1）对照"主题"是否突出。看是否打开天窗说亮话，旗帜鲜明地阐明了主题，亮出了中心思想；看标题是否凝练，是否总括了下文。

（2）对照"骨架"是否稳固。看文稿架子搭得稳不稳定，结构完不完整，各组成要素之间的关系是否清晰明了，边界是否清晰，是否有机组成一个文字的"生态链"。

（3）对照"内容"是否充实。看文稿要素是否齐备、数据是否准确、重点是否突出，看措施是否切合实际、瞄准靶心、找到痛点、挠到痒处。

（4）对照"仪表"是否整洁。看文稿格式是否符合行文规范，是否符合逻辑规律，是否符合领导口味等。

6. 借鉴显微镜的"显微"功能，在校对核稿时明察秋毫

显微镜主要用于放大微小物体，让人的肉眼能看到它们。它把一个全新的世界展现在人类的视野里，是人类进入原子时代的标志。

古人有云："天下大事，必作于细。"在文稿修改校核环节，细节问题最容易被忽略，从而产生不必要的失误，这就需要有"显微镜思维"，练就一双明察秋毫的火眼金睛。

这种思维方式的重点是借鉴中医的"四诊法"建立一套有效的诊断机制。

（1）建立清单："望诊"

建立文稿校对的"两张清单、一张网"。两张清单是指校对的"正面清单"和"负面清单"，用清单的形式明确什么要求是必须做到的，什么错误是坚决不能出现的，什么地方是最容易出错的。在列清单时要尽量把问题细化，罗列出来，纵横交错，犹如形成一张严密的"问题网"。所列条目越细，网就织得越密，也就越容易过滤掉细微的问题。

（2）推行朗读："闻诊"

很多问题如果不朗读是难发现的，比如行文的逻辑、节奏、语感、语气等。因此可以建立"交错朗读校对机制"，多人交叉朗读、聆听。朗读可以营造一种身临其境的现场感，同时通过换位观察，更容易发现错误。

（3）广咨众议："问诊"

旁观者清，当局者迷。有些错误是要从旁观者或专业人员的角度才能够发现的。所以在条件具备的情况下，可以邀请"外援"，充分听取他们的意见。通过问计于人，用外人的视角来审视，可能更容易发现问题所在。

（4）推敲斟酌："切诊"

"春江水暖鸭先知"，写作者是文稿的亲身经历者，最有切身体会，最知道"冷暖"所在。所以修改文稿时，关键处一定要亲力亲为，反复斟酌推敲，确保稿子挠到痒处，点到痛点，切中要害，符合实际。

第 12 讲　公文写作"战争论"
——从军事角度思考公文写作

　　善为文者，其知兵乎。字譬则士也，意譬则将也。题目者，敌国也；掌故者，战场墟垒也。束字为句，团句成章，犹队伍行阵也；韵以声之，词以耀之，犹金鼓旌旗也。照应者，烽堠也；譬喻者，游骑也。抑扬反复者，鏖战厮杀也；破题而结束者，先登而擒敌也；贵含蓄者，不擒二毛也；有余音者，振旅而凯旋也。

——朴趾源

本讲导读

　　写公文最怕纸上谈兵，本讲反其道而行之，借兵谈文，阐释写作里有哪些有趣的"战争论"。本讲是跨界思考的最早试验，其内容曾发表于《应用写作》2017 年第 11 期，题为《以兵喻文——文稿写作的跨界思考》。开始担心不符合原木严肃的写作理论，心情不免忐忑，成文后试探性投稿，不料被主编采用，不仅消除了顾虑，还受到莫大鼓励。尝到甜头后，我"变本加厉"在跨界思考上"越陷越深"，催生了诸多创意。可以说，《应用写作》给我的思考之火添了柴、加了油、鼓了劲，助长了我钻研跨界思维的"气焰"。本讲追溯了"以兵喻文"的文化现象，用军事逻辑来透视公文写作确立主题、管理素材、谋篇布局和语言表达的理论。这种思考方式好比给一个赤裸的人穿上一套制服，形象马上鲜明起来，枯燥的理论变得有黏性了。希望大家敢于跳出写作看写作，大胆取象比类，找到喜闻乐见的意象。因为一旦有了意象这件外套，写作规律就会形象起来，领悟写作就容易多了。

本讲核心观点

- "以兵喻文"是自古有之的文化现象

■ 没有战略目标的写作是打"糊涂仗"

■ 素材是写作者手中的"兵马"

■ 运筹帷幄之中，方能决胜千里之外

■ 好文章善于运用表达策略

如何才能洞见写作的本质规律？

我的看法是，关键在于选择合适的观察角度，站在什么地方，从哪个方向看。因为角度是观察事物的窗口，在认识事物的过程中，只有找对了角度，才能直达核心、穿透本质，否则就会陷入坐井观天、管中窥豹的困境。

于是我尝试跳出文稿看文稿，从不同学科视角反思写作。这几年，全国人民都在全力打疫情防控人民战争，有总体战，有阻击战，我作为"战争"中的一分子，也深受启发，从中学会了用军事思维来思考写作。

我慢慢发现，在军事视角下，写作也是一场没有硝烟的战争。假如把文稿比喻为战场，那写作者就是指挥战争的统帅，确立主题、谋篇布局、拟写提纲、收集素材、遣词造句，每个环节都带有"战争"味道。所以，公文写作者完全可以从战争的逻辑中获得写作的启示。

下面，请跟我一起体验这些有趣的思考。

1. "以兵喻文"是自古有之的文化现象

笔杆子展现自我的地方就一张小小的 A4 纸，大小不过 210mm×297mm。谁能想到，这张不大的纸，却是一块没有硝烟的战场。尽管它是那么窄小，却能装下你的全世界，任你思绪自由驰骋；它表面上风平浪静，实则暗流涌动、思潮澎湃。这就是所谓的"笔底伏波三千丈，胸中藏甲百万兵"吧。

自古以来，我国就有一个文化现象：以兵喻文，将写文章类比为领兵打仗，以军事说文事，借兵法说文法。

孔子有"文武统一"的思想，认为"有文事者必有武备，有武事者必有文备"。南朝刘勰在《文心雕龙》中专设了《檄移》一篇，提出"檄移为用，事兼文武"的主张。唐朝文人林滋在《文战赋》中写道，"士之角文，当如战敌"，提出写文章如同与敌作战的观点。

清朝时期，朝鲜学者朴趾源在《骚坛赤帜引》中有一段精彩论述："善为文者，其知兵乎。字譬则士也，意譬则将也。题目者，敌国也；掌故者，战场墟垒也。束字为句，团句成章，犹队伍行阵也；韵以声之，词以耀之，犹金鼓旌旗也。照应者，烽埈也；譬喻者，游骑也。抑扬反复者，鏖战厮杀也；破题而结束者，先登而擒敌也；贵含蓄者，不擒二毛也；有余音者，振旅而凯旋也。"（郝军峰，陈冰冰：《朝鲜文人朴趾源"以兵喻文"的文学创作观》，《东疆学刊》第 30 卷第 4 期）

在作者眼中，纸张如战场，文字是士兵、主旨是统帅、题目是敌人。写作时，遣词造句如同排兵布阵，句子、段落、篇章等就像军队排、连、团、旅、军的建制；修辞方法好比旌旗战鼓，为战场制造声势；不同内容的照应像烽烟遥相呼应；打比方如同战场上自由冲杀的骑兵，灵活而引人注目；抑扬顿挫的节奏如同战场鏖战厮杀，胜败起伏；破题像临阵擒拿主帅，单刀直入；结尾的回味如同战场凯旋的歌声。

2. 没有战略目标的写作是打"糊涂仗"

任何一场战争都有战略目标、战略意图，没有战略目标和战略意图的仗是一场糊涂仗。

战略目标和战略意图是战争的最高法则，一切战术方案、战术行动都须在这个框架内展开，不能与之冲突。《三国演义》里有个经典故事——"诸葛亮智算华容，关云长义释曹操"，大致情节是这样的：公元 208 年，曹操率兵南征，孙权和刘备结成战略同盟。赤壁一战中，孙刘联军以少胜多，曹操败走华容道。神机妙算的诸葛亮明知关羽重情义，定会放走曹操，却偏偏派他去截击曹操。事实上，关羽确实放走了曹操。

为什么明知关羽会放走曹操，还让他去截击曹操？

小时候读这一段，不理解，总觉得诸葛亮浪费了一举歼灭曹操的绝佳机会，好糊涂啊！后来才知道，这正是作者为了体现战略家的高明之处而制造的故事。按诸葛亮的智慧，他对当时的天下形势是洞若观火的。作为战略家的他，很清楚孙刘联盟的战略目标是"破曹"，而不是"灭曹"。这样一想，逻辑就通了。假设一下，倘若诸葛亮当时不是派关羽，而是派张飞去截击曹操。那么，曹操必死，而曹操一死，中原必乱，中原一乱，必引致群雄逐鹿，这样刘备"三分天下"的战略目标无疑成为泡影。所以，在"破曹"的战略目标下，战术行为必须与之匹配，哪怕要作出局部的牺牲，哪怕看起来不合情理。

写文章，道理也是一样的。

写任何文章，都有其写作目标、写作意图，否则就无法合理安排文章结构和内容。这里说的目标、意图，其实就是文章的主题、主旨。说白了，即为什么而写。

我曾经起草报告《转作风 强服务 抓落实 确保"十三五"工业和信息化工作圆满收官》，主题是：贯彻落实中央和省系列会议精神、总结 2019 年工作、安排 2020 年工作，确保"十三五"圆满收官。在这个战略意图下，我安排了相应的篇章结构：一是总结 2019 年成绩，二是安排 2020 年工作。重点明确 2020 年发展的预期目标、工作重点和工作措施。一切围绕"转作风、强服务、抓落实，确保'十三五'工业和信息化工作圆满收官"这个战略目标来统筹文稿结构和内容，舍去了很多无关的素材。

我亲身经历过一件事情：兄弟处室费了九牛二虎之力写好一个汇报稿，送到省政府领导那里，被退回重写。有经验的朋友都知道，推倒重来是公文写作界的"重大事故"和"极端事件"，所以主办处室的同志急得直跺脚，不知问题出在哪里、怎么改。当时是晚上八点多，会议第二天上午就要召开，已到了火烧眉毛的地步。于是请厅领导来统筹协调，组织多个处室集体攻关，让我牵头修改。凭借职业习惯和经验，我并没有急着下手，而是先询问事情的前因后果、来龙去脉，把意图搞清。一番分析后，发现是写稿者没有把准上级领导的战略意图，写偏了方向，写出来的东西根本不是领导想要的，以至于被打回重写。找准问题症结后，我就围绕领导对材料的战略意图进行谋篇布局，这里写什么、那里写什么、如何写，一是一二是二地说了我的想法，大家听了很赞同，然后分头写作。事实证明，思路对了，干活就快。到凌晨时分，终于完成任务。这几个小时虽然辛苦，好在材料顺利过关，我也踏实地回家睡觉了。这事给我的启发是，写材料一定要把准战略意图，先搞清目的是什么，再决定写什么、怎么写，所有与战略意图不符的内容，再好都不写，否则下笔千言、离题万里。

3. 素材是写作者手中的"兵马"

战略目标定下来后，一个有经验的军事家会考量麾下有多少兵马，是否足够支撑既定战争规模，如果不够怎么办，手中兵马该如何训练才有战斗力，训练完后该分配到什么位置。

写文章也是这个道理。所谓"巧妇难为无米之炊"，一个有经验的写作者，在题目定下来后要思考现有素材够不够，从哪里来，如何挑选素材、加工素材、管理素材、使用素材。

对此，我有 4 点建议。

（1）招兵买马

部队如果兵员不够，就要征兵，而征兵是有严格标准的，过程中要经过严格的政审、体检等程序。同样的道理，写作素材不够用了，也要多方收集，并且在收集到素材后还要筛选、鉴别，看素材是否真实、准确、典型，是否有支撑作用。对重要数据，挑选时必须慎之又慎、严之又严。

（2）组织训练

在军队里，新兵入伍后要进行严格乃至严酷的军事训练，目的是增强战斗能力。写作素材选好之后也要加工打磨，方能确保招之即来，来之能战。加工的方法不外乎几方面：一是阅读梳理，使之由粗到精；二是引申联想，使之由此及彼；三是立足全局，使之由点到面；四是阐幽发微，使之由表及里；五是把脉时势，使之平中见奇；六是挖掘创造，使之精练简洁。

（3）形成建制

在现代军队里，哪怕兵马再多，也是井然有序的。奥妙在哪里？就在建制方法上。军队里的军、师、团、营、连、排、班，一级统一级，各就其位，秩序井然。写作素材收集起来后，如果不编入一定的"战斗序列"，乱糟糟地堆在一起，关键时刻根本找不着，更不要说用好它了，正所谓"你不理材，材不理你"。

如何管理素材？

方法就是，分类管理。像军队建制一样分类，把素材编入一个个"战斗序列"。

我亲身实践下来，就从这种方法里得到了实惠。我电脑里的资料从不乱丢乱放。每一年在电脑硬盘里建一个文件夹，以年份为标签，如"2019 文件""2020 文件"。文件夹建好后，就在下面按文种类别建立子文件夹，如"领导讲话""参阅资料""其他工作"等。每个子文件夹下面还可以再建文件夹。每过一年就按同样建制建一个。具体到资料，我坚持同一个文件夹里的资料按统一命名规则命名，按时间先后顺序编序，如在前面加上 01、02、03 这样的序号。还有一点，框架建立后不轻易改变，以保持建制的稳定。就这样，一年复一年，年年按这套来。十多年过去了，我电脑里的资料都是井然有序、规规矩矩的，非常好查找。

（4）调兵遣将

有道是"养兵千日，用在一时"，招兵、练兵、管兵的目的是用兵。兵用得好，能以一当十、以少胜多。按我肤浅的理解，用兵的关键，说白了就是把最合适的人派到最合适的地方去。

这个道理说起来简单，实施起来却很难，因为它需要统帅根据战场形势变化灵活应对。比方说对表现英勇的士兵，该嘉奖的要嘉奖，该提拔的要提拔；对战斗力疲软的士兵，该撤换的要撤换。战争有时可能还会棋逢对手，打成拉锯战、消耗战、持久战。一旦如此，必然造成严重的战斗减员，弹药给养消耗会很大，作为战争的统帅，得加大后勤补给，不断补充兵力和物资。

写作过程中，对于材料的使用同样也要灵活。

写作者一旦遇到写作情况发生变化，也必须根据写作需求变化作出有效应对。要想有效应对，就得对材料的"表现"了如指掌，把好钢用到刀刃上。比如，为了论证一个观点，靠什么材料来支撑，运用时从哪个角度切入，就要灵活把握。有时候，明明已经挑选好的材料，临到用时才发现原来准确性不够，或有更好的材料了。遇到这种情况，该删除的坚决删除，该替换的果断替换，该补充的及时补充。

4. 运筹帷幄之中，方能决胜千里之外

不管是古代战争还是现代战争，战前都有一个制订计划、排兵布阵的过程。尽管表现形式不一样，逻辑却是相同的。常言道："不打没准备的仗"，所谓准备，无非就是编制作战方案，对战争的一揽子问题作出安排，排兵布阵等。

写文章需要谋篇布局，提前拟定写作提纲、制定好"作战方案"。

做好谋篇布局，关键有 3 点。

（1）收集"军事情报"

战前，指挥员必须做好情报收集研判，分析战场地形、地貌、地质、森林覆盖、气候等，研究敌方兵力多少、武器配备如何、指挥员是谁、战斗力怎么样、有什么战术特点等，这叫知己知彼。

就写文章来说，情报收集也是必不可少的。比如写领导讲话稿，你得搞清

领导的意图是什么、工作情况如何，若有疑问，还要请示领导、沟通想法、核实情况。对不掌握的内容要多渠道查询、收集、整理，必要时深入基层调查，这与战前收集情报是一样的道理。

（2）制定"作战方案"

有经验的统帅一定会在战前制订详细的作战计划，把该考虑的问题考虑清楚。比如，战争分几个阶段进行，可细分为几个小战役来展开，各个战役之间孰先孰后，不同战斗序列之间如何协作，需要配备多少资源和兵力等。

写文章前同样要先有一个"作战方案"，这就是写作提纲。通过提纲对文章的结构、内容、语言、素材、篇幅等作出统一部署。在此基础上，才能做到按部就班、有条不紊地写作。写提纲与战前拟作战方案的道理非常相似。

（3）选好"切入点"

战争中打进攻战时，有经验的指挥员通常会盯住敌人防守的关键节点或薄弱环节，集中优势兵力，从一个点上撕开口子。对写文章而言，选择一个点切入，这叫找到切入点，即选择文章的行文角度。切入点是观察和分析事物的着眼点，又是文章构思和立意的出发点。我们常说，写文章要抓核心、抓重点，不搞面面俱到，讲的就是切入点。切入点选得好、选得巧，分析问题就像庖丁解牛，游刃有余。比如写信息类文章，通常是小题大作、以小见大，所谓"小"，即切入点小。

另外，战前制订的计划只是一个指导性的东西，战争形势是瞬息万变的，充满了不确定性。正如德国军事家克劳塞维茨在《战争论》一书中讲的："战争是一个充满不确定性的领域，军事行动所根据的因素总有四分之三隐藏在迷雾之中，迷雾带来的不确定性或大或小。"战争是在实践中一步步拨开"迷雾"的过程。

一定程度上，写作也是一种探索性工作。提纲很难毕其功于一役，把所有问题想通透。通常是边写边改、反复试错，直到把问题想清楚、说明白为止。这明显是个拨开"战争迷雾"的过程。明白这一点，你就能读懂"文章不是写出来的，而是改出来的"这句话了。

5. 好文章善于运用表达策略

兵无常势，文无定法。

战争不仅是武力的较量，也是智慧的比拼。

我国有很多军事著作，如《六韬》《三略》《孙子兵法》《将苑》《百战奇略》《三十六计》等，都非常重视军事策略的运用，倡导出其不意、虚实结合，以奇取胜。比如，《孙子兵法》开篇就讲："兵者，诡道也。故能而示之不能，用而示之不用，近而示之远，远而示之近。利而诱之，乱而取之，实而备之，强而避之，怒而挠之，卑而骄之，佚而劳之，亲而离之，攻其无备，出其不意。此兵家之胜，不可先传也。"《三十六计》里，大家耳熟能详的调虎离山、声东击西、围魏救赵、暗度陈仓、假道伐虢、欲擒故纵等计策，与《孙子兵法》的底层逻辑是相同的。

文稿是一门运用语言策略的艺术。兵法里"兵无常势"，写作里"文无定法"，表达的直与曲，内容的详与略、繁与简，站位的高与低，语言的深与浅、平与奇，数据的精确性与模糊性等都没有固定之法。所谓"运用之妙，存乎一心"，这同用兵有相通的道理。

写作策略大致有两种。

（1）笔法

就拿直笔和曲笔来说，有的适合开门见山，有的适合藏而不露。如1925年，毛泽东在《中国社会各阶级的分析》一文开篇就说："谁是我们的敌人？谁是我们的朋友？这个问题是革命的首要问题。"开门见山点出文章主题，首句破题，用的是直笔。而下面这篇文章却不然，它的开篇写道："今天的江苏大剧院，群贤毕至，少长咸集……大家都记得，有一首歌叫《常回家看看》，唱遍了大江南北。我们举办江苏发展大会，就是向海内外的江苏人发出'回家看看'的邀约，也契合了在外游子的心声……在这里，我谈三点感受和想法。"没有直接切入主题，而是宕开一笔，先讲大剧院，谈歌曲，蓄势铺垫，渲染气氛，用的是曲笔。

（2）修辞

常用的修辞手法有比喻、排比、拟人、引用、仿词等。从某种意义上讲，修辞就是文稿中的用兵之法。

下面举3个例子来说明。

例1　我讲过"长江病了"，而且病得还不轻。治好"长江病"，要科学运用中医整体观，追根溯源、诊断病因、找准病根、分类施策、系统治疗。

用了拟人的修辞策略，把长江比作人、污染比作生病、检查比作诊断、治污比为治病，非常形象。

例 2　我们有些同志欢喜写长文章，但是没有什么内容，真是"懒婆娘的裹脚，又长又臭"。

运用了歇后语，把篇幅又长又没内容的文章比作懒婆娘的裹脚，很有趣味。

例 3　有些天天喊大众化的人，连三句老百姓的话都讲不出来，可见他就没有下过决心跟老百姓学，实在他的意思仍是小众化。

运用了仿词的修辞策略，以"大众化"为模板，仿造了"小众化"一词，耐人寻味。

上面从 5 个方面对比了写作与战争的相同逻辑。最想告诉大家的是，学习写作、认识写作，千万不要就事论事，站在此山看此山，而应该跳出写作看写作，站到他山看此山。如此，方不至于堕入"只在此山中，云深不知处"之困境。本讲提出的以兵喻文，正是站在"兵山"看"文山"的跨界思考试验。

事实证明，跨界思考能打破人的思维界限，给思维插上会飞的翅膀，带你跨越学科领域自由翱翔、俯瞰。

第二篇

构思

想得清楚，才写得明白

·作传奇者，不宜卒急拈毫。袖手于前，始能疾书于后。

——李渔

　　写作是从构思开始的。问题是，很多人不习惯构思，不愿构思，不会构思，习惯跟着感觉走，边想边写，因此下笔千言却离题万里。写文章与盖房子一样，构思是设计，提纲是图纸，如果这些功夫都没下，任你技艺再精湛，也难免把房子盖砸了。

　　本篇围绕"如何构思"讲 6 个问题：

◆ 谋篇布局：如何谋篇布局？

◆ 设计理念：为什么要写提纲？

◆ 设计方法：什么是写提纲的"八段锦"？

◆ 拓展思维：如何用"三分法"拓宽思路？

◆ 扩大格局：如何提升写作格局？

◆ 多谋善断：新时代谋士的"6 种谋略"

第13讲　不谋全篇者，不足谋一句

—— 公文写作"隆中对"

一篇作品总得有个结构。作品的结构不单是一个形式的问题，也是内容的问题。因为一篇作品既是描写一个事件，那事件本身就具备一个进行的规律，一个存在的规模。作者抓住这个规律，写出这个规律，使它鲜明，便是作品的基本结构，好结构，使故事情节紧张，刺激性大，帮助表达那内容。许多同志写文章随随便便，不讲章法和结构，这是不肯下功夫的一种表现，应该经常研究一些名作的结构、章法的形式。

—— 孙犁

 本讲导读

本讲为"构思三部曲"之一，从动态和静态两个维度来理解谋篇布局。创意源于对"三顾茅庐"故事的跨界思考。在《三国演义》中，处于创业初期的刘备同关羽、张飞两位"合伙人"到卧龙岗拜访"待业青年"诸葛亮。诸葛亮感动之余不仅"以身相许"，还送刘备"隆中对"这个大礼包，提出先取荆州再取益州成鼎足之势，继而图取中原的战略谋划。"隆中对"帮刘备敲定了三分天下的战略布局，从公文写作的角度看，复兴汉室是篇大文章，"隆中对"无疑是高明的谋篇布局。倘若没有"隆中对"，刘备想"写"好占领荆州、益州这些"段落"是很难的，更谈不上蜀汉这篇大文章了。这叫作"不谋全篇者，不足谋一句。"一篇高质量的文稿，一定要从谋篇布局开始，谋得好、布得妙，文章脉络才通顺，逻辑才自洽，层次才分明，文章才能形成体系。

本讲核心观点

- 静态维度：3 种结构形式
- 动态维度：5 个谋篇步骤
- 谋篇布局的 6 个方法

　　谋篇布局之于写文章，如同规划设计之于建筑施工，都是绕不过去的"坎"。写作前的谋篇布局，决定写作的成败。

　　什么是谋篇布局？

　　从静态维度理解，指文章的结构方式和逻辑关系。这可从两个方面来理解：一是文章分几个部分，比如将天下分为魏、蜀、吴三个部分（一级标题），每部分下又有若干州郡（二级标题）；二是各部分间是什么关系，比如魏、蜀、吴三家是平等还是迭代关系，哪个排前、哪个排后。

　　从动态维度理解，指谋篇布局的过程，涉及结构的选择、主题的确定、材料的分析、标题的打磨等，同时明确第一步干什么，第二步干什么，就像诸葛亮"隆中对"提出的：先取荆州，再取益州，以成鼎足之势，继而图取中原复兴汉室，步步为营、环环相扣。

　　下面，我们分别来探讨一番。

1. 静态维度：3 种结构形式

　　"结构"这个词是建筑学的专用术语，本意是指建筑房屋所立起来的间架。汉代王延寿《鲁灵光殿赋》里"于是详察其栋宇，观其结构"的"结构"就是指建筑结构。

　　文章也存在结构，只不过这种结构是虚拟的结构，是想象的结构，存在于人的思维之中。日本作家小林多喜二说："结构二字的字面含义和盖房子一样，不管你的目的多么高尚，材料多么优良，如果盖得不好，摇摇晃晃，结果是毫无用场。"

　　文章里的结构是指文章各部分、各段落、各层次间的逻辑关系，其形式大致有横式、纵式、总分式 3 种。

　　（1）横式结构

　　这种结构也称并列结构，是从不同维度反复说明一个事物、阐释一个主旨、论证一个论点，各层次是并列平行关系，没有主次、轻重之别。这种结构形式在文稿中运用最多，几乎所有文稿类型、文稿每个部分、段落和层次都可使用。

　　如党的十八大报告总结成绩部分的几个段落：

　　改革开放取得重大进展

　　人民生活水平显著提高

民主法制建设迈出新步伐

文化建设迈上新台阶

……

这几个段落的标题，分别总结了改革、民生、政治、文化等方面的情况，属于同一层面上的概念，先后顺序不明显，是并列结构。

再如习近平总书记《在第十二届全国人民代表大会第一次会议上的讲话》，关于如何实现中华民族伟大复兴的中国梦部分，写了三点：

一是实现中国梦必须走中国道路

二是实现中国梦必须弘扬中国精神

三是实现中国梦必须凝聚中国力量

这 3 个部分是并列结构，因为"中国道路""中国精神""中国力量"在概念上是对等的、平行的。

我参与起草的《在全省推进工业跨越发展大会上的讲话》一稿中，对推进新型工业化发展问题提了"八个发展"的要求：

一、壮大工业经济总量，实现新型工业化跨越发展

二、调整优化产业结构，推动工业集约发展

三、优化空间布局，推动工业协调发展

四、提升自主创新能力，推动工业内涵发展

……

从逻辑上讲，"跨越发展""集约发展""协调发展""内涵发展"等 8 个概念都是平等的，从不同维度来切割，属于并列的横式结构。

（2）纵式结构

纵式结构也称递进结构，各部分是渐进深入的关系，由浅入深、由表及里、环环紧扣、步步推进，像剥竹笋一样一层层地铺展开，各部分次序不能随意调换。这种结构多用于动员讲话、工作方案等部署性文稿中。

纵式结构通常有 3 种递进逻辑：一是时间逻辑，按先后顺序铺排观点；二是空间逻辑，按事物的上下、前后、左右、远近等空间关系展开；三是事理逻辑，按事物特有的顺序、规定、程序来安排观点。

例如，2017 年我为领导起草的《在 2017 年全省工业和信息化工作会议上的讲话》初稿中，3 个一级标题如下：

一、砥砺前行，全省工业和信息化工作成效明显

二、认清形势，全省工业和信息化发展任重道远

三、稳中求进，全力以赴打好工业经济攻坚战

这 3 个板块是按时间的先后来铺排的，先总结 2016 年工作，随后分析当前形势，最后安排 2017 年任务，属于时间逻辑上的递进结构。

再如，同样是上面这篇文章，当讲到"认清形势，全省工业和信息化发展任重道远"时，采用了如下表述范式：

从国际看，世界经济复苏的基础仍然比较薄弱，市场需求普遍减弱，国际贸易陷入低迷，经济增长始终在较低水平徘徊……

从国内看，我国经济进入新常态，受"三期叠加"、结构性矛盾和外部环境影响，经济运行中产能过剩等突出问题还会持续……

从省内看，随着一系列国家重大决策在我省交汇叠加，我省将从边缘地区和"末梢"变成开放前沿和辐射中心。

这 3 个自然段从国际到国内，最后落脚到省内，空间范围发生了转变，从大到小，逐步收缩，属于空间逻辑上的递进结构。

再如，一篇题为《紧盯三个环节，增强党风廉政建设和反腐败斗争的针对性和实效性》的文稿，3 个一级标题就用了纵式结构。

强化教育的引导力，筑牢思想道德防线

强化监督的制衡力，规范权力的运行

强化惩治的震慑力，切实维护群众利益

这个提纲就是事理逻辑下的纵式结构，因为在纪检监察工作中，教育、监督、惩治是3个有紧密逻辑关系的环节，教育在前，然后是监督，出了问题才会去惩治，三者环环相扣，不能颠倒。

（3）总分结构

所谓总分结构，就是内容有分述，有总述，在顺序上，或先分后总，或先总后分，总分结合，在文章里有"总—分—总""总—分"或"分—总"3种表现形式，不管哪一种，都是在"总"和"分"上进行组合。这种结构常用于信息间报、总结汇报、交流材料、署名文章等。

例如，习近平总书记在参观《复兴之路》展览时的讲话，开篇进行概括：

刚才我们参观了《复兴之路》展览，这个展览回顾了中华民族的昨天，展示了中华民族的今天，也宣示了中华民族的明天，观后感触良多，给人以深刻的教育和启示。

中华民族的昨天正可谓"雄关漫道真如铁"……中华民族的今天，正可谓"人间正道是沧桑"……我们现在比历史的任何时期都更加接近中华民族伟大复兴这个目标……

历史告诉我们，我们每一个人的个人的前途命运，都是和这个国家的前途命运，都是和这个民族的前途命运密切关联。

先总述提出观点，接着分条论述，最后总述，属于总—分—总结构。

再如，毛泽东在《新民主主义论》一文中写道：

全世界多种多样的国家体制中，按其政权的阶级性质来划分，基本的不外乎这三种：（甲）资产阶级专政的共和国；（乙）无产阶级专政的共和国；（丙）几个革命阶级联合专政的共和国。

第一种，是旧民主主义的国家。在今天，在第二次帝国主义战争爆发之后，许多资本主义国家已经没有民主气息，已经转变或即将转变为资产阶级的血腥的军事专政了。某些地主和资产阶级联合专政的国家，可以附在这一类。

第二种，除苏联外，正在各资本主义国家中酝酿着。将来要成为一定时期中的世界统治形式。

第三种，殖民地半殖民地国家的革命所采取的过渡的国家形式。各个殖民地半殖民地国家的革命必然会有某些不同特点，但这是大同中的小异。只要是殖民地或半殖民地的革命，其国家构成和政权构成，基本上必然相同，即几个反对帝国主义的阶级联合起来共同专政的新民主主义的国家。在今天的中国，这种新民主主义的国家形式，就是抗日统一战线的形式。它是抗日的，反对帝国主义的；又是几个革命阶级联合的，统一战线的。但可惜，抗战许久了，除了共产党领导下的抗日民主根据地外，大部分地区关于国家民主化的工作基本上还未着手，日本帝国主义就利用这个最根本的弱点，大踏步地打了进来；再不变计，民族的命运是非常危险的。

第一段先总括出 3 种国家体制，然后第一种、第二种、第三种分条阐述，属于总一分结构。

2. 动态维度：5 个谋篇步骤

前面从静态维度谈了谋篇布局的 3 种结构形式，下面从动态维度讲讲谋篇布局从何处入手、分几个步骤。从实践经验看，一篇文章的谋篇布局至少要解决 5 个问题，即定主题、选结构、拓思路、列提纲、配素材。因此，谋篇布局可分为 5 个步骤。

第一步：定主题

众所周知，主题是文章的灵魂，也是写作的核心任务，所以谋篇布局得从主题开始，因为只有搞清楚干什么了，后面的思考才有意义，否则写作就是无病呻吟，没事儿找事儿。从这个意义上看，诸葛亮《隆中对》里的"兴复汉室"就是刘备所"写"文章的主题。

找准主题、定准调子是谋篇布局的"起手式"，就像战争前确定战略原则、战略思想和战略目标一样。

主题怎么定呢？方法大概有 4 种。

（1）明确目标以定主题

如《决胜全面建成小康社会 夺取新时代中国特色社会主义伟大胜利》，报告在标题里以"全面建成小康社会"的目标为全文定了主题。

（2）明确理念以定主题

如《加快推动媒体融合发展构建全媒体传播格局》一文，在标题里用"融合发展""全媒体"理念为文章定了主题。

（3）明确要求以定主题

如《深入贯彻落实习近平总书记海洋强国战略思想 努力在发展海洋经济上走在前列》一文，在标题里以"在发展海洋经济上走在前列"的要求定了主题。

（4）明确措施以定主题

如《稳增长 调结构 促融合 奋力推进全省工业和信息化转型升级》一文，标题里用3个短句表述转型升级内涵，"稳""调""促"3个字为文章定了主题。

定主题的目的就是防止写了半天才发现偏离了主题，没有写到点子上。定准了主题，你就知道哪些该写，哪些不该写，不至于偏题、离题、跑题。

第二步：选结构

主题找准后，接着要考虑文稿的结构了，因为结构是文章的骨架，如果文章缺了骨架就立不起来，就像建筑没有结构立不起来一样。

如果把主题比作建筑中的业主需求，那么结构就相当于建筑师对建筑结构方式的选择。至于结构形式，前面已谈了3种，此处不再赘述。

下面重点说说结构的逻辑关系。

第一，横式结构的逻辑关系。

一是平等关系，即各个观点或层次在地位上是平等的，没有明显的大小、先后之分。二是对立关系，即不同板块的关系是相对的，如好与坏、正与反、积极与消极、成绩与问题、机遇与挑战等。三是主次关系，即内容虽是并列的，次序上却有轻重缓急之分。

第二，纵式结构的逻辑关系。

一是时间逻辑，以先后顺序展开。二是空间逻辑，以事物的上下、前后、左右、远近等空间关系展开。三是事理逻辑，以事物特有的顺序、规定、程序展开。

第三，总分结构的逻辑关系。

一是整体与局部的关系，比如人体是一个整体，眼耳鼻舌身则是局部。二是概括与分析，如人分白种人、黄种人、黑种人。三是本质与现象，前面是共同特点，后面是具体表现。

选定结构并将逻辑关系梳理清楚，写起来就不会出现逻辑硬伤，也就不会出现写出来的稿子结构不完整、没有逻辑性，进而推倒重来的情况了。

第三步：拓思路

逻辑关系敲定后，第三步就要拓展细化写作思路了。所谓拓展思路，简单说就是把一级标题细化到二级标题，乃至三级标题。之所以要拓思路，是因为具体写作时，一个观点的提出，往往需要若干子观点支撑，如果不细化，你就写不深刻，写不具体。

因此，理清思路的过程，其实就是拆解问题、细分问题的过程，是你慢慢展开思维扇面，从一个主标题开始，层层深入，衍生形成思想观点"金字塔体系"的过程。正如诸葛亮在"隆中对"里谈到的："跨有荆、益，保其岩阻，西和诸戎，南抚夷越，外结好孙权，内修政理；天下有变，则命一上将将荆州之军以向宛、洛，将军身率益州之众出于秦川。"仔细品味，诸葛亮将兴复汉室的目标，一步步细分为"跨有荆、益""西和诸戎""南抚夷越""结好孙权"这样的子目标，实际上就是拓展思路的过程。

拓展思路的方法有 3 种。

（1）分类：将问题分为若干平行的类别

举个简单的例子：大家经常吃苹果，可要让你以苹果为题写篇文章，你会怎么办？如果不懂分类，你大概率会感觉到无法写起，不知道从哪些方面展开。如果懂得了分类就不同了，你可以把苹果按颜色划分为青苹果、红苹果、紫苹果，按产地划分为昭通苹果、陕西苹果、烟台苹果，甚至可以按品种分为红富士、乔纳金、金帅，等等。总之，只要找到合适的维度，就能分出不同类别。你划分的维度越多、越细，对苹果的理解就越深刻，到那时，还害怕说不出个道道来吗？

（2）分块：将一个整体分为若干组成部分

任何事物都是可以分块的，因为世界是一个结构化的世界，每个物体都由不同板块组成，如人体由肌肉、骨骼、血液、器官、毛发等组成，只要你对事物有足够的了解，都能像庖丁解牛一样，将一个整体的东西按其构成"大卸八块"。放眼看去，一个单位由不同的业务部门组成，一座城市由不同的城区组成，一篇文章由不同的段落组成，不一而足。总之，但凡事物都可从不同维度切割成不同组成单元，可以说，你在划分时的尺度有多细，你对事物的理解就有多深。

（3）分层：对问题进行纵向划分层次

世界是一个有层次的世界，大到宇宙，小到分子，组成要素间都会按一定秩序排列组合，并表现出特有的层次性。你若注意观察，一定不难发现，不管是城市里的高楼大厦、铁轨上飞驰的列车，还是手中慢慢展开的书刊、公园里俊秀挺拔的翠竹，无不是一层层、一段段、一页页、一节节地呈现在你眼前，层次分明。任何事物，只要找到合适的标准，都可以划分出层次来，比如人的年龄、学历、职务、级别，甚至时间和空间这样的抽象概念。

总之，细化标题就是拓展思路，目的是把能想到的尽量想清楚，避免"挤牙膏"式地想一点写一点，最终出现"卡壳"的情况。

第四步：列提纲

思路拓展开后，后面的谋划就顺理成章了。接着要干的一件事就是列提纲。通过列提纲，把看不见的灵感凝固成看得见的文字。

提纲是谋篇布局的物质成果，是思考的第一次升华（第二次是成形的稿子），具有里程碑式的意义，很有仪式感。据我观察，很多朋友之所以写不好文章，一个重要原因就是不习惯列提纲，他们认为列提纲没必要，或太浪费时间。实践证明，这是错误的认知，必须纠正。

提纲是一种规划性文本，对写作具有规范性、指导性作用。列提纲是很必要的，甚至可以说是不可或缺的，因为人的思考往往是凌乱的、不成体系的，很多想法通常一闪而过，倘若不用提纲将其固定下来并反复推敲琢磨，很难"锁住"灵感，也不容易推演逻辑关系，更难以形成系统性观点。

别小看提纲，小提纲里有大学问。

按思考深度不同，提纲可分为 3 种类型。

（1）概念型提纲

类似于城市规划设计中的"概念性规划"，明确文章的核心意图、战略目标。这种提纲主要是搭建文章的"四梁八柱"，勾画文章的基本轮廓，所以线条较粗，一般用于写篇幅简短、结构简单的文稿。从这个意义理解，诸葛亮的"隆中对"就属于概念型提纲。

（2）标题型提纲

类似于城市规划设计中的"控制性详细规划"，需要对标题进行拆解，明确某部分的具体问题、表述方式、篇幅长短，这种提纲通常用于结构相对复杂、层次较多、篇幅较长的综合文稿。

（3）方案型提纲

类似于工程建设中的"施工方案"，是在标题型提纲的基础上再细化，提出操作性强的要求，如材料怎么来、什么人写哪部分、什么时间内完成等。这种提纲比较全，也比较细，操作性很强，常用在政府工作报告、党委全会报告等大型综合文稿的写作中。

总之，谋篇布局要根据思考深度逐渐细化提纲。对于简单的文稿，至少思考到概念性提纲这种层次，差不多写个基本框架就可以了，而对于大型文稿（如工作报告、重要讲话稿等），因为通常是由团队作业，所以有必要细化到方案型提纲这个层次，才有利于分工协作。

第五步：配素材

有些朋友以为，写出提纲，谋篇布局就结束了，其实不然。提纲写出来以后，还得再走一步，那就是谋划如何调配写作素材。调配素材如同军队统帅调兵遣将，对兵力进行时空上的安排，比如哪个部分用什么材料，怎么用等。

调配好写作素材也是谋篇布局的重要内容，因为如果不考虑素材，谋篇布局就将沦落为不切实际的空想，很难顺利写下去。所以，成功的谋篇布局一定要细化到对写作素材的考虑上。就像军事里的排兵布阵，统帅得掌握战争对兵力的需求，如果一个统帅连这个都不清楚，那么他的作战方案一定是彻头彻尾的纸上谈兵，他的指挥必将是瞎指挥。

具体说来，这个阶段还要做 3 件事。

（1）对素材进行必要的摸排

提纲确定下来后，战略目标也就敲定了。接下来，要花时间摸摸自己的素材，看看手中到底有多少素材可供调遣，还需要补充哪些。对于某些条目下实在无法找到的，有必要重新调整写作提纲。

（2）对手中的素材进行分析判断

对于手中素材，不仅要分析量够不够，还应分析合不合用。最好对素材进行深度的审查，重点看素材的真实性、典型性、新颖性和实用性，并对素材进行必要加工，确保素材"召之即来，来之能战"。

（3）对素材的运用有个初步考虑

对于列好的提纲，要像建筑施工图纸一样，在每个标题下面标出具体设计要求，如篇幅多长、表达什么观点、用什么素材支撑等。细一点的话，还可考虑素材的运用角度，就像军事家作战前部署，方案越细，越具有操作性。

3. 谋篇布局的 6 个方法

谋篇布局是写好文章的关键，写作者一定要有谋篇布局的意识，养成谋篇布局的习惯，掌握谋篇布局的方法。

（1）学会静下心来想一想

谋篇布局，"谋"字当头。因此，不管拿到什么文稿，不管写作时间多么紧急，你最好静下心来想一想再动手，想想文章的核心是什么，想想写作背景，想想写作基础，然后在心里画个"草图"，因为写文章这事儿，只有想清楚了，才能写明白。

（2）无提纲，不写作

"袖手于前，始能疾书于后。"写提纲是写好文章的"关键一招"，和盖房子是一个道理。提纲是设计图纸，没有图纸，技艺再精湛的建造师也难免把房子盖砸了。所以，建议先写提纲再写作，唯有谋定而动，方能事半功倍。大量实践证明，后期修改时所加的班，都是写提纲时偷的懒！"疾书于后"的收益，完全可以有效对冲"袖手于前"的成本，而且只会赚，不会赔。

（3）掌握谋篇布局的基本方法

当然了，谋篇布局不是胡思乱想，它有一定的方法和步骤。正如前面讲到的，它需要按特定顺序环环相扣往下思考。这个过程需要写作者掌握文章的基本体例范式、结构形式、思考方法。只有如此，才能对文章作出合理的规划。

（4）加强思维条理性训练

我一直认为，写作写的是思维，所谓思维就是思考问题的维度，而思考问题的过程有一定规律性。要想写好文稿，就得在一次次写作中刻意练习，形成思维的习惯，养成系统的思维方式。只有思考问题具有逻辑性，才能让谋篇布局具有条理性、周密性、系统性。

（5）善于"临摹"优秀提纲

模仿是最好的学习方法。建议在学习优秀文稿时，学会从文章结构入手，看文章各部分是什么结构关系、采用了什么结构技巧。一旦见到好的框架，不妨摘下来反复品味，日积月累，时间长了，自然就能找到谋篇布局的"感觉"了。

（6）学会利用集体讨论

三个臭皮匠，赛过诸葛亮。提升谋篇布局的水平，还要善于讨论。如果条件允许，写作前最好组织团队集体讨论，来一次头脑风暴，让大家畅所欲言。如果你是新人，参加这样的集体讨论对提高自己的思考能力有很大作用。

无提纲，不写作
——公文写作"设计学"

第 14 讲

　　写提纲，可详可略，大致说可以分为两种。一种是"纲领式"的，只写内容的要点，以及文意的大致安排；或者只写内容的要点，连文意的安排，哪些先说，哪些后说，都留待动笔的时候相继处理。一种是"细目式"的，不只写明内容的要点，还写明表述此内容的篇章结构的具体安排，如由哪里说起，中间怎样转折、过渡、联系，最后怎样收束，等等。就初学说，两种提纲之中，以细目式的为好。

——张中行

 本讲导读

　　本讲是"构思三部曲"之二，着重讲提纲的好处和形态。之所以讲提纲的好处，是因为很多人写材料不习惯写提纲，不愿花时间来规划设计，习惯于跟着感觉走，边想边写。他们通常从主标题开始，一行行往屏幕上"码"，随意性很大。我不否认，只要不怕折腾，这样也能完成任务。可问题是，很多人写着写着，思维就走进"死胡同"，或偏离了主题。好不容易写好的稿子，不是被领导改得面目全非，就是被打回重写。有道是"袖手于前，始能疾书于后"，写文章和盖房子是一个道理，提纲好比房子的设计图纸，若是没有提纲，再硬的"笔头"也难免在写作时跑偏了向、写走了样。本讲重点解决认识问题，探讨提纲的分类和作用，同时向大家传递一个理念：无图纸，不施工；无提纲，不写作。

本讲核心观点

- 提纲的 4 种形态
- 写提纲的 4 大好处
- 养成写提纲的习惯需弄清 5 个问题

提纲，是写作的规划性文本。

写提纲是写好文章的"关键一招"，是高效写作的不二法门，是公文写作者的硬核能力。写提纲对写作有很多好处，说是成功的一半还不够，我觉得说它是成功的三分之二都不为过。

所以，公文写作者要洞见提纲之价值，进而养成写提纲的习惯。在写作中，要先设计，再施工，不仅会当"建造师"，也要会当"设计师"。

下面，重点谈谈提纲的类型、作用及写作习惯的养成 3 个问题。

1. 提纲的 4 种形态

有人说，提纲不过是写作初期的简单思路而已，是标题的组合。这显然不够深刻和准确。

我想说，提纲不是一个"简单的思路"，事实上，它根本不简单。从其作用来说，提纲如同工程的设计图纸，是施工的基础。谁敢说建筑设计图纸简单呢？恐怕不敢吧，要不然谁还会花那么多钱请人设计？

打个比方，倘若一篇文章的诞生过程像动植物一样可以划分生长阶段，那么构思可以看作刚发芽的种子，写成的稿子好比枝繁叶茂的大树，提纲无疑就是种子阶段与大树阶段中间的幼苗。这棵幼苗来源于种子，又开枝散叶，让构思的种子长成参天大树。

提纲也不是标题的简单组合，大致说来可分成 4 类。

（1）概念型提纲

这是提纲的初级层次和形态。概念型提纲是最简单的一种提纲，它类似于城市规划设计中的"概念性规划"。这种提纲的主要作用是明确文章的核心意图、战略目标，搭建文章的"四梁八柱"，勾画文章的基本轮廓。这种提纲线条较粗，一般适用于篇幅简短、结构简单的文稿，只勾画出基本结构层次、逻辑关系和段落大意。

（2）标题型提纲

这是提纲的第二种层次和形态。标题型提纲是在概念型提纲的基础上，进一步收拢思考范围，缩小思考尺度的结果，类似于城市规划设计中的"控制性详细规划"。这种提纲会对标题进行拆解，明确某部分的具体问题、表述方式、篇幅长短，通过定位、定界、定性、定量，把问题明确化、要求具体化。通常适用于结构相对复杂、层次较多、篇幅较长的综合文稿。可以说，标题型提纲是使用最普遍的提纲形态。如果是一个人独立承担写作任务，推演到这种程度，基本可以正式动笔了。

（3）方案型提纲

这是更为复杂的提纲形态。所谓方案型提纲，就是在标题型提纲的基础上再细化，提出具有操作性的要求，如材料怎么来、什么人写哪部分、什么时间完成，类似于工程建设中的施工方案，操作性很强。这种提纲比较全，也比较细，常用在政府工作报告、党委全会报告等大型综合文稿的写作中，因为这类稿子通常由团队完成，不把要求明确地写下来，不好分头实施。

（4）概要型提纲

概要型提纲本质上不是提纲，而是内容概要，是一个准文种。它不是最完整的稿子，却是最丰满的提纲。之所以把它归为提纲，是因为它没有把所有内容写出来，只是抓住重点写一些，使用者还有发挥和补充的空间。概要型提纲类似于精简稿、浓缩稿，多用于汇报工作、传达会议精神和讲话发言。比如，《关于×××工作的汇报提纲》《关于××会议的传达提纲》《×××同志民主生活会发言提纲》就属此类。

下面，通过一个例子来说明提纲的几种形态。

写作背景：2017年初，我带头起草省领导在全省工业和信息化工作会议上的讲话初稿。这个稿子要在全系统印发，听众有各州市政府分管领导、工信部门负责人和企业负责人。

写作方式：对我们来说，这个稿子规格高、要求严，是名副其实的大稿子。按惯例，采取了团队作业的方式进行。

写作过程：分3个阶段拉出了3版提纲。

第一阶段：明确意图、确定框架，形成概念型提纲。

简单交流后，我们拿出了一个概念型提纲。

在 2017 年全省工业和信息化工作会议上的讲话

（2017 年 1 月 12 日）

引言

第一部分：2016 年干得怎么样？

    第一层：总体概述 2016 年工作，目标是定调子。

    第二层：分别从几个点切入，总结几个特点。

    第三层：对各级各部门的工作表示感谢。

第二部分：2017 年形势如何？

    首先，分析机遇。

    其次，分析挑战。

    最后，强调责任。

第三部分：下一步如何干？

    一是夯实基础。

    二是抓住重点。

    三是强化措施。

需要说明的是：

第一，这个提纲暂未敲定主标题，只是按省领导要求把 2017 年作为全省工业经济攻坚年，在主题中明确"攻坚"的调子。

第二，确立了"三段式"的主体结构。首先总结成绩，对过去一年的工作成绩给予肯定；接着分析形势，贯彻落实中央和省的重要精神；最后提出要求，明确下步工作目标、重点和措施。总体上按"过去—现在—将来"的时间逻辑线性展开。

这个提纲只定下基本框架，至于成绩有哪些、亮点在哪里、形势如何、哪些是下步重点、应采取哪些措施这样的问题，都还没细化，线条还很粗。

第二阶段：细化内容、明确要求，形成标题型提纲。

随后，起草小组进行第二次讨论，对概念型提纲进行细化。具体说是拆解问题，一直到二级标题，并明确了写作要求，进而形成标题型提纲。鉴于篇幅有限，摘录前两部分如下：

突出重点 攻克难点 干出亮点
坚决打赢全省工业经济攻坚战
——在 2017 年全省工业和信息化工作会议上的讲话
（2017 年 1 月 12 日）

引言：主要阐明会议目的、对会议过程进行描述。（300 字左右）

一、2016 年，全省工业和信息化在严峻考验中砥砺前行，企稳回升，成效显著

第一段：讲三个层次：一是简要阐述 2017 年经济形势，二是概括一年来的工作状态，三是把最核心的工业指标闪现出来。

写作要求：高度概括。（300 字左右）

第二段：重点讲五方面成绩和亮点：一是非烟工业发挥了"顶梁柱"作用。二是供给侧结构性改革发挥了"动力源"作用。三是产业转型升级发挥了"变速箱"作用。四是重大项目发挥了"支撑性"作用。五是信息化建设起到了"助推器"作用。

写作要求：跳出以往总结的套路，从不同视角切入，把最闪亮的成绩呈现出来，数据要新、要准，事例要有代表性。这是本部分的核心和重头戏。（1200 字左右）

第三段：结合以上成绩和努力，对各级各部门表示肯定和感谢。

写作要求：礼节性的，重点是各方都要照顾到，体现上级的关心。（200 字左右）

二、2017 年，工业和信息化发展机遇良好，任务艰巨，责任重大

第一，之所以要强调"机遇良好"，是希望大家从中央和省委对形势的判断中把握机遇，增强信心。

写作要求：从国际、国内、省内三个层次展开。视野要开阔、站位要高、语言要精准，与中央和省委的判断相吻合。（400 字左右）

第二，之所以要强调"任务艰巨"，是希望大家在工业和信息化发展现状中发现问题，找到差距。

写作要求：从结构性矛盾、要素成本上升、投资动力不足三个层次展开。用数据说话，有分析，有对比，虚实结合。（400 字左右）

第三，之所以要强调"责任重大"，是希望大家在工业经济攻坚战中勇于担当，攻坚克难。

写作要求：阐述工业对国民经济发展的重要性，中央和省委对工业寄予的期望。目的是增强使命感和责任感。要站在较大的时间跨度来看工业的成绩和贡献。（400 字左右）

这个提纲从 3 个方面作了补充。

一是敲定了主标题。按照省领导关于"打好工业经济攻坚战"的要求，我们想：既然是攻坚，自然很难，既然难，就得突出重点，抓住关键，才能有所突破。于是，确定了《突出重点 攻克难点 干出亮点 坚决打赢全省工业经济攻坚战》这个标题。

二是明确了具体内容。第一部分写 3 段，第二段总结了 2016 年的 5 大亮点，第二部分从 3 个方面分析形势，第三部分明确提出夯实一个基础，突出 4 个重点，完善 5 项措施。

三是明确了写作要求。比如采用什么表述方式、大致写多少字。

与概念型提纲相比，标题型提纲明显饱满了不少。

第三阶段：明确责任、准备粮草，形成方案型提纲。

如果是一般的稿子，写到标题型这种程度已经很不错了。由于这个稿子是大稿子、是集体创作，还得便于操作，于是又加了一些东西。第一部分如下所述。

突出重点 攻克难点 干出亮点
坚决打赢全省工业经济攻坚战
——在 2017 年全省工业和信息化工作会议上的讲话
（2017 年 1 月 12 日）

一、2016 年，全省工业和信息化在严峻考验中砥砺前行，企稳回升，成效显著

责任人：×××

完成时限：× 年 × 月 × 日

第一段：讲三个层次。一是简要阐述 2017 年经济形势，二是概括一年来的工作状态，三是把最核心的工业指标展现出来。

写作要求：高度概括。（300 字左右）

材料来源：运行部门的运行报告（已收集）。

第二段：重点讲五方面成绩和亮点。一是非烟工业发挥了"顶梁柱"作用。二是供给侧结构性改革发挥了"动力源"作用。三是产业转型升级发挥了"变速箱"作用。四是重大项目发挥了"支撑性"作用。五是信息化建设起到了"助推器"作用。

写作要求：跳出以往总结的套路，从不同视角切入，把最闪亮的成绩呈现出来，数据要新、要准，事例要有代表性。这是本部分的核心和重头戏。（1200 字左右）

材料来源：各业务部门的总结、半年工作会汇报材料、运行简报等。需综合归纳，个别数据要另外收集。

第三段：结合以上成绩和努力，对各级各部门表示肯定和感谢。

写作要求：礼节性的，重点是各方都要照顾到，体现上级的关心。（200 字左右）

材料来源：参考往年的规范表述，适当调整。

这个提纲增加了 3 个方面的内容。

第一，增加了责任人。因为是团队合作，只有明确了任务，才好公工。

第二，增加了完成时限。因为时间有限，还要走程序，必须排好工期，在规定时间内完成。

第三，增加了材料来源。明确告诉大家材料从哪里来，哪些可以用，从哪些角度用，便于提高写作效率。

通过 3 次调整，提纲从粗到细、思考由浅及深，轮廓越来越清晰，问题越来越具体。这个过程就像雕刻家在一块原石上一刀一刀雕出眼睛、鼻子、嘴唇，最后呈现出一个完整的人物雕像。后来，大家拿着这个提纲，各司其职、按图施工，顺利完成了写作任务。

2. 写提纲的 4 大好处

大部分人不写提纲，不是不会写，而是不愿写。很多人打心底觉得写提纲太麻烦，没啥用，浪费时间。其实写提纲有很多好处，很多人之所以觉得它没用，是因为没有真正洞见它的价值；觉得它浪费时间，是不会算大账；觉得它麻烦，是不熟稔写作技巧。

在我看来，写提纲至少有 4 点好处。

（1）可以增强文章的系统性、逻辑性

有些人写材料随意性太大，问题很多。比如，写了几千字后回过头来一看，发现内容不成体系、结构不协调。字数多的条目数千字，少的只有几百字；有些部分写了七八条，有的只有一两条，很不匀称。没有系统规划过的稿子，结构上难免有问题，既不系统，也无逻辑。

结构是文章的"基本盘"，写文章最怕结构出问题，一旦结构出了问题，就得推倒重来。有了提纲就不同了，成文之前就勾画出文章的总体轮廓，对各部分进行技术控制，对内容作出妥当安排，理顺逻辑关系。在科学设计提纲后写出来的文章，一般不会有结构性问题，即便有小小不严谨的地方，也是可以理解的。

（2）可以增强写作的方向性、顺畅性

你或许有过这样的经历: 兴致勃勃挥洒笔墨几千字后,突然发现偏离了主题,于是不得不从头再来。问题在哪里？这就是没有提纲惹的祸。

有了提纲就不同了，你可以顺着既定思路有条不紊地表达，根本不用担心文字会偏离主题，因为通过写提纲，反复推演，思维早在这条路上走了好几遭，轻车熟路，写起来自然顺畅。有时候，我甚至觉得，不依提纲的写作无异于耍流氓。这个比喻虽然不太贴切，不过你想，没有明确的写作预期和规范，随性地拿起笔来就写，写不好就重新来过，这种行为是不是有点"调戏"文章的感觉呢？

（3）可以增强素材的针对性、有效性

运用素材的过程好比军事上调兵遣将，只不过，一个调动的是真刀真枪的兵，一个调动的是书面的文字，道理是相通的。写提纲就是对手中的兵摸底调查，思考手中有多少兵，兵力不够的话还需要多少、兵从哪里来、用到什么地方去、发挥他们什么特点，进而有针对性地收集素材。只有通过写提纲而把素材准备充分，写起来才会得心应手。

（4）可以增强思考的稳定性、延续性

写作是将思考成果物化为文字的过程，这个过程有 3 个特点。

一是思考具有探索性。德国军事家克劳塞维茨在《战争论》一书中提出："战争是一个充满不确定性的领域，军事行动所根据的因素总有四分之三隐藏在迷雾之中，迷雾带来的不确定性或大或小。"构思也是一个逐步拨开"迷雾"、反复试错的过程。简单的思考很难把所有问题思考清楚，只有花时间反复推敲，方能完善。

二是灵感具有突发性。公文写作虽然是规范性写作，但是也有创造性的一面。构思阶段往往依赖灵感，而灵感往往一闪而过，如不及时记下来，过后很难再现。写提纲不仅可以捕捉灵感、再现灵感，还可以从整体上审视灵感，让思考更稳定、更可靠。

三是思维缺乏规律性。人的思维不像电脑，可以永远按一定算法规则思考问题。事实上，思维往往是跳跃的、不规律的。短暂的思考难免百密一疏，缺乏逻辑性，如不通过提纲的形式从整体上进行推演，很难发现问题。

3. 养成写提纲的习惯需弄清 5 个问题

思维的养成从习惯开始。古往今来，许多文章大家都有写提纲的习惯。列宁一生写下了卷帙浩繁的论著，他通常是在确定好一篇文章主旨后，就开始写提纲。他是怎么写提纲的呢？第一步，把一张纸分为两半，先写左半部分，暂留右半部分，先写上章目，章目下写上节目，节目上标明几个问题。第二步，写上各章节的立论和驳论，把每个问题需要引证的材料、事例及引文的书名、页码排列编号，依次写到提纲下面。第三步，反复推敲、核对，把遗漏的问题补写在纸的右半部分，标明其所属的章、节。他认为提纲不仅要写，还要写得详细些。据他身边的人回忆，他写文章"通常是先写好提纲……把提纲改了两遍、三遍"。

茅盾先生写《子夜》，光提纲就 4 万多字。可见他们是多么重视写提纲！

说到习惯的养成，我们得明白，习惯是逐渐养成的，从认知科学的角度，一个新习惯的养成，至少得经过 3 个阶段。

首先，纠正认知偏差，摒弃以往的错误认识。对写作而言，就是摒弃"提纲无用""写提纲麻烦"等错误认识，树立正确的"提纲观"。所谓"知为行之始，行为知之成"，认识对了，习惯就容易养成，认识不对，习惯就很难养成。

其次，反复地练习，形成条件反射。习惯不是想出来的，而是在一次次刻意练习中形成的下意识行为。所以，最重要的是在每次写作中付诸行动，制造反馈，形成闭环。

最后，习惯的养成是长期的，不是一两次就能养成的，非得百转千回方能深入骨髓、刻在心中。

这 3 个阶段中，首要的是纠正认知偏差，否则就不好付诸行动，更难以坚持下去。如何纠正认知偏差呢？我的建议是搞清楚几个关键问题。

（1）提纲是写给谁看的？

有些人认为，提纲是给别人用的，只有别人需要听构思或看提纲时才有必要写，如果没人听没人看，就没必要多此一举了。

事实上，写提纲的初心并非给谁看，而是在于理清思路、指导写作、提高效率。可以说，提纲完全是为自己写作服务的，不是给别人看的。所以，不管别人听不听、看不看，都很有必要写。

（2）什么情况下写提纲？

有人认为，写作中，只有心里没谱的人才去写提纲，若是胸有成竹，凭感觉就能一气呵成，何必多此一举呢？

我要说的是，人对事物的认知是不断深入的，任你心里多有"谱"，对问题的思考也很难一步到位，尤其是大稿子，没有提纲的引领很难写好。退一步讲，即便谁真的一次性把写作的问题都思考成熟了，若不及时写下来，写着写着，也不敢保证不会忘记啊！有道是"好记性不如烂笔头"嘛！

（3）遇到大稿子才写提纲吗？

还有一种观点认为，写提纲要看情况，写大稿子还是很有必要写提纲的；写小稿子就完全没必要了，只消在心中打个腹稿就行，何必那么麻烦呢？

我不赞同这种观点。如果是特殊情况下赶稿子，那可以理解；但是从写作习惯的养成看，不值得提倡。从长远角度看，我主张稿子不分大小，但凡动笔，都要习惯性地写提纲。哪怕是个基本的思路，哪怕就几个关键词，都是好的，至少能保障你写作时不偏题。我的观点是：无提纲，不写作。

（4）写提纲是否会限制思维的发挥？

有人说提纲会给人束缚感，按提纲来写东西感觉给自己的思维戴上一个镣铐，完全遏制了写作灵感，不好自由发挥。

我想说两点：首先，提纲跟灵感不矛盾，写提纲不仅可以及时收集灵感，还可以让灵感继续发酵，获得新灵感；其次，提纲不是一成不变的法律条文，不管之前的提纲是如何定的，只要萌生更好的想法，都是可以修改的，毕竟"握笔能做三分主"嘛，谁说就得 100% 按照提纲写呢？工程设计图纸还允许"设计变更"嘛，我觉得只要是好的创意，定稿前都可以加进去。

（5）写提纲会浪费时间吗？

有些人以为，写提纲会花很多时间，只要是心里思考成熟了就可以直接动笔，不用花冤枉时间在写提纲上。

乍一看，这话似乎有一定道理。不得不说，单从前期谋划看，写提纲确实"浪费"了不少时间，如果把视角放到整个写作过程看，则恰恰相反。若是提纲设计得好，写起来自然就顺畅，不仅不会浪费时间，反而可以节约时间，这叫"磨刀不误砍柴工"。作家老舍就说："尽管我只写二三千字，也需先出个提纲，安排好第一段说什么，第二段说什么……有了提纲心里就有了底，写起来就顺理成章；先麻烦点，后来可省事。"

大量实践证明：对写作而言，提纲不是"要不要写"的问题，而是"写得好不好"的问题。我可以负责任地告诉你，但凡你在后期修改时所加的班，都是在写提纲时偷的懒！"疾书于后"的收益，完全可以有效对冲"袖手于前"的成本，而且只会赚，不会赔。

第15讲　袖手于前，始能疾书于后

—— 提纲"八段锦"

拟定提纲，作为写作的线索。当然，可以在中途重新调整大纲，但是千万不要先动笔，再考虑结构问题：结构是需要先想好的。当你不能预计何时才能完成整部作品时，大纲就会帮你多写出 1000 字来。

—— 比尔·瓦西克

本讲导读

本讲是"构思三部曲"最后一篇，曾发表于《秘书工作》2020 年第 1 期，原题为《如何写出好用的提纲》。本讲源于我对养身"八段锦"的跨界借鉴。我注意到，现在社会上越来越多人在练"八段锦"，所谓"八段锦"就是一套由 8 种动作组成的独立而完整的健身功法，如"双手托天理三焦""左右开弓似射雕""调理脾胃须单举""五劳七伤往后瞧""摇头摆尾去心火"等。顾名思义，这套功法分为 8 套动作，每套动作前后连贯、上下相随、循序渐进、优雅柔软、连绵不断。这给我一个启发：写提纲能否也有一套动作呢？答案是肯定的。经反复思考、推演和实践，我总结出了写提纲的"八段锦"，希望大家通过本讲掌握提纲写作方法的同时，也体会这种跨界借鉴方式。

本讲核心观点

- 第 1 式：敲定主题"定调子"
- 第 2 式：谋篇布局"搭架子"
- 第 3 式：细化思路"填肚子"
- 第 4 式：理顺逻辑"梳辫子"
- 第 5 式：打磨标题"美面子"
- 第 6 式：管理素材"摆棋子"

■ 第 7 式：围绕实用"开方子"

■ 第 8 式：结合需要"变样子"

写文章是门学问，写提纲同样是门学问。

前文说了，写提纲是写好文章的"关键一招"，是高效写作的不二法门，是公文写作者的硬核能力。写提纲对写作有很多好处，古今中外很多文章大家有写提纲的习惯。

问题是，如何才能写好提纲呢？写提纲有什么步骤？

众所周知，在中国传统养身领域有套健身气功"八段锦"，这套气功的功法包括 8 个环环相扣的动作。我在跨界借鉴的基础上，探索出一套"提纲八段锦"。我的这套"功法"也有 8 个环环相扣的"动作"。如能掌握好这 8 个动作的要领，你就再也不用担心写不好提纲了。

下面，请跟着我一起来练习这 8 个动作。

1. 第 1 式：敲定主题"定调子"

"调子"就是文章的主题，是写提纲的起手式。一篇文章的诞生，从确定"调子"开始。

"调子"如何来定？主要在主标题里定，常用方法有 4 种。

（1）通过摆目标来定"调子"

把工作目标植入标题里，描绘某种愿景，从而制造方向感。比如《决胜全面建成小康社会 夺取新时代中国特色社会主义伟大胜利》，报告在标题里提出"全面建成小康社会"的目标，定了全文的"调子"。

（2）通过讲理念来定"调子"

在主标题中提出抓工作的理念，让人一读标题就知道未来发展的思路是什么。比如《加快推动媒体融合发展构建全媒体传播格局》一文，在标题里用"融合发展""全媒体"理念为文章定了"调子"。

（3）通过提要求来定"调子"

就是把核心要求嵌在文章主题里，制造一种使命感和责任感。比如《深入贯彻落实习近平总书记海洋强国战略思想 努力在发展海洋经济上走在前列》一文，在标题里提出"在发展海洋经济上走在前列"的要求，也算定了"调子"。

（4）通过列措施来定"调子"

将工作措施作为文章主题，实际上点出了文章的核心、重点，后面进行的谋篇布局都围绕这个措施展开。比如《稳增长 调结构 促融合 奋力推进全省工业和信息化转型升级》一文，标题用 3 个短句表述转型升级内涵，"稳""调""促" 3 个字为文章定下了工作基调。

2. 第 2 式：谋篇布局"搭架子"

框架如同人体的骨架，是支持文章内容的载体。"调子"定下后，接着要搭建文章"四梁八柱"，把骨架立起来。

"架子"怎么搭？我觉得应把握 3 点。

（1）选择最适宜的结构形式

一篇好文章，必须具有好的结构，协调处理好各部分、各段落和各层次之间的关系。文稿的结构形式有很多种，常用结构有并列、递进、总分或多种结构混合，我们常说的横式结构就是并列结构，纵式结构也叫递进结构。具体选哪种结构，要看写什么内容。

比如：我为领导起草过的一篇纪委全会上的讲话，结构分了 3 部分：

一是强化教育的引导力，筑牢思想道德防线

二是强化监督的制衡力，规范权力的运行

三是强化惩治的震慑力，切实维护群众利益

从逻辑上讲，纪检工作都是教育在先，然后才是监督，这两关都失守了，才会用到惩治手段，三者是有前后逻辑关系的，所以这里选择的是递进结构。

（2）结构方式符合文种特定范式

可以说，在党政机关公文中，每个文种都有特定的框架结构，都有不一样的思考逻辑，所以在写提纲，尤其是敲定一级标题时，要注意考虑这种差异性，尽量使提纲符合该文种所具有的结构范式。

总结性文稿一般写工作进展、存在问题、下步打算；部署性文稿一般写是什么、为什么、干什么、怎么干；民主生活会发言稿一般写问题、原因、措施。这几种文章在构思时结构的差异性很大，一定要"因文制宜"。

（3）所有子标题应观照全文主题

所谓观照，说白了就是提纲里的子标题要呼应主标题，围绕主标题展开，并为主标题服务，形成众星拱月之势。

比如，写年度经济运行文稿，可以围绕"经济运行"这个主题，分解出3个一级标题：

一是全年工作怎么看？

二是当前形势怎么判？

三是来年工作怎么干？

这3个子标题都呼应了"经济运行"这个主题，并为主题服务，可以说这些标题是有"向心力"的，"架子"是稳当的。

3. 第3式：细化思路"填肚子"

敲定了框架只是确定了大的格局，具体的观点还得继续雕刻。所谓"填肚子"，说白了就是在一级标题下面继续划分段落、层次，形成下一级标题，最后落到一个个观点上。

细分标题时，应注意以下3点。

（1）标题的层次应渐次降低

一个好的提纲，从主标题开始，一直到一级标题、二级标题，乃至三级标题，其内涵应该是逐步缩小的，层级是渐次降低的。这就像一棵树，主干最粗壮，主枝稍细一些，到分枝就更细了，这样的标题才能给人步步深入之感。

（2）标题的层级不宜过多

具体写到多少层为宜？没有明确的说法。我主张列到三级标题就行了，因为任何人的构思都很难一步到位，只要大体勾勒出一个框架来就可以了。如果层次分得太多，会有很多问题，比如文章体系过于庞大，仅逻辑关系的协调就很难，搞不好就会你中有我，我中有你，带来逻辑混乱的烦恼。

（3）每个标题下面的体量应匀称

有一定水准的文章，应该尽量符合美学原理。文章的美，从写提纲时就要体现出来。怎么体现？其实不复杂，人都喜欢匀称和平衡之美，所以提纲在同一个层级上的观点数量、字数多少得讲求匀称美、平衡美，每个部分和层次之间能做到大体相近，就尽量做到；不能做到，也不宜相差太多，否则会给人失衡的感觉。

当然，必须说明的是，任何一篇文章的形式都是为内容服务的，体量多少要依内容而定，不可一概而论，不能为了追求匀称而"削足适履"。

4. 第 4 式：理顺逻辑"梳辫子"

逻辑是结构的灵魂。标题之间一定要有合理的逻辑关系，正如在建筑设计阶段，离不开结构工程师的结构设计，让结构之间受力合理，符合力学规律。国际著名咨询机构麦肯锡有个著名方法叫"金字塔原理"，基本原则是："结论先行、以上统下、归类分组、逻辑递进"，公文的提纲也应遵循这个原理。

所以，把标题做细后，接下来要像女士梳头发一样，好好地把思路理一理，所谓顺理成章就是这个道理，就是分清各级标题间的逻辑关系，不让它们"纠结"在一起。

如何梳理？请注意 3 点。

（1）同一层级标题前后要有序

这个秩序不外乎按照时空顺序来铺排观点。

比如：我 2017 年起草的领导《在全省工业和信息化工作会议上的讲话》，全文分 3 个部分，标题如下：

一是砥砺前行，全省工业和信息化工作成效明显

二是认清形势，全省工业和信息化发展任重道远

三是稳中求进，全力以赴打好工业经济攻坚战

从结构上看，第一部分先总结上年成绩，接着分析当前形势，最后一部分安排今后任务，以时间为序铺排内容，脉络很通畅，体现的是时间的先后顺序。

（2）同一层级标题归类要合理

说具体点，就是划分的标准要一致，用一个标准来切割，让同一标题下的子标题在同一范畴内。

打个比方说，一个苹果篮里，可以装红苹果，也可以装绿苹果，但若是装了桃子或梨，那就不是苹果篮了。

再比如，提纲里的某个标题是讲"创新"的，你会怎么归类呢？一般来说，可以按创新对象来分，细化为理论创新、制度创新、技术创新、管理创新、模式创新等。如果在这几个创新的后面增加"原始创新"，那逻辑上就有问题了，因为原始创新是按渠道划分的，不是按创新对象划分的，属于不同的标准，严格说来，不能与技术创新等相提并论。

（3）所有标题要形成一个完整体系

上面提到的麦肯锡写作文案的方法里，还有个划分标题的原则叫作"MECE法则"，中文意思是"不重不漏"。所谓"不重"，讲的是同一层级的标题划分边界要清楚，不能有交叉，不能"你中有我，我中有你"；所谓"不漏"，讲的是对一个主题进行划分时，要做到穷尽，以确保完整。

所以，同一个层级的标题之间，概念要完整，边界要清楚，不能交叉、遗漏，也不能顾此失彼。

比如，起草一篇以"党的纪律"为主题的文稿，理论上要按《中国共产党纪律处分条例》中"六大纪律"来写，从政治纪律、组织纪律、廉洁纪律、群众纪律、工作纪律写起，一直写到生活纪律，不管遗漏哪一条，体系上都不完整。

5. 第 5 式：打磨标题"美面子"

从本质上讲，文章的写作提纲是标题的集合体，各个层级的标题综合交错，就形成了文章的框架。如果说提纲是框架的外衣，那标题就是这件外衣的面料。如何让这块面料光鲜靓丽、光彩夺目呢？我感到，构建完标题体系后，有必要把标题"美容"一下，提升其"颜值"。

"美容"有 4 个方面的内容。

（1）准确

准确地表情达意是标题的第一功能，好标题要点得准，直瞄靶心，一语中的。譬如，《2019 年广德县政府工作报告》总结工作成效时用了 6 个标题：

一年来，我们冲刺全国百强，再现"广德速度"
一年来，我们聚焦全国文明，擦靓"广德容颜"

一年来，我们坚守生态红线，大美"广德河山"

一年来，我们坚定项目为王，强健"广德体魄"

一年来，我们坚持改革开放，叫响"广德名片"

一年来，我们致力民生改善，抒发"广德情怀"

报告的一级标题里连续用"速度""容颜""河山""体魄""名片""情怀"6 个词，形象描述了工作成效，并且从正文来看，这几个词无疑是准确的。

（2）凝练

人们常说，浓缩的都是精华。标题就是从内容里析出的结晶体，言简意赅是它的特征。好的标题"立片言而居要，乃一篇之警策"（陆机《文赋》），几个字就能概括大意、点出主旨。

譬如，江西省领导《在南昌大学形势与政策报告会上的讲话》讲到"江西是个山清水秀、人杰地灵的好地方"时，用了 4 个标题：

一是江西的颜值高

二是江西的底蕴深

三是江西的基因红

四是江西的禀赋好

这 4 个标题语言简洁凝练准确，高度浓缩了江西的 4 大特色，读起来朗朗上口，津津有味，可以称得上好标题。

（3）传神

俗话说："看书先看皮，看报先看题。"标题如同美女的眼睛，传神而动人。好标题叫得响，记得住，一目传神。

在上例中，讲到"江西的颜值高"时，用了 3 个标题：

一是江西的山是"绿"的

二是江西的水是"清"的

三是江西的空气是"甜"的

这 3 个标题分别用了"绿""清""甜"，营造了 3 种意境，充满画面感，带给读者奇妙的感官体验和审美情趣。

（4）美观

文章的思想美有时要通过形态美来表现，文章的形态美就是标题的形式美。一篇高"颜值"的文章，在标题上要尽量做到整齐匀称，无论在句式上还是在字数上，都尽量做到和谐顺畅，讲究布局上的美感，不能长短不一、参差不齐。

比如，某领导在全省民营企业座谈会上的讲话，在谈到"对民营经济怎么看"时，用了 3 个标题：

一是看过去，民营经济成就卓著
二是看现在，民营经济机遇难得
三是看将来，民营经济大有可为

3 个标题句式结构相同，对仗工整，形式美观，给人以美的享受。

6. 第 6 式：管理素材"摆棋子"

任何一次大型战役都离不开作战方案，作战方案的核心又是调兵遣将，即根据兵力情况进行科学部署。提纲就是写作这场战争的作战方案，写作者同样要做好调兵遣将工作——素材的管理。

具体说，有 3 个环节。

（1）摸清材料的"家底"

一个有操作性的提纲，不仅要围绕战略目标解决"应该怎么写"的问题，还要结合手中的素材确定"可以这么写"，因为你得看菜吃饭，量力而行。如果你的提纲列得很大，"战线"铺得太长，"兵力"不够，最后还是得放弃一些阵地，集中优势兵力打有把握的仗。所以提纲确定下来后，要花时间摸摸家底，看看手中到底有多少"兵"可供调遣，还需要补充哪些，对于实在无法补充的，有必要思考构思是不是有问题，并作出适当调整。

（2）分析每个素材的"特长"

对于手中的素材，不仅要知道量的多少，还要看质的优劣。有时候，看似掌握了一大堆材料，但真正用的时候发现很多派不上用场，只能干瞪眼。最保险的方法是，边写提纲边对素材进行"体检""政审"和"考核"，检查材料的真实性、典型性、新颖性、实用性，分析材料有什么特点、能不能用。如果不能用，还得思考从哪些渠道补充。对现有的材料，必要时还得进行初加工，让它们"召之即来，来之能战"。

（3）进行初步的"排兵布阵"

对士兵的情况了如指掌后，接下来的任务就是排兵布阵了。具体来说，就是在提纲的相应标题部分，详细标出这里用哪些类型的材料，这些材料的名称是什么，再细致一点，还要考虑材料的运用角度。这就像军事家在战前把军队部署到不同战线上一样，考虑得越深入细致，打胜仗的可能性越大。

7. 第 7 式：围绕实用"开方子"

必须在这里强调，提纲不是拿来看的，而是拿来用的。尤其对政府工作报告这样的大稿子来说，还要写到工作方案这样的深度。所谓"开方子"，就是在提纲里明确每个部分的写作要求、技术标准、责任分工等，增强提纲的可操作性。

能用、管用、好用的提纲，必须在摸清素材的基础上，做到"三明确"。

（1）明确技术参数

通常，在城市规划设计中，控制性详细规划和修建性详细规划都会在文本里提出明确的技术指标参数，对城市建设的有关环节进行定位、定性、定量和定界，以确保规划目标的实现。一般说来，在写政府工作报告等大型文稿的提纲时，很有必要明确技术要求，如字数、关键数据、核心观点、表述方法、支撑素材、语言风格等，并且这种提纲最好写到"施工方案"的深度，要让人拿到提纲就可"按图施工"，否则统稿的人后期会很痛苦。

（2）明确写作责任

一般说来，但凡大型文稿，如党代会报告、政府工作报告，通常都是集体智慧的结晶，是团队创作，绝不是单打独斗，不是由个别人包揽的。这种团队，参与的人很多，少则三五人，多则数十人，有的还会分为若干小组。基于这样的情况，建议最好在提纲里把责任明确了，比如谁写第一部分、谁写第二部分，让人一目了然，否则在分头写作时，很容易跑偏。

（3）明确完成时限

但凡涉及分工，就有个时限的问题。从管理学角度考虑，只有时限明确了，各个组的节奏才能协调一致，统稿的人也才能在规定时间把稿子统出来。所以，写大型报告的提纲，有必要明确完成时限，实行挂图作战、结果倒逼，这是目标管理法在写作中的应用，可保持团队成员步调的一致性，提高效率，以保证在规定时间内完成任务。

8. 第8式：结合需要"变样子"

公文写作是一个逐步完善的过程，前期的写作提纲很难毕其功于一役，不可能把所有的问题都思考得清清楚楚、天衣无缝，往往要在写作中不断调整，反复进行"设计变更"，最后才敲定下来。

问题是，怎么个变法？我体会，可以采用以下几种方法。

（1）修枝

我有这样的体验，有时候提纲中的某些部分在构思时想得比较透彻，文思如泉涌，一口气列出了若干条，但写作时若一一写完，可能会造成结构失调，畸轻畸重，多的太多，少的又太少，看起来很不美观协调。

怎么办？不妨进行适当删减，大胆地把那些支撑性、关联性不够的条目砍掉，也可归并掉那些内涵相近的条目，这是把观点数量减下来最有效的方法。

（2）嫁接

与修枝相反的情况是，有时候提纲中的某部分会暂时由于思维短路而存在拓展不开的情况，主要表现为观点偏少，过于单薄，撑不起来。

怎么办？遇到这种情况，不妨回到思考的原点，从概念出发，大胆地拓展一下内涵和外延，尽量从更多的向度来思考，目的是增加几条对上级标题有支撑性的条目，就像树木嫁接一样，通过嫁接让提纲结构更加丰满，让观点更为充实。

（3）分蘖

不仅是自然界中的植物能够分蘖，人的思想观点也可以分蘖。思想观点的分蘖，就是指从原来设计的一个观点中横向分出几个观点来。有时候，由于考虑不周，同一层级的标题有的概念内涵太大，高于同层级，如果照此写下去，结构又会失调。

怎么办？不妨把这个大概念分解为几个能与同层标题平行的层次来写，如同植物的分蘖一样。比如，标题里有"推动产业转型升级"这个二级标题，与同级标题相比，写出来体量会超重，不妨把它拆分为"做强传统产业"和"发展新兴产业"两个标题。

（4）变脸

有时候，写着写着，你会发现原来设计的某个标题，虽呕心沥血反复尝试，最终还是走入了思维的"死胡同"，实在没法继续写下去了。

怎么办？也不能钻牛角尖，不妨"变变脸"，比如调整一下切入的角度，或者重新确立其表达重点。别小看这一招，有时候一个字的调整，都会为你打开一扇窗，让你获得新的启发。

需要说明的是，以上只是写提纲的 8 个基本步骤，不代表所有提纲都要走这 8 个步骤。不同"量级"的文稿，在具体写作中可能会有差异，有的会少两个步骤，有的反而会多几个步骤。希望大家灵活把握，练就过硬的写作基本功。

分得越细，思路越活

——如何用"三分法"解剖问题

第16讲

为了写得好，必须充分地掌握题材，必须对题材有足够的思索，以便清楚地看出思想的层次，把思想构成一个连贯体，一个连续不断的链条。

——布封

📖 本讲导读

别人写作得心应手，你却捉襟见肘？"三分法"帮你展开思维扇面，把问题掰开、揉碎、理顺。前文讲了提纲"八段锦"，第三式就是细化思路"填肚子"。细化思路，说起来容易，实际操作中却很难打开思路，找到细化的"点"。怎么办？一次偶然阅读中，我发现微积分里藏着高深的写作思想，它就像医生手上的手术刀，是切割思维的利器。有了这把刀在手，很多问题就能迎刃而解，切割得井然有序、层次分明。在写作中，借鉴微积分的基本思想、原理可以有序拆解问题、切割观点、划分层次。奥妙在于，微积分的灵魂就是无限地"分"，写作中细化主标题的过程，与微积分解问题的底层逻辑是相同的，分得越合理，问题解决得越好。所以，本讲提出 3 种拓展方法：分类、分块和分层。分类是从类别角度将概念横向切分为不同的类型；分块是从组成角度将概念切分为不同的板块；分层是将概念纵向划分成不同级别的层次。如此，一个混沌的概念有可能形成上下协调、环环相扣、井然有序的金字塔体系。这是跨界思考的又一运用方式。

📑 本讲核心观点

- 分类
- 分块
- 分层

写作总打不开思路，怎么办？

我给大家推荐"三分法"：分类、分块、分层。

这不是什么"奇招"，而是基本的逻辑方法，它通常从一个笼统的概念出发，以不同维度将其层层切割成若干子概念，最终形成一个金字塔式观点体系。通过分解概念，达到深化认知、拓展思维的目的。

所谓思路，就是思考问题的路径。拓展思路，就是把问题掰开了，揉碎了，将概念细化，反复切割，形成若干子概念。

工欲善其事，必先利其器。切割概念也得有思维工具才行。

写作过程中，从主标题开始，到一级标题、二级标题，无不需要拓展、切割、细化。实践证明，概念的"颗粒"越细，意味着人的思维越缜密，思维展开的扇面越大，思路也就越开阔，可写的东西就越多。以我的切身体会，分类、分块、分层，犹如思维里的三把"手术刀"，操作熟练了，就能快速破题，且游刃有余。大家不妨尝试。

1. 分类

即把一个概念切割成不同类别。

这样说很抽象，举个例子说，苹果按照颜色划分为青苹果、红苹果、紫苹果等；按产地可分为昭通苹果、陕西苹果、烟台苹果等；按品种可分为红富士、乔纳金、金帅等。只要展开思维的扇面，每个角度都可分出不同类别，划分的维度越多、越细，认识就越深刻，人的思路就越广阔。

分类，对拓展写作思路很有效。

比如，我改过一个招商引资专报，部门报来的初稿从行业角度总结每个行业的项目数量、项目名称和进展，感觉思路不清，虽然有每个行业的项目数量，但这些项目签约了多少、落地了多少，都不清楚。于是我建议他们用分类的方法重新梳理，按项目成熟度分为 4 个类别：

一是 2018 年签约 2019 年推进落地的项目

二是 2019 年签约并且落地的项目

三是 2019 年签约暂未落地的项目

四是正在洽谈，还未签约的项目

在每个分类里，我们还按地区、产业、投资额进一步分类表述，说明哪些是省委省政府主导交由我们负责推进的，哪些是外商投资项目。这样一分，招商引资总体情况就显得立体、丰满多了。

又如，说到"管理"这个话题，按分类方法，可分为行政管理、经济管理、社会管理几类。其中的"经济管理"还可分为人力资源管理、财务管理、生产管理、物控管理、营销管理、成本管理、研发管理等。这样一分，概念被切割细化，可写的东西就多了。假如让你写"创新"方面的文章，就可依葫芦画瓢，将概念切割为体制创新、技术创新、管理创新、商业模式创新等子概念，一旦你学会了分类，思路的闸门就打开了。

再如，一篇讲话稿谈到"创新方法，以有效的机制抓落实"，作者分了5点：

1. 优化目标倒逼机制
2. 优化交办跟进机制
3. 优化现场会办机制
4. 优化观摩激励机制
5. 优化监督检查机制

这就是从机制上着手，横向分类方法的应用。作者将机制分成5种类型，每种类型都是平行并列的。

2. 分块

即将整体分为若干组成部分。

世界是个结构化的世界，每个物体都由不同板块组成。比如，人体由肌肉、骨骼、血液、器官、毛发等组成，一个单位由不同的业务部门组成，一座城市由不同的城区组成。你在构思时，若能把事物分块来理解，就会更立体、更完整。

分块能拓展写作思路。

比如，我起草的《关于全省制造业发展的报告》，在谈到制造业的总体情况时，除了描写总体情况，还把全省制造业分解为以下几个子产业。

1. 有色金属冶炼及压延加工业，营业收入2200.35亿元，占制造业的比重（下同）为 20.1%。

　　2. 化工行业（含石油炼化）1719.47 亿元，占 15.7%。

　　3. 烟草制品业 1522.79 亿元，占 13.9%。

　　4. 食品行业 1431.19 亿元，占 13%。

　　5. 黑色金属冶炼及压延加工业 1197.47 亿元，占 10.9%。

　　6. 装备制造业 1120.76 亿元，占 10.2%。

　　7. 非金属矿物制品业 744.65 亿元，占 6.8%。

　　8. 消费品行业 593.83 亿元，占 5.4%。

　　9. 医药制造业 379.03 亿元，占 3.5%。

　　以上 9 个子行业共同组成了我省的制造业，营业收入累计 10973 亿元。这是分块思维的运用。

　　再如，某领导在全市城市发展大会上的讲话中，讲了 3 个问题：

　　1. 落实规划设计"三高"要求，进一步提升城乡规划水平

　　2. 落实建设施工"三化"要求，进一步提升城乡建设水平

　　3. 落实管理经营"三精"要求，进一步提升城乡管理水平

　　这是分块的方法，将城市发展过程分解为"规划""建设""管理"3 个重要环节，这 3 个环节共同组成工作的整体。

3. 分层

　　即将一个概念分为若干层级。

　　世界是一个有层次的世界。大到宇宙，小到分子，组成要素之间都会按一定秩序排列组合，并呈现出特有的层次性。你若注意观察，会发现，不管是城市里的高楼大厦、铁轨上飞驰的列车，还是手中慢慢展开的书刊、公园里俊秀挺拔的翠竹，无不是一层层、一段段、一页页、一节节地体现着层次性。人可以按年龄、职务、级别来分层；即便时间、空间这样的抽象概念，也可以有秒、分、时、日、月、年，上、下、左、右，东、南、西、北这样的层次。

拿"人"这个概念来说，按分类方法，可分为白种人、黑种人、黄种人等；按分块方法，可分为肌肉、骨骼、血液、器官、毛发等组成部分。按分层方法，年龄上可分为老年人、青年人、婴幼儿等。

分层，也是拓展思路的好方法。

仍以《关于全省制造业发展的报告》为例。这个报告里也有分层的思想，比如在对每个问题进行分析时，我按照年份来分析，一年一年地看。报告从2015年一直到2019年，把每个年份的数据逐一列出来，比如，产值是多少、占比如何，就像剥笋一样，一层一层地剥开，前后一比较，还可以发现变化的趋势。

这种方法在文稿中常常用于分析形势。比如在部署性文稿中，通常要分析干某项工作的形势，怎么分析？最常见的一种就是：从国际看，情况如何；从国内看，情况如何；从省内看，情况如何；从州市县区看，情况如何。这是把形势分为国际、国内、省内等不同的层次，层层递进。把每个层次的形势综合起来，就可以对总体大势作出准确判断了。

上面把"三分法"讲完了，下面说说应用规则问题。

世界著名管理咨询公司麦肯锡有个写作金字塔原理，关于归类分组提出了"MECE（Mutually Exclusive Collectively Exhaustive，相互独立、完全穷尽）法则"。在公文写作中，划分概念时除遵循"MECE法则"外，还要统一标准，兼顾效率。

（1）完全穷尽

就是对一个概念的拆解，尽量把下一阶子概念列举得完整一些，不要遗漏某一方面。尤其是对公文中出现的某些特定概念、政治术语、政策方针，如"四个全面""三大攻坚战""供给侧结构性改革"等的解构，必须百分之百完整，缺了任何一点都是不允许的。譬如，写党的纪律，系统的思考方法，应按《中国共产党纪律处分条例》规定的6大纪律来写，从政治纪律开始，写组织纪律、群众纪律，不能漏了廉洁纪律、工作纪律，一直要写到生活纪律，才算完整。写党的建设，就应将政治建设、思想建设、组织建设、作风建设、纪律建设、制度建设、反腐倡廉建设写全。写供给侧结构性改革，就要确保将去产能、去库存、去杠杆、降成本、补短板"三去一降一补"和巩固、增强、提升、畅通"八字方针"兼顾到，缺一个概念都不算完整。

（2）相互独立

要想把概念划分清楚，切割必须干净，边界必须清楚，概念之间不能交叉重叠，不能"你中有我，我中有你"，也不能"藕断丝连"相互牵扯。譬如，经常写的讲话类文稿和政策文件中，通常要谈创新，从哪些维度来谈？一般会从体制创新、技术创新、管理创新几个维度展开。显然，这是以创新发生的领域来分的，以上所提 3 种创新的边界是清楚的，没有重叠，也没有出现相互包含的关系。可如果在后面增加一条"思维创新"，问题就出来了，因为前 3 种创新多少都带有思维创新的成分，四者是不能相提并论的。

（3）统一标准

但凡秩序，皆有规则。其实，切割虚拟概念与切西瓜是一样的，在切割过程中，同一个类别的概念必须保证从同一个维度切入，用一个划分标准，千万不能横切一刀，直切一刀，斜切一刀。仍以"创新"为例：如果在 3 种创新后面加一个"原始创新"又如何呢？还是不太合适，因为原始创新是从创新产生的渠道来分的，与前三者不是一个体系，应该归为集成创新、借鉴创新一类。

（4）兼顾效率

前面强调穷尽所有，不代表所有概念都罗列得天衣无缝、滴水不漏，毕竟公文写作不是科学研究，还得追求表达效率。细分条目时，有必要结合实际，抓大放小，适可而止，把问题解决了就行。

拿 2017 年国务院政府工作报告来说，在回顾 2016 年工作时，选了 7 个维度：

1. 经济运行缓中趋稳、稳中向好
2. 就业增长超出预期
3. 改革开放深入推进
4. 经济结构加快调整
5. 发展新动能不断增强
6. 基础设施支撑能力持续提升

7.人民生活继续改善

对一个国家而言，如果把各方面工作都列出来，显然 7 个方面是不够的，只选取 7 个维度，完全是出于表达效率的考量，否则光是总结部分就是一部鸿篇巨制，加上下一步的工作安排，恐怕这个报告三天三夜都作不完，这人代会就开成马拉松会议了。

第17讲　**大稿子要有大格局**
——扩大写作格局的 7 种方法

谋大事者，首重格局。

——曾国藩

 本讲导读

曾国藩曾说："谋大事者，首重格局。""古之成大事者，规模远大与综理密微，二者缺一不可。"所谓"规模远大"就是格局大。对公文写作而言，"规模远大与综理密微"同样是缺一不可的，格局决定人思考问题的时空限度、脑中能兼顾多少事情、笔下能写出多少内容。我的体会是，写大稿子，必须有大格局。这是写作规律决定的。所谓"文之思也，其神远矣，故寂然凝虑，思接千载；悄焉动容，视通万里。"（刘勰《文心雕龙》）"其始也，皆收视反听，耽思傍讯，精骛八极，心游万仞""笼天地于形内，挫万物于笔端""观古今于须臾，抚四海于一瞬"（陆机《文赋》），都是格局的体现，思考格局决定了文章格局。本讲的核心观点是：大稿子须有大格局。主要探讨 3 个问题：什么是大稿子，什么是大格局，如何扩大写作格局。希望对大家有所启发。

本讲核心观点

- 大稿子的 4 个特征
- 扩大写作格局的 7 个方面
- 扩大写作格局的 5 种方法

在党政机关写综合文稿的同志可能都听过这句话：思考格局决定文稿格局，若想写出大稿子，须有大格局。

那么，什么是大稿子？什么是大格局？写作者应如何扩大写作格局？

本讲就来探讨这 3 个问题：

1. 大稿子的 4 个特征

所谓"大稿子"，简单理解就是"重量级"稿子。那么，稿子的"重量"重在哪里呢？我觉得可从以下 4 个维度来理解。

（1）内容综合的稿子

文稿涵盖范围广，关涉各方各面，不局限于某一领域，站在全局高度思考，全面呈现各方情况，如常见的党代会报告、政府工作报告，就是公认的大稿子。

（2）关涉全局的稿子

文稿不仅规格高，应用范围还广，涉及下属所有地区、部门。如《在全省工业和信息化工作会上的讲话》，从关涉面来看，地域上涉及全省各地区，职能上涉及各相关部门，算是推动全省工业和信息化发展的一个大稿子。

（3）影响深远的稿子

文稿运用的时间跨度大，或对一个地区、单位未来一段时间的发展作出战略性部署。如党的十九届五中全会通过的《中共中央关于制定国民经济和社会发展第十四个五年规划和二〇三五年远景目标的建议》，就是对未来 5 年乃至到 2035 年的战略性问题作谋划部署，影响深远，是绝对的大稿子。

（4）意义重大的稿子

通常表现在文稿所要研究、分析、解决的工作、问题的重要性上。如《中共中央关于加强党的政治建设的意见》《中共中央国务院关于打赢脱贫攻坚战三年行动的指导意见》《中共中央关于坚持和完善中国特色社会主义制度推进国家治理体系和治理能力现代化若干重大问题的决定》，解决的是党的建设和国计民生重大问题，"分量"极重，毫无疑问是大稿子。

需要说明的是，关于大稿子的判断有一定相对性、主观性，不同层级、不同领域、不同单位、不同个人有不同的判断标准，各自心目中都有特定的大稿子，关键看稿子相对于拟制单位的重要程度，很难一概而论。

2. 扩大写作格局的 7 个方面

一般而言，格局指一个人眼界、胸襟、气魄、胆识等要素的内在境界。对写作而言,格局的大与小主要表现为作者筹谋划策、谋篇布局、遣词造句的"度"和"势"上。按这个逻辑,所谓大格局,就是写作有大眼界、大胸襟、大气魄、大叙事。

具体说,可从 7 个方面理解。

（1）站位高

把问题放在人民、国家、民族、政治、战略的高度上审视。

比如,习近平总书记在第十三届全国人民代表大会第一次会议上这样讲道:

人民是历史的创造者,人民是真正的英雄。波澜壮阔的中华民族发展史是中国人民书写的!博大精深的中华文明是中国人民创造的!历久弥新的中华民族精神是中国人民培育的!中华民族迎来了从站起来、富起来到强起来的伟大飞跃是中国人民奋斗出来的!

这段讲话彰显了一位政治家超高的站位,体现了宏大的时空格局。

（2）范围广

清代实业家张謇说:"一个人办一县事,要有一省的眼光,办一省事,要有一国之眼光,办一国事,要有世界的眼光。"

比如,某省领导在海洋强省建设工作会议上讲:

"海纳百川,有容乃大",自古以来,海洋就是开放包容的象征。人类从陆地走向海洋的过程,实质上就是从封闭走向开放的过程。大航海时代以来,许多国家向海发展,通过拓展海洋空间、利用海洋资源快速崛起。上世纪 80 年代,我国设立的经济特区和首批对外开放城市,也都集中在沿海,目的就是充分利用沿海地区的独特地理位置,探索改革开放的新路径。可以说,我国对外开放的每一步,都意味着向海洋的挺进。进入新时代,我们要加快构建开放型经济新体制,推动形成高水平全面开放新格局,海洋仍然是重要载体,海洋经济仍然是重要抓手,抓海洋就是扩大对外开放。

这段话从全球讲到全国,从历史讲到现状,得出"海洋是连接五洲的'大通道',推动形成全面开放新格局,必须加快向海洋进军"的重要论断。

（3）视野宽

从多个角度、侧面切入，全面定义问题、分析问题、解决问题。

比如，2019 年 1 月，习近平总书记在省部级主要领导干部坚持底线思维着力防范化解重大风险专题研讨班开班式上的讲话中说道：

面对波谲云诡的国际形势、复杂敏感的周边环境、艰巨繁重的改革发展稳定任务，我们必须始终保持高度警惕，既要高度警惕"黑天鹅"事件，也要防范"灰犀牛"事件；既要有防范风险的先手，也要有应对和化解风险挑战的高招；既要打好防范和抵御风险的有准备之战，也要打好化险为夷、转危为机的战略主动战。

这段讲话用了 3 个"既要……也要……"的复句，把各方面可能性都兼顾到了，表现出思考问题的系统性。

（4）视距远

"思接千载，视通万里"，超越时空局限，用较大的时间尺度审视问题。

以习近平总书记在"一带一路"国际合作高峰论坛开幕式上的演讲为例，他说：

2000 多年前，我们的先辈筚路蓝缕，穿越草原沙漠，开辟出联通亚欧非的陆上丝绸之路；我们的先辈扬帆远航，穿越惊涛骇浪，闯荡出连接东西方的海上丝绸之路。古丝绸之路打开了各国友好交往的新窗口，书写了人类发展进步的新篇章。

这段讲话可谓"观古今于须臾，抚四海于一瞬"，给人一种"大历史"的豁然贯通感。

（5）思想新

敏锐地倾听时代声音、把握时代脉搏、跟上时代潮流。

比如，针对互联网时代的媒体变化，某领导在全省旅游大会上讲：

现在已经进入全媒体时代，据统计，新浪、腾讯微博的注册用户数已经突破 10 亿，日均活跃用户数超过 1 亿；微信注册用户已经超过 3 亿。最近手机微信中编辑传播的"贵州有什么好牛的""炎炎夏日，我在多彩贵州等你""藏在深山中的梯田美景"等，图文并茂，宣传效果很好。要认真总结贵州旅游官方微博营销的成功经验，充分利用微博、微信、微电影、数字旅游、影视植入等新技术、新媒体，形成多渠道、高密度的叠加效应，实现营销网络的全覆盖。特别要注重吸引年轻人，让下一代爱上贵州。

这段讲话敏锐地捕捉到了全媒体、融媒体、微博、微信、微电影、数字旅游、影视植入等互联网时代新事物，笔墨跟随了时代，因势而谋、应势而动、顺势而为，是大格局的表现。

（6）思考深

透过现象看本质，揭示事物发展的底层逻辑。

比如，某领导在县委书记工作讲坛上讲话，在讲到推动高质量发展必要性时说：

从经济发展规律看，推动高质量发展是大势所趋。经济发展是一个螺旋式上升的过程，上升不是线性的，量积累到一定阶段，必须转向质的提升，这是必然规律。20 世纪 60 年代以来，全球 100 多个中等收入经济体中只有十几个成功进入高收入经济体。成功国家的共同特点，就是在经历高速增长阶段后实现了经济发展从量的扩张转向质的提高。改革开放 40 多年来，江苏经济总量增长超过 100 倍，去年达到 8.6 万亿元，但支撑高速增长的生产要素成本低、中外技术落差大、资源环境承载能力强等比较优势已经大大减弱，传统发展模式已经走到了尽头，必须从追求速度向追求质量转变。可以说，高质量发展是江苏经济持续健康发展的"华山一条路"。

这段话揭示了"经济发展是一个螺旋式上升的过程，上升不是线性的，量积累到一定阶段，必须转向质的提升"，把握住了经济发展的基本规律，体现了理论的深度。

（7）思维活

用灵活的思维方式把零散的东西整合起来，得出创见。

比如，习近平总书记在全国民营企业座谈会上讲：

今年是改革开放 40 周年。40 年来，我国民营经济从小到大、从弱到强，不断发展壮大。截至 2017 年底，我国民营企业数量超过 2700 万家，个体工商户超过 6500 万户，注册资本超过 165 万亿元。概括起来说，民营经济具有"五六七八九"的特征，即贡献了 50% 以上的税收，60% 以上的国内生产总值，70% 以上的技术创新成果，80% 以上的城镇劳动就业，90% 以上的企业数量。

将民营经济发展概括为"五六七八九"几个数字，破除了日常总结的思维藩篱，给人以耳目一新的感觉。

这段讲话运用了跨界思维，创新了表达方式，若没有丰富的联想能力和思维的跨越能力，很难有这样的表达效果。

3. 扩大写作格局的 5 种方法

民间有句俗话：再大的烙饼也大不过烙它的锅。意思是你想烙一张大饼，锅要足够大才行。我在想，如果把文稿比作饼，那格局就是锅，怎样让这口"锅"更大一点？建议运用 5 种方法。

（1）拓宽学习的领域

从本质上讲，写作者是"内容生产者"，想生产出更多好产品，必须从源头上保证"原材料输入"。建议公文写作者养成阅读的好习惯，像吃五谷杂粮一样不偏食，广泛摄取政治、经济、文化、历史各方面的"营养"，因为只有先提升了知识的广度、深度、眼界的宽度，才能扩张思维的时空限度。

（2）养成宏观的意识

熟悉三国史的人都知道刘备"三顾茅庐"的典故，可你想过没有？"躬耕于南阳""居于草庐之中"的布衣诸葛亮，却能准确分析天下大势，提出"隆中对"这样的战略构想，原因在哪里？我以为，主要是诸葛亮有宏观意识，他不只看"荆州"一地，而是综观"天下"大势，从宏观上思考问题。诸葛亮的故事告诉我们：若想写出大稿子，视野须要宽阔，统观大局，而不能局限在自己那"一亩三分地"。

（3）拆除思维的围墙

在思考问题过程中，人的格局更多表现在思维方式上。一个思维有局限的人，看问题自然束手束脚，站不高、看不远、顾不全，进而只能得出局部、片面、肤浅的认识。所以，想撑大格局，建议大家敢于拆除既有的思维"围墙"，以开放的姿态打破思维定式，"多向度"审视问题，这样才能发现更多可能性。

（4）提高交往的层级

所谓"鸟随鸾凤飞腾远，人伴贤良品自高"，格局与身边人关系很大，他人一言一行都会影响你。建议公文写作者多跟高层次的人交往，不妨多参加各类会议，聆听高水平的领导和专家发言，重点是领会人家思考问题的出发点和落脚点，学人家分析问题、解决问题的方法，时间长了你的格局也会在潜移默化中大起来，这就是常说的"与高人同行，不行也行；与领导开会，不会也会"。

（5）扩大活动的半径

有的同志由于条件限制，大多数时候只能坐在办公室"闭门造稿"，缺乏支撑写作的广博见识，这样站位肯定不高，考虑得也不那么宽广，稿子的格局自然就小。

怎么破解这个难题？

还是那句话："读万卷书，行万里路。"这是自古以来行之有效的好方法，建议大家尽量创造条件走出办公室，多接触外面的事物，只有如此，方能用见识撑开眼界，扩大胸襟，延展格局。

身在兵位，胸为帅谋

——新时代谋士的"6种谋略"

写文章，工夫也多在文字技巧之外，就是研究的深入，思想认识水平的提高和对世事的洞察。

——王梦奎

本讲导读

写作这件事真的很奇怪，表面上看是写的艺术，实则是"谋"的艺术。表面上不假思索、挥毫立就，实则"蓄谋"已久、殚精竭虑。大量工作是写前搞定的。英国诗人雪莱"虽说写作只花了6个月工夫，构思过程却长达数年之久"，左思《三都赋》构思10年乃成。列夫·托尔斯泰谈《安娜·卡列尼娜》写作时讲道："我在这不得不播种的田野上进行深耕的准备工作，这对于我是多么困难。考虑，反复地考虑我目前这部篇幅巨大的作品的未来人物可能遭遇到的一切。为了选择其中的百分之一，要考虑几百万个可能的际遇，真是极端困难。"海明威对文学创作有个"冰山理论"，他认为语言表达出来的只是少数，绝大部分藏在文本背后。公文写作中，看得见的"写"只是冰山一角，看不见的"谋"才是主体。可以说：谋划是写作之本，只有想清楚，才能写明白。基于这样的认识，本讲我们来探讨思考谋划的重要性以及谋划的方法。公文写作者只有学会当谋士，才能运筹头脑之中，决胜文稿之内。

本讲核心观点

■ 写作者为何要会谋？

■ 写作的6种谋略

■ 如何当好新时代谋士？

我国古代有一种特殊的职业——"谋士"。

这种职业在不同时期，因身份不同而有不同称呼，有时叫"门客"，有时叫"军师"，有时叫"幕僚"，有时叫"师爷"。虽然称呼不同，但使命却一样，都是为人出谋划策、排忧解难。历史上有伊尹、姜太公、管仲、范蠡、诸葛亮、刘伯温等知名谋士，他们的事迹广为传颂，塑造了丰富多彩的"谋士文化"和独特的"谋士精神"，谋士成为中国历史舞台上一道亮丽的文化风景。

公文写作离不开思考谋划，只有想清楚了，才能写明白。从这个意义上说，公文写作者就是现代意义上的谋士。尽管时代不同，性质不同，身份不同，但"谋"字的底层逻辑却是相同的。当今时代，干好文字工作，也必须学会当谋士，在"谋"上下功夫，苦练"谋"的本领。

下面，重点讲 3 个问题。

1. 写作者为何要会谋？

不管写什么，都要谋划清楚了才写得出来，这是思维的基本规律，任何人都无法改变。古人说"心思为谋"（《论衡·超奇》），所谓"谋"，就是写作之前对问题的分析、思考、策划、审视、拿捏和商议。"谋"是动笔之前那段看不到的"暗时间"，是写作不可或缺的环节。

（1）从认知科学角度看，只有想清楚了才能写清楚

任何一次观点输出，都是信息在大脑中"加工""运算"的结果。在公文写作实际中，没有谁心里有标准的"成品"可"即插即用"，即便有，也是偶然。所以古人在作诗、作画、作文前，都要花工夫谋划，胸有成竹后方才落笔，这叫意在笔先。像《世说新语》里讲的那种，临时在马背上挥毫立就、文不加点的经验，很难在现实中复制。事实上，任何一篇稿子，尤其是大稿子，无不是"蓄谋已久"的结果。"倚马可待"永远只是传说。

（2）从风险控制角度看，提前谋划可以降低试错成本

古人讲："凡事预则立，不预则废。"任何事情，事前有准备就可以成功，没有准备就要失败。说话前先有准备，就不会辞穷理屈站不住脚；行事前先有计划，就可能避免很多令人后悔的事发生。公文是行政管理的工具，"一字入公文，九牛拔不出"，一个指标的确定、一项措施的施行、一个观点的提出，一着不慎满盘皆输，不仅损害发文机关形象，还会产生不可预知的后果。所以

写公文需要审慎的态度，三思而后行，谋定而后动。

（3）从哲学角度看，事物是发展变化的，审时度势才能作出最恰当的判断

写材料的麻烦之处在于，同样一个题目，时间变了，场合变了，人和事变了，写作方法也得跟着变。影响因素一变，原先想到的内容还该不该写、从哪些方面来写，以前的措施还管不管用、表述方法合不合时宜，这些都要根据实际情况好好"谋划"，拿捏好尺度。否则，写出来的东西就可能不切实际，达不到预期效果。

（4）从写作需要看，思考和谋划水平决定表达水平

可从 4 个方面理解。

第一，"谋"为写作准备下锅的"米"。任何一篇有水准的公文，都不是无中生有创造出来的，而是实实在在从调查研究中总结出来的。大多数时候，不能仅靠"存量知识"来写，而要靠时时刻刻获得的"增量知识"来写。每写一篇文章，都得有针对性地收集素材，"诗外工夫"是不能少的，这叫作"巧妇难为无米之炊"。比方说，在既定主题下，哪些典型材料可用、哪些是现成的、哪些要重新收集，这些下锅的"米"怎么来呢？肯定靠"谋"。

第二，"谋"为文章提供过滤的"筛"。收集到的素材良莠不齐，不是每个材料都可用。这意味着还得在"可用性"上动脑筋，好好谋划取舍。如茅盾先生所说："选用的时候，可就要像关卡的税吏似的百般挑剔了，整整一卡车的'货'，全要翻过身来，硬的要敲一敲，软的捏一把，薄而成片的，还要对着阳光照了又照，一句话，用尽心力，总想找个把柄，便扣下来，不让过卡。"在我看来，素材的谋划，就是"如何选""如何用"的问题，就像筛麦子，把要的筛选出来，去壳、留心，不要的扔掉。

第三，"谋"为写作提供碾米的"磨"。"谋"是素材的生产工艺，它能把零散的素材整合起来，形成完整的构思和观点。假如选材料像筛麦子，那接着就是磨面，把一粒粒散乱的麦子磨细，然后才能揉成面团。正是有了大脑这盘"磨"的"研磨加工"，才能使那些收集到的素材富于逻辑性、条理性、针对性，成为可供笔杆子调度的"知识面团"。

第四，"谋"为公文搭建防火的"墙"。做任何事情，都要有个提前的思考和谋划，这样到真正做时才会顺利。比如当众发言前，若是提前打个腹稿，讲起来就会头头是道，不会语无伦次，也不会说错话。公文最怕出错，写作之前多谋划，写起来就会少犯错。前面的谋划，就像预先为错误建一座"防火墙"，

不让"错误之火"烧到文稿里面来。

2. 写作的 6 种谋略

"谋"是"写"的前提，"写"是"谋"的表演。作为新时代的谋士，一定要知道，写好一篇文稿要从哪几方面来谋，搞清谋的基本方法、基本要求、基本规律，这样才能谋到点子上。据我个人的理解，笔杆子的谋略体现在以下6 个维度。

（1）谋"道"

古人说："文人载道"。道是事物存在和变化的规律和趋势。写任何一篇文章，首先要跳出文稿来看文稿，尽量从大的格局思考问题，发现文稿背后的态势，提示事物的规律。

谋道的重点在 4 个方面。

第一，准确把握写作任务的来龙去脉，吃透写作的真实意图，摸清写作的必要性。

第二，从全局上思考所写工作在本单位和区域内处于什么样的位置，把工作放到全局的高度来审视和掂量，把握写作的重要性。

第三，探求事物发展的基本规律，梳理事物背后的底层逻辑，透过现象看本质。

第四，综观以前这类文稿是怎么写的，上级有哪些要求，兄弟单位有哪些值得借鉴的经验。

（2）谋"事"

公文是应用文，是用来办事的，事是写作的核心。一篇文章要写到点子上，切中肯綮，写作者必须要对工作有深刻的认知，把与工作相关的情况研究清楚。所以要花时间来谋事，只要把事情研究透彻了，观点也就出来了。

谋事的重点有 3 个维度。

第一，站在时间维度上，不仅仅要盯住现在的基本情况，还要看历史上取得的成绩，并且放眼未来，看未来发展的目标是什么，有哪些基本的规律和趋势。

第二，站在空间维度上，不仅知道自己的情况如何，还要分析研究在兄弟单位中排名第几，在一定空间内是什么位置。

第三，站在问题构成维度上，把一个笼统的事物解剖开来看，看它由哪些板块构成、上下有哪些层次，重点是什么、特点是什么。

（3）谋"人"

说白了，就是把下文稿相关的人的情况摸清楚。强调人的问题，是因为人的因素是写作者永远绕不过去的，写作过程中必须充分考虑人的影响，这样才能写出适销对路的稿子。

作为写作者，重点是谋 3 类人。

第一，领导。比如起草领导讲话稿，关键要吃透上情，重点看上级领导有什么要求，支持什么、反对什么，重视什么、关注什么，是哪种个性，有什么思维习惯，喜欢什么样的文风等。

第二，基层。假如上级机关要下发一个政策文件，很显然，这个文件需要下级执行。既然如此，写文件的人就不能送走门来写，而要体察下情，想方设法了解掌握下级单位的工作情况，比如哪些做得好、哪些做得不好，哪些问题基层可以自行解决、哪些问题需要上级帮助解决。总之，只有多听基层建议，体察基层实情，才能把文件写好。

第三，群众。党政机关的很多文件都是直接关系群众切身利益的，可以说，群众是终极受文对象，因此，能否把握清楚他们的诉求，是文件成败的关键。写好这样的公文，写作者应该感知民情，善于倾听群众呼声、关注各方诉求，写出群众的心里话，必要时还要听取群众的意见。

（4）谋"材"

材料是文稿的血肉，谋材，就是围绕写作意图，思考素材从哪里来、用何种素材、用在哪里、用多少，并结合掌握的素材情况，制订一个合理的用材计划。

如何谋材？我的建议是做好 3 个方面的讲究。

第一，问清 3 个问题：写什么、用什么、缺什么。写什么，决定素材选择的范围；用什么，决定素材的具体形式；缺什么，决定搜集素材的渠道。

第二，做好两项检查：对材料的真实性、典型性、新颖性、实用性进行一次全面"体检"；对材料的来源渠道、相互关系等进行"政审"。这两项检查的目的是保证素材的质量。

第三，进行 6 种加工：阅读梳理，由粗到精；引申联想，由此及彼；立足全局，由点到面；阐幽发微，由表及里；挖掘创造，提炼加工；把脉时势，平中见奇。

（5）谋"篇"

篇章结构是文稿写作的关键。谋篇布局就是对文章开头、结尾、层次、过渡与段落的安排，它如同盖房画图纸、雕塑搭骨架，是为主题添枝加叶的过程。通过谋篇把文章的结构框架把握好了，文稿就有了筋骨。

我的经验，文稿谋篇需要把握 4 个关键。

第一，立主题。主题是文稿的统帅，是文稿的中心思想。好的文章要旗帜鲜明地阐明主题，打开天窗说亮话。因为主题明确了，文稿才有"主心骨"，作者想表达的真实观点、真实目的才跃然纸上。

第二，分层次。首先是把总体框架设计好，分清篇章结构和层次，把枝枝叶叶的地方想全理顺，把握好观点之间、前后之间、主题与论点之间、论点与论据之间的内在联系。有道是"文似看山不喜平"，有吸引力的文稿不能平铺直叙，而应像"剥洋葱"一样，逐层延伸开来，处理好层次之间的关系。有经验的写作者可能都有同感：整个写作过程中，用在琢磨提纲上的时间会占去写稿时间的大半，一个重要原因就是得花时间来处理层次关系。

第三，顺逻辑。逻辑是文稿各组成要素之间的内在联系。毛泽东谈写文章时提到，要注意整篇文章"开头、中间、尾巴要有一种关系，要有一种内部的联系"。所以，我们在谋篇时，应注意材料组合、论点概括、篇章摆布之间的逻辑联系。处理好各段落、层次之间的关系，分清是包含、并列关系，还是递进关系，分清轻重缓急，辨明先后顺序。不能违反逻辑规律。

第四，列提纲。根据各部分的逻辑关系搭好框架，划好层次段落，然后列出文稿提纲，从一级标题开始，逐层确定二级标题、三级标题。有一点需注意，拟出来的提纲不管采用哪种结构，都应做到大标题照应总标题，小标题回应大标题，一般论点呼应小标题，主次有序，开合有方。据我个人经验，一开始，标题的文字可以比较粗略，只要把要写的大致内容表达出来即可，待到文稿初步内容确定了，再对文字进行提炼。

（6）谋"言"

任何一篇文稿都是语言的表现形式，因此必须谋"言"，说通俗一点，就是根据不同的文章体裁、人物特征、运用场合选择合适的语言表达策略。

怎么选择表达策略呢？大致可以从 3 个方面来选。

第一，根据文种特征选择语言策略。比如起草政策文件，语言必须庄重、准确、朴实、精练、严谨、规范；不带感情色彩，简明扼要、叙事求实、论理有据，不夸张、不掩饰、不追求词句的华丽；一律使用书面语言，不使用口语、方言，更不能乱用比喻、拟人、夸张等修辞手法。总的就是要体现出这类文稿的政策性、严肃性和权威性。若是起草讲话稿、理论文章、致辞、演讲稿等，则可以谈感想、谈体会，表达个人观点。有时为了增加感染力，还可以适当引用名言警句、谚语，作一些恰当的比喻，等等。总之，文种不同，语言策略有所不同。

第二，根据人物特征选择表达策略。文种定下来之后，还要考虑人的因素。以讲话稿为例，不同的人讲，讲给不同的人听，语言策略是有区别的。首先从讲话者的角度来看，专业背景、理论功底比较深的领导，在讲话时可能会体现理论性，喜欢一些有深度、意味深长的语言。而一些领导可能喜欢大众化语言，甚至会讲一些大白话。其次，听话者不同，语言表达策略也有差别。同样的事情，若是向老百姓讲，就不能文绉绉的，如果是向专家学者讲，就需要斯文一些。这两方面因素都不可忽略，需要好好谋划一番。

第三，根据场合特征选择表达策略。譬如，同样是总结，若是动员会，内容就要有鼓动性，适当加一点事例以增强感情色彩，如同湖中投石，泛起涟漪，以感染听众；若是总结会，内容就要平实丰满一些，遣词造句就不能带感情色彩；若是经验交流会，就应该总结提炼富有特色的经验和做法，不要就事论事，因为那样会显得平淡无奇。

3. 如何当好新时代谋士？

谋士是我国古代历史中颇具传奇色彩的角色，他们通常运筹帷幄之中，决胜千里之外，谋计献策，排忧解难。从一定角度上看，公文写作者就好比是当今的谋士，因为他们同样需要为单位和领导出谋划策，需要"身在兵位，胸为将谋"，以文辅政。

怎样当好一名谋士？建议有 5 点。

（1）博览群书

当好谋士，必须有大学问。古诗云："问渠那得清如许，为有源头活水来。"当代文字工作与古代谋士工作的实质都是智力输出，若想不陷入"黔驴技穷""江郎才尽"的窘境，必须通过博览群书来获得源源不断的活水，通过读书来丰富自己的知识结构和智力结构。

综观历史上的著名谋士，无不"学富五车""才高八斗"。试想：诸葛亮若没有丰富的学识，断然提不出"隆中对"那样的战略谋划，若没有丰富的学识，绝对写不出《出师表》那样的千古名篇。

（2）达观天下

当好谋士，必须有大格局。大格局，就是非同寻常的眼界、胸襟、气魄和胆识。有大格局的人，站得高、看得远、谋得透、顾得全、跟得上，以"天下"为己任，与时代同频率。

伽利略放眼宇宙，看到了整个星际运行的规律，使物理学的发展走上了科学的道路；马克思的眼界达到全人类发展的高度，因而发现了人类社会的发展规律，建立了马克思主义哲学。

大格局体现为战略思维，即要站在战略、全局、系统的层次来思考问题。有大格局的人，胸中有万千气象，笔上有磅礴气度，这叫作"笔底伏波三千丈，胸中藏甲百万兵"。

（3）洞悉人心

写好文稿，考验的不仅是写作技巧。毫不夸张地说，写作是心理学、管理学、社会学、行为经济学等学科的综合实践。

作为一名"奉命写作"的公文写作者，如果不懂得研究人、换位思考，很难适应工作。理由很简单，任何文稿都是"以人为中心"的，文稿由人创造、由人使用，反过来影响人的生产生活。人是写作的主体，若不会分析人，就写不到人的心坎上，文章肯定发挥不出该有的作用。所以，当好谋士，要学会换位思考，随时保持情商"在线"，准确把握人性特点，做到知己知彼。

（4）深谙世事

世事洞明皆学问，人情练达即文章。任何事情都有其发生演变的规律和过程。写作者只有把握住了事物的发展规律，才能谋到点子上、参到要害处，才能把问题顺利解决掉。

如何掌握事物发展的规律、厘清底层逻辑？其实并不复杂，你只要深谙世事就行了。正因如此，古人非常注重"格物致知"，洞察事物的本质，顺应人性之特点。综观历史，但凡有洞见之人都有研究的习惯，精于研究的方法，把研究作为"手术刀"，层层剥开事物的真相。请你相信，生活是智慧的宝库，研究是智慧的钥匙。只要我们善于研究，善于分析，善于聆听生活的声音、体察生活的细节，就一定能蓄积起蓬勃的写作能量。

（5）身怀绝技

公文写作者的使命是以文辅政，因此文稿是一种参谋的工具，所有"计策""谋略"都要通过一定的文本来呈现。所以，纵然我们心中有奇谋妙计，还得善于把谋划的成果写出来，才能发挥它的作用。既然是写，就要掌握高超的写作技巧，身怀写作的"绝技"。

　　所以，说一千，道一万，最后还是要回到怎么写这个问题上。任何文章都离不开调查研究、谋篇布局、遣词造句、修辞润色，只有写出文采，才能创造精彩。

　　最后再强调一下，写作的本质是思考谋划，看得见的"写"只是冰山一角，绝大部分的思考谋划都藏在水下。作为公文写作者，一定要看透这一层，洞见"谋划"的价值，否则永远也读不懂"七步成诗""文不加点"和"倚马可待"这样的故事，不懂什么叫写作。

第三篇

笔法

有好工艺才有好产品

·起、承、转、合四字，起者，起下也，连合亦起在内；合者，合上也，连起亦合在内；中间用承用转，皆兼顾起合也。

——刘熙载

　　中国书法、绘画讲笔法，用笔不仅随时代变化，还因人的喜好、秉性而呈现轻重、快慢、偏正、曲直等差异。公文写作也讲笔法，如果写作者不掌握"用笔技巧"，则很难完美表达观点、陈述事实。笔法好比剑客必须掌握的"剑法"，是战斗力的直接体现。

　　本篇围绕"表达技巧"讲 7 个问题：

◆ 引题：像钩子一样勾住读者注意力

◆ 衔接：像榫卯一样衔接上下文

◆ 逻辑：如何把文章写通顺？

◆ 数据：6 种"考据"方法

◆ 踩点：如何写到"点子"上？

◆ 务实：如何写出"质感"？

◆ 层次：如何写出层次感？

第 19 讲 像钩子一样勾住读者注意力
——开头引题 17 法

最难的是开头，也就是第一句。就像在音乐中一样，第一句可以给整篇作品定一个调子，通常要费很长时间去寻找它。

——高尔基

 本讲导读

题乃文之眼、篇之魂。引题是开篇第一事，是写作的"起手式"，它就像旅行中的导游。高明的引题，给读者或听众留下美好的第一印象，营造愉悦的阅读心理，激发阅读兴趣，像一把钩子一样引领读者思维走向，带领读者踏雪寻踪，领略美妙风景。蹩脚的引题，除了令读者望而却步、索然无味，还会偏题、离题，破不了题。所以，好的引题是写作成功的一半。为什么要引题？引题的方法有哪些？如何学会引题？在本讲里，我结合实践给出自己的看法。需要辨明的是，本讲所谓引题与新闻中的引题有相同之处，也有不同之处。相同的是二者的作用都是用来交代背景、说明原因、烘托气氛、揭示意义，从而引领读者阅读。不同之处在于，新闻的引题称为肩题或眉题，是标题的一种，通常居于主标题之前，是静态意义上的"引"，而本讲所说的引题通常指标题之后的正文开头段、段首句或篇中的小标题，属于动态意义上的"引"。本讲曾发表于《新闻与写作》2021 年第 12 期，原题为《引言十七式：材料写作如何开好头》。

本讲核心观点

- 引题的 3 种类型
- 引题的 5 个作用
- 引题的 17 种方法
- 引题的 4 个要点

好文章起于开头，难在开头，成于开头。

一篇文章、一个部分、一个段落，头若开得好，能给受众营造愉悦的阅读心理、激发受众的兴趣，像一把钩子一样引领读者思维走向，使其产生欲罢不能的感觉。正如古人所言："好的开头，有如春色初展，鲜花含露，叫人钟情。"（董政枢《春觉斋诗话》）

我把这种在开头引出主题、引导读者的方法称为"引题"。

下面，谈谈引题的形式、方法和要点。

1. 引题的 3 种类型

这里的引题，通俗地说就是引出主题，或者说就是文章或段落的引言。也许有人会认为，一篇文章只有最开头的地方才需引题，其实不然，文中每个部分、每个段落都需要引导。以我的体会，引题好比一个风景区的"大门"，甚至还是每个小景点的"路标"，每个地方都需要。

归结起来，引题可分为 3 类。

（1）引导全篇文章

即作为全文的引言，引出全文的中心思想。如某位领导在 2018 年县委书记工作讲坛上的讲话：

同志们，春节后上班第一天，省委、省政府就以推动高质量发展走在前列为主题，专门安排一期县委书记工作讲坛，目的是强化抓基层、抓基础、抓落实的鲜明导向，突出县一级这个推动高质量发展的第一线和主阵地，夯实江苏高质量发展走在前列的基础。刚才，10 位县（市、区）委书记作了发言，讲得都很好，有实践案例、有问题剖析、有思路举措，听了深受启发。总的感到，大家对推动高质量发展的认识在深化、思路在拓展、举措在完善，推动高质量发展正在成为全省上下的广泛共识和自觉行动。下面，我围绕"为什么要推动高质量发展、如何实现高质量发展、怎样保证高质量发展"三个问题，谈一些想法，和大家作个交流。

这是全文的总引言，目的在于引出"为什么要推动高质量发展、如何实现高质量发展、怎样保证高质量发展" 3 个问题，这种类型属于通常说的全文的开头。

（2）引导多个段落

即作为文章某部分的引言，引出该部分的核心观点。仍以上文为例。第一部分"为什么要推动高质量发展？"大标题下的一段引言：

党的十九大作出了我国经济已由高速增长阶段转向高质量发展阶段的重大判断，中央经济工作会议对推动高质量发展作出了重大部署。省委十三届三次全会围绕高质量发展这一总要求，明确了具体安排。我们要从把握规律的角度，加深对高质量发展的认识，进一步增强思想自觉和行动自觉。

这段引言引出了 4 个段落：一是从经济发展规律看，推动高质量发展是大势所趋。二是从社会发展规律看，推动高质量发展是民心所盼。三是从科技变革规律看，推动高质量发展是潮流所向。四是从需求变化规律看，推动高质量发展是落点所在。4 个段落，共同指向一个主题：规律。

（3）引导一个段落

即在某个段落的开头概括全段主旨，引出后面的观点。仍以上文为例，讲话在论证"从经济发展规律看，推动高质量发展是大势所趋"这个观点时，没有一上来就讲本省该如何如何，而是用一句话来引导："经济发展是一个螺旋式上升的过程，上升不是线性的，量积累到一定阶段，必须转向质的提升，这是必然规律。"先把经济发展的普遍规律总结出来，然后接着讲本省实际：

20 世纪 60 年代以来，全球 100 多个中等收入经济体中只有十几个成功进入高收入经济体。成功国家的共同特点，就是在经历高速增长阶段后实现了经济发展从量的扩张转向质的提高。改革开放 40 年来，江苏经济总量增长超过 100 倍，去年达到 8.6 万亿元，但支撑高速增长的生产要素成本低、中外技术落差大、资源环境承载能力强等比较优势已经大大减弱，传统发展模式已经走到了尽头，必须从追求速度向追求质量转变。可以说，高质量发展是江苏经济持续健康发展的"华山一条路"。

开头引导得好，读者对文字就有强烈的"参观"欲望，否则就会望而却步，连"门票"都不会买。

2. 引题的 5 个作用

为什么开始的引导这么重要？我的理解，主要基于引题的 5 个作用。

（1）铺排造势中给读者以认同感

比如，有的开头不直接切入主题、显示主旨，而是宕开一笔，"王顾左右而言他"，以讲故事、说过程、点现场、问候、寒暄等方式烘托气氛，激发受众的认同感，像钩子一样抓住读者的注意力，让其禁不住继续往下读。

（2）归纳概括中给读者以获得感

古人说："立片言而居要，乃一篇之警策。"（陆机《文赋》）有的文章在引言段把精粹深切的要句呈现出来，概括全篇或段落大意，让读者一目了然，把握要领，一开始读者心里就产生一种获得感，从而乐意继续读下去。清人李渔《闲情偶寄》中就讲："场中作文……开卷之初，当以奇句夺目，使之一见而惊，不敢弃去。"

（3）点题破题中给读者以方向感

人都有一种心理，那就是用最轻松的方法做事，读文章亦然。所以有些文章在开头就开门见山，直击话题，阐明主旨，以免读者思维"跑偏"。这种引题方式让读者有明确预期，知道文章下面要讲什么。就像风景区大门处的游览图，游人一看就知道有哪些景点、按什么线路去游览，不会因不清楚而错过景点。

（4）说情讲理中给读者以使命感

有的稿子通过讲道理、谈感受、引用名言警句点题，晓之以理、动之以情，让读者一开始便意识到重要性、必要性。这种"先声夺人"的写法，可以从情感上先"绑架"读者，让读者产生一种干好工作的责任感和使命感，并把文章读完。

（5）在开诚布公中给读者以信任感

有的稿子开篇说明写作目的，具陈行文依据，彰显文稿的权威性，让读者一开始便被宏大的行文目标、权威的行文依据所折服，从而产生一种责无旁贷的心理驱使。这种引题方式常用在法定公文中。

3. 引题的 17 种方法

公文引题的方法策略很多，常用的有如下 17 种。

（1）讲述背景

开头交代背景，用背景告诉受众行文的必要性，让读者从心理上产生期待——既然如此重要，那应该如何干好呢？在此基础上自然而然地转入正题。

近年来，全省各地、各部门主动作为，认真落实党中央、国务院和省委、省政府重要决策部署，取得了明显成效，有力推动了经济社会持续健康发展。但当前一些地方和部门仍然不同程度存在有令不行、有禁不止、推诿扯皮、敷衍塞责现象，以致有的政策落实不到位，部分工作推进滞后……经省政府同意，现就推进省政府重要文件贯彻落实提出以下实施意见。

这是《四川省人民政府关于推进政府重要文件贯彻落实的实施意见》的引言。首先肯定成绩，然后指出问题，在矛盾冲突中告诉读者："革命尚未成功，同志仍须努力"，接着自然而然地切入正题。

（2）论述意义

开头论述开展某项工作的重大意义，告诉受众行文的重要性，待水到渠成之后，顺势引出主题。

实施乡村振兴战略，是党的十九大作出的重大决策部署，是决胜全面建成小康社会、全面建设社会主义现代化国家的重大历史任务，是新时代"三农"工作的总抓手。现就实施乡村振兴战略提出如下意见。（《中共中央国务院关于实施乡村振兴战略的意见》）

这段引言连续从3个层次说明实施乡村振兴战略的重大意义。在这样的基础上，受众就会对"如下意见"充满期待，不免会想：既然是如此重大的事情，会做什么样的安排呢？

（3）阐明目的

一般以"为""为了"等词组发端，开宗明义，阐明写作目的、意图。这是文件的常用引题方式。

为深入贯彻落实习近平新时代中国特色社会主义思想和党的十九大精神，切实加强党的政治建设，坚持和加强党的全面领导，推进全面从严治党向纵深发展，不断提高党的执政能力和领导水平，确保全党统一意志、统一行动、步

调一致向前进，现提出如下意见。（《中共中央关于加强党的政治建设的意见》）

这种方法也用在一些讲话稿开头。

大家好！今天，我们召开这个座谈会，主要是听听大家对经济发展形势和民营经济发展的意见和建议。（习近平《在民营企业座谈会上的讲话》）

（4）列举依据

通常以"根据""依据""遵循""遵照""按照"等词组发端，交代行文根据，以增强权威性。这种方法常用于"红头文件"开头。

按照党的十九大关于打赢脱贫攻坚战总体部署，根据各地区各部门贯彻落实《中共中央、国务院关于打赢脱贫攻坚战的决定》的进展和实践中存在的突出问题，现就完善顶层设计、强化政策措施、加强统筹协调，推动脱贫攻坚工作更加有效开展，制定以下指导意见。（《中共中央国务院关于打赢脱贫攻坚战三年行动的指导意见》）

这段引言用了"按照""根据"两个词，列举了两个层次的依据，权威性可见一斑。

（5）讲明道理

名言警句、俗语、谚语是人类智慧的结晶，饱含着普世的价值观，开篇时用这种方法来引导，能够产生势不可挡的说服力。

"国势之强由于人，人材之成出于学。"培养社会主义建设者和接班人，是我们党的教育方针，是我国各级各类学校的共同使命。大学对青年成长成才发挥着重要作用。高校只有抓住培养社会主义建设者和接班人这个根本才能办好，才能办出中国特色世界一流大学。（习近平《在北京大学师生座谈会上的讲话》）

"国势之强由于人，人材之成出于学"这句话出自清代张之洞《创设储才学堂折》。意思是，古往今来，人才都是富国之本、兴邦大计。用这样一句话引题，寓意深刻，切中主题。

（6）抒发情感

开篇打感情牌，谈感受、致问候、表谢意，在增强感染力的同时趁机引入正题。这种引题方式常用于讲话稿、致辞。

时隔两年再次来到彩虹之邦，心情十分愉快。我深深感受到南非人民的热情好客和对金砖国家合作的积极支持。在这里，我谨对祖马总统和南非政府为这次会晤所做的周到安排表示衷心的感谢！（习近平《在金砖国家领导人第五次会晤时的主旨讲话》）

古人说："感人心者，莫先乎情。"这个讲话开头既表达了愉快的心情，也致以衷心的感谢。在这种情况下引入主题，能让人在"毫无戒备"中就接受了观点。

（7）设置疑问

就文章的核心问题提出疑问，引发读者思考。

如毛泽东《论持久战》开篇这样写：

七月七日，快要到了。全民族的力量团结起来，坚持抗战，坚持统一战线，同敌人作英勇的战争，快一年了……然而战争的过程究竟会要怎么样？能胜利还是不能胜利？能速胜还是不能速胜？很多人都说持久战，但是为什么是持久战？怎样进行持久战？很多人都说最后胜利，但是为什么会有最后胜利？怎样争取最后胜利？这些问题，不是每个人都解决了的，甚至是大多数人至今没有解决的。

开篇一连7个问题，如同连珠炮一般，引出了这篇文章所要阐述的7个重点。读完这一段，读者已经知道全文会回答哪些问题了。

（8）讲述故事

采用大家熟知的事物，借题发挥，引入主题。

前不久有两部电影很热门，一部是《无问西东》，他诠释的是清华的精神，清华的校训——"天行健，君子以自强不息；地势坤，君子以厚德载物"。自强不息，就是坚定不移、勇往直前，不达目的决不罢休；厚德载物，德就是习总书记所说的"明大德、守公德、严私德"，爱党爱国爱民爱家，爱一方山水爱一方百姓，慎独慎微慎始。自强不息、厚德载物又何尝不是我们常德人民的精神？又何尝不是我们德商行稳致远的真实写照？第二部电影是冯小刚的《芳华》，一个时代有一个时代的芳华，每个人对芳华的解读有不同版本，一百个人有一百种芳华的解读。人生最美好的生活方式，不是躺在床上睡大觉、睡到自然醒、睡到太阳晒屁股，不是待在家里"葛优躺"，不是走在大街上当小土豪。芳华是在美好的年华里有一群志同道合的朋友，奔波在理想的路上，回头盘点，我们有一路的故事；抬头展望，我们有清晰的目标；带头落实，我们有坚定的脚步和步伐。也正因为这样，我用三层意思来讲常德的过去、现在和明天。

第一，在奋斗的路上，我们有一路的故事……

第二，在奋斗的路上，我们有清晰的目标……

第三，在奋斗的路上，我们有担当的情怀……

以上是 2018 年湖南常德市委书记周德睿在德商恳谈会上的讲话，讲话开篇宕开一笔，拿《无问西东》《芳华》两部电影来说事，引出 3 个关于奋斗的观点。

（9）亮出态度

开头先原则性地阐述所坚持的原则、采取的方法策略，然后引出工作的成效。

2018 年，在省委、省政府的坚强领导下，全省工业和信息化系统认真贯彻落实省委、省政府决策部署，坚持"两型三化"产业发展方向，落实"五抓"要求，出思路、想办法、抓推进、勤督查，坚持抓牢项目、服务企业，统筹做好稳增长、扩投资、调结构、转动能、增效益、优环境各项工作，全省工业和信息化高质量发展迈出坚实步伐，有力支撑了全省经济社会发展。

开篇戴了一些"帽子"，同时明确了"两型三化"产业发展方向、"五抓"要求和"稳增长、扩投资、调结构、转动能、增效益、优环境"方法，从讲政治的高度表达了工作的"态度"。这种方法一般用在总结性文章或段落开头。

（10）归纳概括

对下文进行综合概括，然后分条列出。当人们读到总体情况时，自然而然会想到具体情况。

现在来分析一下党八股的坏处在什么地方。我们也仿照八股文章的笔法来一个"八股"，以毒攻毒，就叫作八大罪状吧。（毛泽东《反对党八股》）

州委对这个班也非常重视，州委常委会去年就作了安排，××同志具体在抓。今天我和××同志以及××同志一起来，就说明州委对办好这个班非常重视。在这里，我想讲三个字，"重、严、实"。

当前和未来一段时间，我们发展民营经济，就是要牢记习近平总书记嘱托，心无旁骛创新创造，踏踏实实推动发展，努力突破"三个量级"，移除"三座大山"。

这几段讲话开头分别概括了文章写作的"八大罪状"，"重、严、实"，"三个量级""三座大山"，把文章的思想结晶摆出来，然后再通过文字分条来阐释。

（11）明确目标

在文章或段落开头强调目标，引出工作措施。

下半年，我们将在省委、省政府的坚强领导下，贯彻落实今天会议要求，出思路、想办法、抓推进、勤督查，巩固三季度，冲刺四季度，确保完成全年工业增长两位数的目标任务。

这是我为领导起草的在全省半年工作汇报会上的汇报稿最后一部分的引言。首先在段首强调"全年工业增长两位数的目标任务"这个目标，让大家树立目标意识，咬定青山不放松，接着提出若干工作措施。这种开头常用在计划类文稿的段落开头。

（12）叙述过程

一些稿子为增强亲切感、真实感，通常会回顾过程。

比如习近平总书记在深入推动长江经济带发展座谈会上的讲话：

这次座谈会是我主持召开的第二次长江经济带发展座谈会。上一次是 2016 年 1 月在长江上游的重庆召开，这一次放在长江中游的武汉召开。……这几天，我先后到宜昌、荆州、岳阳、武汉以及三峡坝区等地，刚才，又听取了……发言，×× 同志也作了讲话。下面，结合调研情况和同志们的发言，我就 3 个问题讲点意见。

这个讲话开篇花了很多笔墨论述背景、意义和过程，让受众在了解背景过程中增强对长江经济带的认识，以便展开问题。

（13）总结评价

在会议发言中，作为主持者，一般先对会议现场、会议过程、会议效果等问题作总体评价，然后表述核心观点。

这次市委工作会议开得很好，总体达到了预期效果。我觉得，这次会议有三个特点：一是体现了"一切围绕项目转、一切围绕项目干"的鲜明导向。二是体现了"打开天窗说亮话、开门见山点问题"的务实作风。三是体现了"咬定目标不放松、全力以赴抓落实"的一贯要求。在年中这样一个时间节点，以电视直播的形式召开大会，就是要盘点工作进度，排找差距不足，向全市上下晒出我们的成绩单，看看大家干得怎么样。

这个讲话是某领导在市委工作会上的总结讲话，先评价了会议"总体达到了预期效果"，并总结出会议的 3 个特点，让参会者对会议有个总体把握，接着提出要求。

（14）借题发挥

在写一些理论文章、会议致辞、演讲稿等时，为了找到一个恰切的引入方式，常常借题发挥，貌似"王顾左右而言他"，实则借机铺垫，营造气势，找到话题的切入点。

比如某省领导在一次座谈会上讲：

今天的会场，满眼都是"锦绣苏"，这个大会标识的核心意象是人，象征着江苏人杰地灵、人才济济、人文荟萃。我到过省域内最南边和最北边的村子，也到过最东边和最西边的村子，一个最深切的感受就是：江苏的水土，随手抓一把，都有着深厚的人文积淀。

先讲一些与工作"无关"的东西，如"会场""锦绣苏""会场标识"等，然后引导到江苏的"人文积淀"上。细腻的观察，合理的联想，充满了真实感和说服力。

（15）查摆问题

有些文稿开篇以问题为导向，先点问题，然后展开，比如自检自查材料、民主生活会剖析材料、整改方案等。

近来，一些民营企业在经营发展中遇到不少困难和问题，有的民营企业家形容为遇到了"三座大山"：市场的冰山、融资的高山、转型的火山。这些困难和问题成因是多方面的，是外部因素和内部因素、客观原因和主观原因等多重矛盾问题碰头的结果。

这是习近平总书记在全国民营企业座谈会上的讲话。讲话先点了"三座大山"，然后分析这些问题的根源和特点，从而引出下一步怎么办。

（16）定义概念

先给出一个概念，阐释"是什么"，接着讲"为什么"和"怎么办"。

数字经济是继农业经济、工业经济之后的主要经济形态，正在开启一次重大的时代转型，带动人类社会生产方式的变革、生产关系的再造、经济结构的重组、生活方式的巨变。大力发展数字经济，是全球共识，是中央战略部署。数字经济发展即将迎来爆发期，机遇千载难逢，机遇稍纵即逝，我们必须以强烈的历史责任感抓住它，积极、有序、稳妥推进"数字云南"建设，打造"七彩云南·云上政务"新窗口，把"云上云"行动计划落地落实。（2019年《云南省政府工作报告》）

这段话先对"数字经济"有个定义，告诉大家"数字经济是继农业经济、工业经济之后的主要经济形态"，然后顺势引出为什么要推动数字经济，下一步如何推动数字经济发展。

（17）交流感受

通常，观摩会、座谈会、交流会的稿子都要谈看法、讲感受，先就事论事，然后就事论理，结合工作深度思考。

比如，某领导在全省园区发展大会上的讲话：

几天来，我们一起现场观摩了安顺市、黔西南州、六盘水市的 12 个产业园区，实地感受了三个市州加快产业园区发展、强力推进项目建设的火热场面，相信大家都看有所思、听有所悟。和大家一样，我也是边看边想，边思考、边与一些同志进行交流，总的感受是"四有"：一是有干劲……二是有亮点……三是有差距……四是有希望……刚才，省经信委、省商务厅主要负责同志作了很好的发言，××同志作了很好的点评。一会儿，××同志将作重要讲话，我们要深入学习领会，认真抓好落实。下面，我先讲四点意见。

这个讲话用了相当笔墨总结观摩各地产业园区的感受，这种感受既是对园区发展的评价，也是对园区发展观点的抒发，在此基础上引出下面的几点意见，水到渠成、自然而然。

4. 引题的 4 个要点

在写作中，无论是全文开篇还是段落开头，有 4 点需要注意。

（1）扣题要紧

引文是阅读文章的入口，最大作用是为读者打开一扇门，推开一扇窗，指引读者领略"风景"。以上 17 种方法中，无论是开篇叙背景、说意义、讲故事、引经典，还是说目的、列依据、作总结，都必须围绕主题、紧扣主题、直击主题，避免下笔千言，离题万里。

（2）节奏要快

引言还像通向大厅的"过道"，不宜过长，应短小精悍，一针见血，快速切入主题，不能"千呼万唤始出来，犹抱琵琶半遮面"。比如中共中央曾要求"一切较长的文电，均应开门见山，首先提出要点，即于开端处，先用极简要文句，说明全文的目的或结论"，用意即在于此。

（3）引力要强

在审美上，好文章的开头如同"凤冠"，生动有趣、饶有韵致。开头写好了，如同磁石能吸引读者的注意力，能博得"头彩"。好的引言善于创新，给读者端上一盘色香味俱全的美味佳肴，打开读者胃口，勾起读者"品尝"的欲望。

（4）黏性要好

引言是处于标题和正文之间的一段文字，它有畅通文意、贯通思路、理清脉络、承上启下的功效。好的引言如同一剂强力胶、一座桥梁、一颗铆钉，能让不同文字单元紧密结合起来；好的引言向前与主题呼应，向后与正文链接，环环相扣、粘连紧密，让读者读到上文便预知下文。

第 20 讲　像榫卯一样衔接上下文

—— 10 种内容 "黏合术"

起、承、转、合 4 个字，起者，起下也，连合亦起在内；合者，合上也，连起亦合在内；中间思量头如何起，尾如何结，方始选韵，而后述曲，最是过片不要断了曲意，需要承上启下。

—— 张炎

 本讲导读

自古以来，写文章都涉及一个起承转合的问题，这个过程离不开衔接，衔接不好，文章的内容就散，读起来不通顺。衔接其实是事物的一种普遍规律和要求，你肯定注意到，近年来，在我们生活的城市里，高楼大厦如雨后春笋般拔地而起。有趣的是，这些建筑先是浇筑框架结构，然后才砌筑墙体。工人们先将砖块有序地码起来，在接缝处灌以砂浆，以起到黏合的作用，由此砌成一面面严丝合缝的墙体。所有的墙、板、梁、柱起来后，相互组合搭配，便成了一栋完整的建筑。其实，写文章也是这么个过程，就是将字、词、句有机组合成具有完整表意功能的段落、层次，最终形成完整的文章。在文章里，词语、句子好比文字砖块，段落、层次好比由砖砌成的墙体、楼板及梁柱。引起我思考的是，这些分散的建筑单元是如何形成有机整体的？它们靠什么来衔接？答案是：接缝材料及结构的勾连榫卯。同样的道理，一篇文章也必须有衔接，否则结构是散的，形不成有机整体。基于这个考虑，我在本讲总结了自然、因果、正反、角度、先后、主次、总分、大小、虚实和硬转硬接 10 种文章内容的衔接方法，供大家参考。

📖 本讲核心观点

- 自然衔接
- 因果衔接
- 正反衔接
- 角度衔接
- 先后衔接
- 主次衔接
- 总分衔接
- 大小衔接
- 虚实衔接
- 硬转硬接

衔接，也叫"过接"或"过脉"，是一项基本的写作技术。通俗地说就是用衔接语把不同表意单元（句子、层次、段落）有机缀连起来，形成一个表意整体。

写文章永远离不开衔接，因为写作过程就是将碎片化的信息逻辑化、系统化的过程，先由文字组成句子、段落、层次，进而形成篇章。不同句子、层次和段落组合过程中必然产生"接缝"，若没有衔接，文章必然文意不整、文气不接、文脉不贯、文势不顺，产生跌宕感、顿挫感、突兀感。

所以，写作永远需要衔接来承上启下、穿针引线、搭桥接榫。若把写作当成过河，衔接好比桥梁或渡船，能帮作者顺利抵达彼岸。若把文稿看成建筑，衔接好比结构上的榫头和卯眼，能牢牢将梁柱牵引勾连起来；衔接也像水泥砂浆，能将砖石紧紧黏合在一起，形成密不透风的墙；若把文稿比作衣服，衔接像裁缝手中的针线，能把布料严丝合缝地缝起来。

衔接能使文章脉络贯通、语意连贯、气韵流动、文势顺畅。

古往今来，写文章的人都重视衔接，在衔接上下功夫。比如，元代王构论及衔接的关键作用时说"看文字须要看他换接处及过接处"（《修辞鉴衡》），一语道出了衔接的作用，这里所说的"换接""过接"就是我们讲的衔接。刘熙载大致也持这种观点，他说："律诗之妙，全在无字处，每上句与下句转关接缝，皆机窍之所在也。"（《艺概·诗概》）另外，有些学者还进一步回答了"哪里需要衔接""如何衔接"的问题，如："一篇之中，凡有改段接头处，当教他转得全不费力，而又有新体。此虽小节，亦看人手段。"（元·倪士毅《作义要诀》）"过文乃文章筋节所在。已发之意赖此收成，未发之意赖此开启，此处联络最宜得法。或作波澜用数语转折而下，或止用一二语直捷而渡。反正长短，皆所不拘。总要迅疾、矫健，有兔起鹘落之势方佳也。"（清·唐彪《读书作文谱》）在这些观点中，倪士毅明确提出"凡有改段接头处"都要有衔接，唐彪不仅明确点出了衔接的承上启下作用，还提出"数语转折"和"一二语直捷而渡"两种方法，以及"迅疾""矫健"两个要求。

把衔接说得最为形象的是清人方东树，他在《昭昧詹言》中作了个比喻："天衣无缝者，以其针线密，不见段落裁缝之迹也。"他把衔接比喻为衣物之间的接缝，尤其宝贵的是，提出了"天衣无缝"这个衔接的最高境界。清末翻译家林纾在谈到西方小说与中国传统文学的许多相似之处时说，西方小说"往往于伏线接笋、变调过脉处，大类吾古文家言"，说明这种方法是古今中外都很讲究的。

一篇文章哪些地方需要衔接，如何衔接？方法大致有 10 种。

1. 自然衔接

这种衔接方式不用衔接语，仅靠内在逻辑来引领文意走势，从头到尾围绕脉络施墨走笔，如高山之溪水，顺势而下。常用在篇幅短、文意简、脉络顺的稿子中，如演讲稿、致辞、评论文章等。若文章篇幅过长、表意过多、头绪过杂，则不建议使用。

以毛泽东 1954 年在第一届全国人民代表大会第一次会议上的开幕词为例。该文仅 661 字，简短至极，脉络顺畅。从"各位代表"这一问候语开始，带领读者"顺路前行"，接着讲开什么会、在什么地方开、到了多少代表、是否符合法定人数、主要任务有哪些、会议有什么重大意义、今后怎么干、由谁来领导、指导思想是什么，等等。最后，发出号召和祝福"我们的目的一定能够达到""我们的伟大的祖国万岁"。文章虽没衔接词，但各个层次有紧密的逻辑联系，如同一条无形的线串起了若干闪光的珍珠，形散而神不散。

2018 年，习近平总书记的新年贺词也用了自然衔接。先向全国人民表达问候和祝福，接着用几个段落概括 2017 年国家在政治、经济、文化、科技、军事、外交等方面的重大成绩，段落自然托出，没有刻意雕琢。讲完了 2017 年的故事，自然衔接到 2018 年："2018 年是全面贯彻中共十九大精神的开局之年。""2018 年，我们将迎来改革开放 40 周年。"最后，重申到 2020 年实现脱贫的庄严承诺，要求"各级党委、政府和干部要把老百姓的安危冷暖时刻放在心上，以造福人民为最大政绩，想群众之所想，急群众之所急，让人民生活更加幸福美满。"

整个贺词贯穿着明晰的内在逻辑：过去我们做得怎么样，大家获得感如何，对未来有什么期待，努力方向在哪里，脉络清晰、行文流畅，读起来顺滑可口。

2. 因果衔接

公文是为解决问题而生的，而要解决问题，必先分析问题，这是规律。分析，不外乎分析原因、分析结果。行文中，要么由因推果、顺藤摸瓜，要么由果推因、追根溯源。不管哪一种，因果之间都会有文意转换，需要用语言衔接。常用衔接语有"因为，所以""由于，因此""之所以，是因为""既然，那么"，以及"于是""因此""由此看来""由此观之""这样说来"等。

例如刘家义《在全省民营企业座谈会上的讲话》中的一段：

在不同时期，民营经济和民营企业家都是 ×× 发展的重要推动力，是改革开放的重要探路者，是社会主义市场经济的重要活力源。之所以说是重要"推动力"，是因为全省民营市场主体已经达到 900 多万户，是推动创新创业、促进全省经济社会发展的重要主体。之所以说是重要"探路者"，是因为民营企业始终处在改革开放前沿，我省在全国叫得响的"诸城模式""潍坊模式""寿光模式"等，都蕴含着民营企业的创造力，活跃着民营企业家的身影。之所以说是重要"活力源"，是因为民营企业的活力直接反映了市场活力。像临沂大市场，就是在全国有影响的典型。

这段话使用"之所以……是因为"为衔接词，逻辑上是由果到因。

再如习近平总书记《在民营企业座谈会上的讲话》中的一段：

近来，一些民营企业在经营发展中遇到不少困难和问题，有的民营企业家形容为遇到了"三座大山"：市场的冰山、融资的高山、转型的火山。这些困难和问题成因是多方面的，是外部因素和内部因素、客观原因和主观原因等多重矛盾问题碰头的结果。一是国际经济环境变化的结果……二是我国经济由高速增长阶段转向高质量发展阶段的结果……三是政策落实不到位的结果……

前面讲民营企业发展的问题（结果）——"三座大山"，后面3段分析原因。果因之间用"这些困难和问题成因是多方面的，是外部因素和内部因素、客观原因和主观原因等多重矛盾问题碰头的结果"来过脉，如流水过渠，水到渠成。

3. 正反衔接

写作中，有很多问题要全面系统地看待、辩证地看待，既要看到正面，也要看到反面，在正反转折处就要进行转接处理，否则文意就不顺畅。衔接词通常有"一方面，另一方面""尽管，可是""虽然，但是""然而""不过""出人意料的是""令人遗憾的是""不可否认的是"等。

五年来的成就是全方位的、开创性的，五年来的变革是深层次的、根本性的……同时，必须清醒看到，我们的工作还存在许多不足，也面临不少困难和挑战。主要是……

在总结成绩的基础上，一句"同时，必须清醒看到"，让笔触峰回路转，引到问题的分析上，有机地把成绩问题连接起来，形成一个完整的总结。

对中国经济发展前景，大家完全可以抱着乐观态度。中国经济发展健康稳定的基本面没有改变……中国具有保持经济长期健康稳定发展的诸多有利条件。当然，任何事物都有其两面，在当前国际国内经济形势下，中国经济发展也遇到了一些突出矛盾和问题……总体看，这些都是前进中遇到的问题，我们正在采取措施加以解决，成效已经或正在显现出来。

前面讲中国经济发展的有利条件，接着一句"当然，任何事物都有两面"掉转话锋，说矛盾、问题。衔接语为读者搭建了一座思维桥梁，思维顺势而过。最后用一句"总体看"开头的句子，把语意拉回有利的一面，一波三折，但主线是明确的，脉络是贯通的。

有一篇医药产业发展的文章这样写：

"带量采购"试点既要做好与医疗等部门、地方的政策协调，在方案设计上也要避免负面效应的出现。

接着另起一段，说：

这边，生产仿制药的国内企业在为"带量采购"烦恼，那边，不少专利过期原研药正在逆势增长……

前文讲"仿制药"的诸般烦恼，下文则说"过期原研药"的另一番情景。用"这边""那边"两个词巧妙衔接，消除文意转换造成的突兀感和跌宕感。

4. 角度衔接

一篇文章在叙述一件事情、说明一个事物或论述某种观点时，通常要转换位置，从不同角度反复论证。不同视角切换时也要进行衔接，衔接的方法很多，常用"一是""二是""三是"逐条铺展，也可用"例如""再如""或者""有时候""有的""某某人说""会议认为""会议强调""会议要求"等过接词语。

以《中国共产党第十九届中央委员会第三次全体会议公报》为例，公报开篇先整体交代会议召开的时间、参加人员以及会议议程情况："中国共产党第十九届中央委员会第三次全体会议，于 2018 年 2 月 26 日至 28 日在北京举行……"随后，用若干段落对会议进行全方位说明，每个段落开头用"全会听取和讨论了""全会审议通过了""全会充分肯定""全会认为""全会强调""全会提出""全会号召"等连接词开头，虽然没用序号，但紧密畅通、浑然一体。

还有一种情况，当表述情况较少，只有两种时，可以用"无独有偶"这个词来衔接。

6 月 16 日，××省在省、市、县三级机关单位开展能源短缺体验活动。无独有偶，6 月 17 日 ×× 省省委书记、省长身着便装，撑着雨伞，从住处茶港大院西门出发，步行上班。各省领导带头或步行、或骑车上班，这本是一个领导以身作则、振奋人心的消息，却很快便淹没在"作秀"的口水声中。

用"无独有偶"一词将两种情况结合起来，完整展现。

5. 先后衔接

我们常说写文章要"言之有序"，什么是"序"？在我看来就是特定的规律性，表现为时间的先后递进。内容的铺排沿着时间轴线展开，先讲先发生的，后讲后发生的，先后之间也要进行衔接，我们一般采用"首先""其次""再次""最后""不但，而且""不光，还""起先，接着，到最后"等连接词来实现过接。

刚才，几位民营企业代表发了言，提出了不少有价值的意见和建议，有关部门要认真研究吸收。下面，结合大家发言和关心的问题，我讲几点意见。

先用"刚才"一词呼应前文，再用"下面"一词引出下文。这种衔接方式如同给读者准备了一艘小船，从上顺流而下。

再如，在一个关于民营经济发展的讲话稿中，就"对民营经济怎么看"这一问题，文稿从 4 个角度切入：第一是"看过去，功不可没"，第二是"看成绩，贡献突出"，第三是"看问题，不容忽视"，第四是"看未来，大有可为"。先写过去，再写现在，最后写未来。时间上有先后，每个段落即一次时间的递进转换，用 4 句对仗的语句衔接，每次转移就与主题呼应一次，收到推波助澜之效。

6. 主次衔接

一篇文章在论证复杂问题时，常会兵分两路，先讲主要问题，不尽之处作补充。为保持论述的紧凑性，主辅之间就需要衔接。衔接方法常以"值得一提的是""还需要补充的是""需要强调的是""不可否认的是""另外""与此同时"等。

各单位要切实抓好维稳、信访等工作，部属高校要加强思想政治工作，牢牢把握好社会主义办学方向和培养高素质学生这两条根本。需要强调的是，明年在去产能职工安置方面压力很大，既要安置今年去产能中部分仍处于待业状态的职工，还要安置好新增的下岗分流职工。

这段话里，转接语"需要强调的是"如胶水一般将"下岗分流职工"的安置问题与前文牢牢粘连在一起，形成完整的表意段落。

经开区深入推进"放管服"改革，开展制度化的"企业服务日""企业对接日"活动，着力打造良好政务环境。不仅如此，经开区还成立了争当"六个排头兵"工作领导小组，负责做大做强实体经济、加快开放发展、营造一流营商环境。

"不仅如此"之前的内容是主体，后面是补充。主体和补充在 4 个字的衔接下，显得紧凑自然。

与此同时，我们还深入学习贯彻党的十九大精神，深入推进"两学一做"学习教育常态化制度化，抓好"基层党建提升年"工作，全面加强党的建设……

"与此同时"前面是主要汇报的内容，后面是补充汇报的内容。有了 4 个字的衔接语，文章如提着马灯下矿井——层层深入。

7. 总分衔接

总分结构具体运用时，或先总后分，在叙述总体情况的基础上分述具体情况；或先分后总，在分述具体情况的基础上作归纳概论。不管哪一种，总分之间都要作衔接处理。衔接语可以用"下面，我在××讲话的基础上，讲×点意见""从×个方面简要汇报""实施了×大工程""呈现出以下×个特点""把握好以下×个关键"以及"总之""综上所述""可以这样说""上述表明""由此可知"等。

总书记指出，制定好方案是做好供给侧结构性改革的基础，并提出需要"五个搞清楚"，也就是"搞清楚现状是什么""搞清楚方向和目的是什么"……在此，我先提出一些初步考虑，供大家参考。

先用"五个搞清楚"概括，再用"也就是"3个字将问题铺展开，先总后分。在段尾用"在此，我先提出一些初步考虑，供大家参考"一句铺垫衔接，引出下文，环环相扣，浑然一体。

因此，全世界多种多样的国家体制中，按其政权的阶级性质来划分，基本的不外乎这三种。

这是毛泽东《新民主主义论》中的一句话。衔接语后分别阐释"第一种是什么""第二种是什么""第三种是什么"，让人听了上一句就会想到下一句。

某位领导演讲时说：

我们看问题、想事情，要善于抓住本质、化繁为简，这样才能得心应手。说到金融的本质，归纳起来，就是三句话。

先用"三句话"总括，接着第一句，第二句，第三句，有条不紊地铺展开来，过渡自然、文势如流。

8. 大小衔接

在公文中，常常要从不同空间范围来分析发展形势，从不同层级来研究方法对策。不同范围和层级必然有空间大小变化，有变化就要有衔接。常用衔接语有"从××看""××方面""对××而言"等。

在分析经济发展形势时，就可用"从××看"的句式。

从国际看，世界经济复苏的基础仍然比较薄弱，市场需求普遍减弱，国际贸易陷入低迷，经济增长始终在较低水平徘徊……

从国内看，我国经济进入新常态，受"三期叠加"、结构性矛盾和外部环境影响，经济运行中产能过剩等突出问题还会持续……

从省内看，随着一系列国家重大战略在我省交汇叠加，我省将从边缘地区和"末梢"变成开放前沿和辐射中心。

3个自然段从国际到国内，最后到省内，空间范围发生了转变，使用"从××看"一句衔接语，从大到小，逐步收缩，完成立体的形势分析。

9. 虚实衔接

一篇文章往往不仅要讲道理、谈认识、讲思路、说观点，还要摆事实、举例子、列数据，虚实结合。只有这样才会让说理更通透、更有说服力。虚与实的转换也需要衔接。常用衔接语有"譬如""比如说""以××为例""举个例子来说"等。

一段时间以来，社会上有的人发表了一些否定、怀疑民营经济的言论。比如，有的人提出所谓"民营经济离场论"，说民营经济已经完成使命，要退出历史舞台；有的人提出所谓"新公私合营论"……

前面讲道理，后面摆事实，前后用"比如"一词自然衔接。

再如，毛泽东在中共七大上的闭幕词：

要使全国人民有这样的信心：中国是中国人民的，不是反动派的。中国古代有个寓言，叫作"愚公移山"。说的是古代有一位老人，住在华北，名叫北山愚公。他的家门南面有两座大山挡住他家的出路，一座叫作太行山，一座叫作王屋山……

用一句"中国古代有个寓言"衔接，悄无声息转虚为实，如春夜喜雨"随风潜入夜，润物细无声"。

10. 硬转硬接

古今作文多讲转承之法，"密针线""合涯际"，文章接榫转折之处以不露痕迹为妙，须用连接词、句、段转换文意，使过渡自然，浑然一体。然而有的时候却可以硬转硬接。比如，梁实秋先生写过一篇文章，回忆他的国文老师徐锦澄教给他的许多作文技巧，其中一条是，作文忌用过多的虚字，该转的地方硬转，该接的地方硬接，文章便显着朴拙而有力。

硬接硬转，听起来很新鲜，实际上运用很广泛，其中一个最典型的方法就是分段，并用序号标识。

比如，《中共中央 国务院关于优化生育政策促进人口长期均衡发展的决定》这个文件里的两个段落：

（八）依法实施三孩生育政策。修改《中华人民共和国人口与计划生育法》，提倡适龄婚育、优生优育，实施三孩生育政策。各省（自治区、直辖市）综合考虑本地区人口发展形势、工作基础和政策实施风险，做好政策衔接，依法组织实施。

（九）取消社会抚养费等制约措施。取消社会抚养费，清理和废止相关处罚规定。将入户、入学、入职等与个人生育情况全面脱钩。依法依规妥善处理历史遗留问题。对人口发展与经济、社会、资源、环境矛盾较为突出的地区，加强宣传倡导，促进相关惠民政策与生育政策有效衔接，精准做好各项管理服务。

政策性文件的写法大多采用硬转硬接，每个条款之间用序号来加以标识。

以上衔接方式只是最常见的 10 种，实际写作中还有其他形式，比如用破折号和其他标识符号。这些衔接方式可以分为不同类别，从是否使用衔接语分，有外在衔接、内在衔接；从作用方向分，有承上衔接、启下衔接；从节奏缓急分，有急接、缓接；从距离远近分，有近接、远接；从作用大小分，有总体衔接、局部衔接；从衔接方法分，有词语衔接、句子衔接、段落衔接、符号衔接。

总之，写作中，有脉、意、气、势、形变化的地方都需要衔接，不管用何种衔接方式，目的都是承上启下、消弭缝隙、贯通文脉。希望大家掌握好衔接技术，当好"文字裁缝"和"文字焊工"。

第21讲　经络通则文章顺

——写通顺的"9条逻辑"

> 每一篇文章如果都有一根思想红线，把最重要的材料贯串起来，总是好的。我们起码的要求应该如此。而要做到这一点，必须慢慢锻炼，切勿要求过急。
>
> ——邓拓

 本讲导读

我在审改材料时发现文稿特别容易出现逻辑问题，一个典型的表现是语句不通顺，因此每次都把稿子改成"花脸"。咋办？于是萌生了写篇文章的想法。为了弄明白"逻辑"这个东西的内涵，我读了不少书，如《普通逻辑原理》《简单逻辑学》《逻辑学十五讲》这样的理论读本，还有《3天学会逻辑思维》《类比逻辑》《逻辑学原来如此有趣》《逻辑思维》之类的通俗读物。有趣的是，不学还算明白，越学反倒越糊涂了。什么是逻辑？如何在写作中体现逻辑？我想，肯定不能简单地套用逻辑学理论，应该在理论与实践中找到一个结合点。列宁说："任何科学都是应用逻辑。"实际上，写作中的逻辑并不复杂，大多是对逻辑关系的把握。因此这里的"逻辑"不是逻辑学意义上的逻辑，而是专指"关系""脉络""线索"，是带引号的逻辑，是文字的有序铺排方法、表述的顺序和线索。归纳起来，日常写作中最常用的"逻辑"有9种，希望通过本讲，大家把"自发的逻辑感觉"培养成"自觉的逻辑意识"乃至"自由的逻辑精神"。

本讲核心观点

- 时间逻辑
- 空间逻辑
- 事理逻辑
- 体例逻辑

- 推理逻辑
- 总分逻辑
- 矛盾逻辑
- 因果逻辑
- 并列逻辑

"这里写得不通,回去再顺一顺。"这是送审文稿过程中,领导经常提的意见。事实上,"不通顺"是文稿写作中的一个通病。

问题是,什么叫"通"?什么叫"顺"?如何把文章写通顺?

通顺属于审美的范畴,但写公文没必要从这个层面来解读,应该回归写作的现实情境和需要,搞清领导的真实意图和问题所在才有意义。

从这个意义上讲,所谓通顺,可以理解为文章上下文语意、语气、语势衔接过渡的顺畅感、脉络的清晰度或关系的和谐性。说到底,就是文章的逻辑要顺,读起来让人感到舒服,容易理解。

美国著名认知科学家、语言心理学家史蒂芬·平克认为,写作的本质是将网状的思想,通过树状的句法,组织为线状展开的文字。把网状的思想线状展开,靠的就是逻辑。

如果把一篇文章比喻为人的身体,那逻辑就是文章的经络、血脉。逻辑不通,则经络不畅,气血不活,运行不顺,健康受损。任何一篇文章,唯有理顺逻辑,方能把杂乱无章的事物线状地、顺溜地呈现出来。这就叫"通情达理""文从字顺"。

需要说明的是,这里说的逻辑,不全是逻辑学范畴的逻辑,特指行文的脉络和串联文字的线索,是带引号的逻辑。

归结起来,比较常用的写作"逻辑"有 9 种。

1. 时间逻辑

即事物在时间维度上体现出来的先后关系。

自然界中每个事物的发展都有时间上的先后顺序,从开始、发展到结束,从过去、现在到将来,渐次递进,次序不能颠倒。因此,写作时要善于用时间顺序来铺展内容,以时间为线索来串联文字,因为时间的先后顺序符合人的思维习惯，并且最容易理解，人的大脑最舒服。

例如，习近平总书记参观《复兴之路》展览时的讲话。

中华民族的昨天，可以说是"雄关漫道真如铁"。近代以来，中华民族遭受的苦难之重、付出的牺牲之大，在世界历史上都是罕见的。但是，中国人民从不屈服，不断奋起抗争，终于掌握了自己的命运，开始了建设自己国家的伟大进程，充分展示了以爱国主义为核心的伟大民族精神。

中华民族的今天，正可谓"人间正道是沧桑"。改革开放以来，我们总结历史经验，不断艰辛探索，终于找到了实现中华民族伟大复兴的正确道路，取得了举世瞩目的成果。这条道路就是中国特色社会主义道路。

中华民族的明天，可以说是"长风破浪会有时"。经过鸦片战争以来170多年的持续奋斗，中华民族伟大复兴展现出光明的前景。现在，我们比历史上任何时期都更接近中华民族伟大复兴的目标，比历史上任何时期都更有信心、有能力实现这个目标。

这3个段落结构严密，按时间的先后顺序来铺展，从昨天讲到今天，展望了明天，一线贯穿，层次递进，让思绪沿着一条明晰的线索穿越古今、直达未来，"逻辑"简单，很容易记得住。

2. 空间逻辑

即事物在空间里呈现出来的位置关系。

任何事物不仅存在于时间维度里，也存在于空间维度里。在时间维度里，任何事物都有一个时间的标签，相互间有早晚、先后等关系；在空间维度里，任何事物都有一个位置坐标，相互之间有位置关系，如远近、上下、内外、前后、左右等，所以，想客观准确地描述事物，除了按时间的逻辑来，也可以按空间变化规律来铺陈内容。

2017年是实施"十三五"规划的重要一年，是供给侧结构性改革的深化之年，也是我省工业经济的攻坚之年，做好今年工业和信息化工作责任重大，任务艰巨。从国际看，世界经济复苏的基础仍然比较薄弱，市场需求普遍减弱，国际贸易陷入低迷，经济增长始终在较低水平徘徊……从国内看，我国经济进入新常态，受"三期叠加"、结构性矛盾和外部环境影响……从省内看，一系列国家重大战略在我省交汇叠加，我省将从边缘地区和"末梢"变成开放前沿和辐射中心。

这段文字按空间范围由远及近、由外到内、由大到小的顺序来铺排，就像给人一个望远镜一样，通过调整焦距，很顺畅地就把风景一览无遗。

3. 事理逻辑

事理逻辑可从两个层面来理解，一层是客观事物所遵循的自然规律，一层是人们为解决某个问题所设立的规定、程序。

任何事物的发展和演化都有其规律，比如一个人从出生、成长到死亡，自然的规律是不可违背的；另外，任何一个行政机关处理公务都得依法依规办事，哪些能办、哪些不能办，第一步干什么、第二步干什么，都有特定的规范，不是想怎么办就怎么办的。我们就把这些规律、规定、程序称为"事理"。

正因为凡事都有事理的存在，所以有时候写公文时得按照"常理"来铺排内容，不能天马行空，语无伦次。

例如，某领导在全市城市发展大会上的讲话强调了 3 个问题：

一是落实规划设计"三高"要求，进一步提升城乡规划水平。
二是落实建设施工"三化"要求，进一步提升城乡建设水平。
三是落实管理经营"三精"要求，进一步提升城乡管理水平。

内行都知道，规划、建设和管理这 3 个环节有前后逻辑关系。从理论上讲，没有规划，建设便无法进行；没有建设，管理便是无本之木。讲话稿正是遵循了这个城市发展的"事理"，环环相扣地提出要求。

再如，一篇题为《紧盯三个环节，增强党风廉政建设和反腐败斗争的针对性和实效性》的文稿讲了 3 个问题：

一、强化教育的引导力，筑牢思想道德防线。
二、强化监督的制衡力，规范权力的运行。

三、强化惩治的震慑力，切实维护群众利益。

这 3 个问题也是有内在逻辑的，因为在纪检监察工作中，教育、监督和惩治是 3 个重要的环节，有紧密的逻辑关系。一般为事前进行教育，事中开展监督，事后才谈得上惩治，所以我们在写这方面文稿时，大体得按这个"事理"来展开。

4. 体例逻辑

即不同文种所特有的框架结构、表述范式。

公文是一种规范性文稿，什么文种干什么，对上还是对下，都有明确规定。甚至具体内容由几个板块组成，每个板块写什么，也都是有讲究的。所以在公文写作里有这么一种说法，叫作"戴着镣铐跳舞"。

所谓"镣铐"，就是公文的格式规范。这些格式规范就代表了某种行文的逻辑。只有遵循了文种的特定体例、范式，才能写出通顺的文稿来。

比如，写总结类文稿，不是说拿起笔来把成绩罗列一大堆就完事了，而应遵循特定的行文逻辑。一般是先写采取了什么措施、取得了什么效果，然后写存在哪些困难和问题，最后提出改进措施。如果只写成绩，不写问题、对策，内容就不全了；如果把次序颠倒过来写，读者会很难理解：因为不合体例，也违背了基本的逻辑。

写计划类文稿，也不是简单地罗列一堆措施在那里，因为计划在理论上是对工作进行预想性的安排部署，其逻辑一般是：这是一个什么问题（事物、工作），先进行概念上的界定，然后回答为什么开展这项工作，阐述必要性或重要性，最后再来回答怎么办，也就是提出解决问题的思路、原则、目标、任务、措施等。

而写调研报告的逻辑则有所不同，其基本的逻辑是：先对工作现状进行描述，然后分析问题，最后提出对策，必要时可以分析原因，归结起来就是"提出问题—分析问题—解决问题"这么一个过程。

5. 推理逻辑

即在文字表述中运用逻辑推理的方法来安排内容的先后顺序。

任何文章都要表述观点，并努力让读者真心接受。怎么才能做到这一点？

最好的方式就是论证，而逻辑推理显然是一种说服力极强的论证方式。

在逻辑推理中，"三段论"式的演绎推理较为常用。什么是"三段论"？就是先讲一个大前提，再讲一个小前提，然后推演出一个结论。

毛泽东《为人民服务》一文，在论证张思德同志牺牲的重要意义时，就用了"三段论"：

人总是要死的，但死的意义有不同。中国古时候有个文学家叫作司马迁的说过："人固有一死，或重于泰山，或轻于鸿毛。"为人民利益而死，就比泰山还重；替法西斯卖力，替剥削人民和压迫人民的人去死，就比鸿毛还轻。张思德同志是为人民利益而死的，他的死是比泰山还要重的。

这段话一开始就立大前提："人总是要死的，但死的意义有不同。中国古时候有个文学家叫作司马迁的说过：'人固有一死，或重于泰山，或轻于鸿毛。'"接着，提出小前提："为人民利益而死，就比泰山还重；替法西斯卖力，替剥削人民和压迫人民的人去死，就比鸿毛还轻。"最后得出结论："张思德同志是为人民利益而死的，他的死是比泰山还要重的。"

这样的论证逻辑清晰，先说什么，后说什么，都有一定的套路，这个套路就是我们写文章的逻辑遵循。

6. 总分逻辑

是指事物的整体与局部、观点的综合与分析、事物面上和点上体现出来的逻辑关系。

在写作中，为了表达的需要，必然要进行综合与分析。有时候既论述整体，也观察局部；既讲面上的情况，还看点上的特点。这样让人对事物有更立体的理解。所以总与分是绕不过去的逻辑问题，写作时要总分结合、有总有分，该"总"的时候"总"，该"分"的时候"分"。

例如，有一年，我负责起草的领导在全省工业和信息化工作会议上的讲话，总结部分就用了总分逻辑：

回顾过去的一年，在严峻的形势中取得这样的成绩，过程是十分艰难的，精神是难能可贵的，成绩也是可圈可点的，主要呈现出以下五个特点：一是非烟工业发挥了顶梁柱作用。二是供给侧结构性改革发挥了动力源作用。三是产业转型升级发挥了变速箱作用。四是重大项目发挥了支撑性作用。五是信息化建设起到了助推器作用。

这段文字首先进行了概括评价，"过程是十分艰难的，精神是难能可贵的，成绩也是可圈可点的"，并概括了"五个特点"，然后依次分析特点是什么，先总后分，总分结合。

再如，在一份关于文物普查的内部工作通报中，所列数据就遵循了总分逻辑：

据统计，整个普查期间，××省共投入人员 2768 人，其中普查办 764 人、收藏单位 1268 人、专家 436 人、志愿者 300 人。落实普查经费 7791 万元，其中省本级落实 471 万元，地市级落实 2007.47 万元，区县级落实 5312.53 万元。

这段文字有总数，也有分项的数目，总分结合，对工作的描述显得更立体、丰满，也容易理解，让人一目了然。

7. 矛盾逻辑

矛盾在哲学里即对立统一的关系，放在写作中就是从正反两方面来表述问题、配对使用。

任何事物都有两面性，都是对立统一的，有好必有坏，有优必有劣。因此，有时候，只有把握这个逻辑，才会对事物有全面客观的认识。所以我们在描述事物时，不仅要考虑到问题"这"一方面，还要考虑"那"一方面。比如写工作总结，写了成绩和效果，还得分析问题，这就是矛盾逻辑的运用。

例如，由我带领团队执笔的，领导在 2018 年全省工业和信息化工作会议上的讲话稿，总结部分既肯定成绩，也指出问题：

2017 年，是全省工业经济攻坚之年。一年来，在省委、省政府的坚强领导下，全省上下全面打响工业经济攻坚战，稳存量、扩增量、育新业、强载体、促融合、优环境，工业经济攻坚战初战告捷，取得明显成效……

在充分肯定成绩的同时，也要清醒看到，我省工业和信息化发展还面临不少困难和挑战：工业发展总量不大、结构不优、创新不强、水平不高等主要问题依然突出。

以上内容一正一反相互呼应，写成绩的同时，不忘分析存在的问题，然后引出下一步措施，有成绩，有问题，有褒有贬，给人客观公正、实事求是的感觉。

8. 因果逻辑

即在分析问题时，谈到原因就想到结果，谈到结果就想到原因。

公文都是为解决问题而生的，一个问题的出现，必然有深层次的原因，一项措施的实施也必然导致一定的结果，因与果都是写作所要表达的内容。因而，写公文就得有因果意识，把握好因果逻辑，这样才能把事情写清楚。

例如，2018 年初，笔者为领导起草的一个工作报告中，分析形势部分是这样写的：

2017 年，是党的十九大召开之年，是实施"十三五"规划的重要一年，是供给侧结构性改革的深化之年，也是我省工业经济的攻坚之年，做好今年的经济工作机遇良好，任务艰巨，责任重大。

之所以要强调"机遇良好"，是希望大家从中央对形势的判断中把握机遇，增强信心。中央经济工作会议深刻分析了当前国际国内经济形势，科学研判了经济社会发展面临的机遇与挑战。从国际上看……从国内看……从省内看……综合来看……

之所以要强调"任务艰巨"，是希望大家在工业和信息化发展现状中发现问题，找到差距。古人云"知己知彼，百战不殆"，对于今年的工业经济攻坚战来说，我们在坚定信心的同时，必须清醒地认识到我们自身存在的一些突出问题和困难，坚持问题导向，有针对性地解决问题……

之所以要强调"责任重大"，是希望大家在工业经济攻坚战中勇于担当，攻坚克难。工业是国民经济的主导，是我省经济的顶梁柱。改革开放以来，我省工业增长对 GDP 增长的贡献都在 30% 以上，工业增速每回落一个百分点，将导致 GDP 回落 0.3 个百分点，工业经济发展对我省经济增长起着至关重要的作用……

这段话使用衔接词"之所以……是"，先讲结果，然后分析原因，属于先果后因的逻辑。有了因的补充，读者自然就产生了对果的信服。

9. 并列逻辑

即观点、条目处在同一层级、同一类别，从平行的几个维度展开，没有大小、先后、优劣之分。

任何一个事物都会有多种属性，观察事物也有多个角度。角度不同，得出的认知也就不同，所谓"横看成岭侧成峰，远近高低各不同"就是这个道理。这告诉我们：在分析问题时，可从平行、并列的几个维度同时切入，多元化地论证一个观点，只有这样并列地描述，你的表述才是立体的、全面的。

例如，习近平总书记《在第十三届全国人民代表大会第一次会议上的讲话》中的几段：

中国人民是具有伟大创造精神的人民。在几千年历史长河中，中国人民始终辛勤劳作、发明创造，我国产生了老子、孔子、庄子、孟子、墨子、孙子、韩非子等闻名于世的伟大思想巨匠……

中国人民是具有伟大奋斗精神的人民。在几千年历史长河中，中国人民始终革故鼎新、自强不息，开发和建设了祖国辽阔秀丽的大好河山，开拓了波涛万顷的辽阔海疆，开垦了物产丰富的广袤粮田……

中国人民是具有伟大团结精神的人民。在几千年历史长河中，中国人民始终团结一心、同舟共济，建立了统一的多民族国家，发展了56个民族多元一体、交织交融的融洽民族关系，形成了守望相助的中华民族大家庭……

中国人民是具有伟大梦想精神的人民。在几千年历史长河中，中国人民始终心怀梦想、不懈追求，我们不仅形成了小康生活的理念，而且秉持天下为公的情怀……

以上4段分别从"创造精神""奋斗精神""团结精神""梦想精神"4个层面展开，四个层面地位平等，没有先后关系，也没有包含关系，逻辑上是并列的。

需要补充的是，除了上述 9 种常用的"逻辑"，公文写作中还经常会涉及内容的虚实、新旧、大小、主次、轻重、缓急等问题，这些问题也有内在"逻辑"上的讲究。

就虚实而言，公文中通常先讲道理、讲意义、谈认识、说感受，再讲措施、说效果，这叫先虚后实。古人所谓"名不正则言不顺，言不顺则事不成"就是这个道理。"名"就是讲道理的部分，道理通了，措施才令人信服。

就大小而言，公文写作中，分析形势时往往先讲国际大形势，再讲国内形势，最后才切入地区形势，如果颠倒过来讲，就显得不合逻辑。因为，国内形势和地区形势是受国际形势制约和影响的。另外，会议议程的设置、领导名字的排序等都有"大小"的逻辑讲究。

就轻重缓急而言，一般都是重点问题放在前面谈、次要问题附带谈，急迫的事情前面谈、不急的事情放后面谈，如果颠倒了次序，不仅会增加人们理解的难度，还会给人分不清轻重的印象。

总之，逻辑是文章的脉络，就像人体的经络一样，通则不痛，痛则不通。逻辑通畅的文章，条理清晰、脉络通畅，能有条不紊地叙事论理，环环相扣地发表见解；逻辑不通的文章，旁枝斜出、辞涩旨阙、意有不逮，让人如堕雾里。

第22讲 公文写作也要数据思维
——6种"考据"方法

在终极的分析中，一切知识都是历史；在抽象的意义下，一切科学都是数学；在理性的基础上，所有的判断都是统计。

——C.R. 劳

本讲导读

写材料免不了经常同数据打交道，很多朋友写作时都觉得选用数据是很自然的事情，但大多是在凭经验使用数据，很少花时间系统化地思考使用数据的方法。殊不知使用数据是门学问，你稿子写得再多，也不见得就会用数据。所以这一讲咱们就来讲讲数据的"考据"方法，讲讲如何养成写作的"数据思维"。本讲曾发表于《秘书工作》2018年第11期，原题为《起草文稿如何用数据说话》，探讨如何用数据。事实上，绝大部分公文都离不开数的"表演"，不管是调研报告，还是工作总结、计划，没有翔实数据的加持，很难精准地叙事说理、有理有据地分析论证、言简意赅地归纳概括。从这个意义来理解，公文写作者要会与数据打交道，与统计专家对话，不仅要当文字高手，还要当数据专家、统计专家。做到这一点的关键在于养成对数据无比敏感的"数据思维"。所谓数据思维，就是思考数据的维度，换言之，就是面对一个数据时，从哪些方面审视它。本讲提出6个考察维度，希望读者养成敏锐的"数据思维"，养成发问的习惯，掌握审问的维度，时刻心中有"数"。

本讲核心观点

- 考察可靠性：问数据从哪里来
- 考察必要性：问数据用到哪里去
- 考察科学性：问数据品质好不好

　　■ 考察兼容性：问数据关系和谐否
　　■ 考察拓展性：问怎样开发新数据
　　■ 考察思想性：问如何品味数据美

　　文稿是"文"与"数"的艺术。

　　在机关公文写作中，若只懂使用文字，不懂使用数字，很难把稿子写好。

　　当代国际最著名的统计学家 C.R. 劳在其统计学哲理著作《统计与真理》中指出，"在抽象的意义下，一切科学都是数学"。写文稿也一样，若把文稿比作舞台，那文字与数字就是"领衔主演"，无论什么剧目（文种），无论什么桥段（段落），都有数字的"戏份"，数字与文字珠联璧合，联袂在文稿的舞台上演出。

　　在写作中，如何让数据"说"好话、"演"好戏，乖乖听你使唤？这就需要养成"数据思维"，具体到写作中，可以从 6 个维度对数据进行考察。

1. 考察可靠性：问数据从哪里来

　　所谓数据，不但有"数"，还要有"据"。

　　在我看来，所谓"据"，就是指数的来源、出处和依据。问数据是否可靠，就是在挑选数据时，严把入口关，考问数据从哪里来，严查数据"出身"，问清数据来源。因为数据来源不同，可靠性不同。公文的数据必出之有门，引之有据，用之可信。

　　问数据的来源，重点是两个方面。

　　（1）一手数据问"过程"

　　一手数据来自调查研究，最可靠。毛泽东重视调查研究，他 1930 年写《寻乌调查》和《反对本本主义》前，在寻乌县进行了为期一个月的实地调查，掌握了该县物产产量、价格、人员数量、比例，商铺经营品种、收入，农民土地、农户收入等大量第一手数据，作出了"没有调查就没有发言权"的论断。我们今天写公文，也要学习毛泽东的写作方法，对一手数据进行严格甄别筛选，紧盯调查范围、调查方式、调查手段和统计方法，去粗取精、去伪存真。

　　（2）二手数据问"出处"

　　对机关公文写作来说，能够深入一线掌握第一手数据固然是好，然而现实条件往往不允许，比如很多文稿都是"火着枪就响"，根本没有时间去调查，所以运用专业部门的二手数据就成了一个不错的选择。问题是，如何对待这些调度来的二手数据呢？这得具体问题具体分析。一般来说，统计部门的数据比非统计部门的可靠，直接管理部门的数据比间接管理部门的可靠，一线部门的数据比二线部门的可靠，大家在使用过程中要注意甄别。

2. 考察必要性：问数据用到哪里去

一部戏在"开机"之前，导演一般要根据剧本来挑选演员，并确定要不要演员上、由哪个上、什么时候上。同样的道理，一篇文稿在下笔前，也要根据提纲设计来安排数据，数据不能随意堆砌，要不要使用数据，使用哪些数据，都要综合考虑，当用则用，有的放矢。

（1）为何用数据

一般来说，一篇文章使用数据的目的无非 3 个。

一是为表述更准确。恩格斯说："一个事物只有可以用数学的方法去描述时，对它的认识才是深刻的。"写作中，数据的精确性可以弥补文字的模糊性，适当用数据说话，可让概念更清晰、逻辑更严密、表述更精当。

譬如，党的十九大报告这样表述"经济建设取得重大成就"："国内生产总值从 54 万亿元增长到 80 万亿元，稳居世界第二，对世界经济增长贡献率超过 30%"。不是进行定性的描述，而是运用了"国内生产总值"这个关键指标，寥寥几个数据就把 5 年来的成就凸显了出来。

二是为行文更简洁。数据有高度概括能力，有时候一个关键数据可抵千言万语，能达到"四两拨千斤"的效果。

三是为文稿更务实。数字与文字是两种语言符号，二者相辅相成，珠联璧合。在讲道理、谈体会时适当穿插数据，可让道理更明晰，措施更具体，目标更明确更务实。

（2）用什么数据

文稿数据并非多多益善、来者不拒，要当用则用，合理使用；要有针对性、恰到好处地用，不能为了用数据而用数据，漫无目的地堆砌。

举个例子来说，如果写关于供给侧结构性改革成效方面的文稿，用什么数据呢？不能把所有与改革相关的数据都写进去，而应针对"去产能、去库存、去杠杆、降成本、补短板"5 个方面，说明去了多少吨的产能、去了多少平方米的房屋库存、降了多少万元的成本。

假如你在文稿中要论述一个地区的制造业发展水平，该选用什么数据呢？恐怕你就得从国家制定的关于"制造强国"指标体系中选取，如创新能力、质量效益、两化融合、绿色发展这 4 方面 12 类指标，因为这些指标最权威，也最有针对性。

3. 考察科学性：问数据品质好不好

科学性是判断事物是否符合客观事实的标准。科学性是数据品质最直接的体现。公文写作者要有科学思维，掌握科学方法、科学标准，确保数据的科学性。

有科学性的数据应具备 4 个特点。

（1）客观

数据是客观事物的反映。写作过程中必须遵循客观规律，实事求是，客观真实地反映问题，不虚报、瞒报、伪造、篡改数据，不随意给数据"化妆""注水"，不玩"数字游戏"。最近几年，国家三令五申，杜绝统计数据造假，很多部门都因此受到了处分，作为公文写作者一定要尊重数据，有实事求是的科学精神。

（2）及时

事物是变化的，数据也会随之而变，要与时俱进，尽量使用最新数据。比如写半年工作总结，若用 1—5 月的数据肯定不行，必须使用 6 月底的最新数据，否则写出来的总结就不是真正意义上的"半年总结"。

（3）准确

准确性是数据的生命。但凡文稿有数值的，你所计算的数值要准确，符合逻辑关系。譬如，我改过一个文稿，原文是"三年来，全省共支持新区各项资金 8877 万元，其中 2015 年 4797 万元，2016 年 1220 万元，2017 年 2960 万元"。我在修改时，下意识地把 3 年的资金加了一下，发现总数根本不是 8877 万元，而是 8977 万元，少算了 100 万元，8877 万元就不准确。

（4）规范

公文是一种规范性文稿，写作是"戴着镣铐跳舞"，每个文种都有规范的表述形式，里面也包括数字的表述形式。在写作中，每一个数据的表述都应该做到规范。比如数据的名称、单位、口径、符号、术语等，都要严格按照《党政机关公文处理工作条例》《党政机关公文格式》及有关国家标准规范来表述，否则就会差之毫厘失之千里。

4. 考察兼容性：问数据关系和谐否

兼容性是计算机科学用语，这里指数据之间的适应性、协调性、匹配性、一致性。问数据是否兼容，就是用系统思维考问数据在内容与形式上是否存在违和感和"排异反应"。内容的兼容主要看数值是否一致，内涵是否统一，数据之间是否符合相互的逻辑关系，不相互抵牾；形式的兼容性，是指数据的规范名称、计量单位、专业符号以及小数的位数等口径要统一。

数据的兼容，可以分横向和纵向两个方面。

（1）纵向兼容

所谓纵向兼容，即前后数据要一致。

一方面，同一篇文稿中，前后不同层次、段落中出现的数据要一致。例如，我见过这样一个文稿，前半部分写投资对 GDP 的贡献率是 28.48%，但在后面这个数字再次出现时，却变成了 28.5%，虽然有经验的人能看得出来，这是数值上做了四舍五入，然而毕竟前后不一致，给人不严肃的感觉，尽管两个数据都是对的。

另一方面，前后不同时期的文稿，同一个数据口径要保持一致。我在综合文稿部门工作，经常发现有些部门报来的文稿，上个月还在说增速是 9%，下个月又变成了 8.8%，明显是前后矛盾的。每每一落实，就说稿子不是一个人报的，统计口径不一致。我因此感觉到，公文写作者一定要有数据纵向兼容的意识，要关注不同时期文稿中确定下来的数据，保持统一性，前后照应、统一口径，这也是文字工作严肃性的体现。

（2）横向兼容

横向兼容也有两个方面的含义。一方面，是同一数据在不同场合下的兼容，一个数据一旦确定下来，不管用在哪里，都不要随意变形。用来向下安排工作，该是什么就是什么，用在向上汇报工作，也要实事求是，不要根据主观意图给数据"整形"。另一方面，是不同部门同一场合下数据的兼容。

有一年，我们按省"两会"安排，与发改部门共同筹备一次新闻发布会。会上，两部门领导都要作通报。由于事出紧急，加之当时也没有与发改部门沟通的意识，在发布会现场发生了数据"打架"的情形。我们给领导准备的新闻稿中说：全省电源装机容量达到了 8960 万千瓦，而发改部门领导的通报里却说电源装机容量达到了 8550 万千瓦。

这下可好，同样的事出现了两个不一样的数据。我们立即沟通，原来是两个单位在统计时采用了不同的口径。两个数据虽然都没错，但会让媒体的同志无所适从，不知采用哪个好，对单位形象也有损害。

事后，我进行了认真总结，感觉到：公文写作者不仅要扫好"自家门前雪"，管好本单位的数据，在某些场合下，还要善于跨部门沟通协调，管好"别人瓦上霜"，做到数据横向兼容，避免不同部门的数据"打架"。

5. 考察拓展性：问怎样开发新数据

数据是信息时代的富矿，挖得越深越有收获。大数据时代，公文写作者要顺应时代潮流，树立大数据思维，不仅要用好现成的数据，还要善于挖掘开发，在已有数据基础上深度发掘数据"新能源"的隐藏价值，开发新数据、挖掘新价值、解锁新内涵。

（1）勤于分析，开发新数据

日常数据往往只是冰山一角，有很大开发空间。这就告诉我们，写作时要勤于剖析数据，把数据背后隐藏的价值挖掘出来。

举个例子，一篇领导讲话稿讲到全省住房的数据时，先列了两个数据："截至 2015 年底，全省存量房屋面积达 1948 万平方米，同比增长 36.6%"。这两个数据都是住建部门的统计数据，外行人很难品出这两个数据蕴含的意义和分量。于是，起草者对数据进行了分析，"如果按照城镇居民人均 40 平方米需求计算，可供约 50 万人居住"。这相当于在原有数据上开发出了新的数据，而新的数据较之前的数据更为生动形象，即便是外行人，也很容易就理解了 1948 万平方米意味着什么。

（2）敢于归纳，发现新价值

如果分析是把整体进行拆分，归纳则正好相反，是从个别数据中揭示共同本质，从一般数据中总结共同特点，从琐碎数据中发现共同规律。

譬如，一个经济运行报告对全省各州市工业作了这样的描述："今年 1—2 月，全省有 7 个州市规模以上工业增速超过全省平均增速，最高的达到 17.9%，有 9 个州市低于平均水平，喜忧参半，极不平衡。"对全省各州市的平均增速进行了归纳，得出了"7 个州市规模以上工业增速超过全省平均增速"的结论，最后用"喜忧参半，极不平衡"来概括，展现了全省工业经济的总体运行特点和规律。

（3）善于比较，得出新结论

有比较才能有鉴别，不比不知道，一比吓一跳。数据的大小、多少、高低、进退、优劣往往要在特定时空维度对比中才能显现出来。比较，可分为横向比较和纵向比较，横向是看在兄弟单位中的位置，纵向是看与前期比有什么进步，离目标还有多大差距。

我在单位经常读运行部门的月报，比如某年一季度的月报有这样一段话："今年一季度，全省规模以上工业增加值增长 11.9%，比去年同期高 4.1 个百分点，比全国平均增速高 5.1 个百分点，居全国第 2 位。"这段话实际上包括了横向、纵向两个比较维度。两个方向一比较，我省工业经济发展的位置就一目了然了。

6. 考察思想性：问如何品味数据美

数据是思想的外壳，思想是数据背后散发出的深层智慧，看似普通的数据背后，往往蕴藏着深刻的道理。公文写作者要学会品味数据，善于用政治家的谋略、思想家的智慧去品味数据，领悟言外之意，聆听弦外之音，探知数据背后的奥妙，释放数据背后隐藏的价值，让冰冷的数据焕发出熠熠生辉的思想光芒。

（1）要跳出数据品数据

"不识庐山真面目，只缘身在此山中。"站位对一个人认知世界具有决定作用。如何品味数据？站位很重要。我的体会，在"钻进去"的同时，还要"跳出来"，站在政治高度、思想高度看数据，以旁观者的姿态审时度势，以超脱者的状态瞭望观察，品味数据的深远味道。

假设一下，如果有人给你报来的信息中有这么一句话："战略性新兴产业占比 10.1%，较上年提升 3 个百分点。"你会怎么思考？表面上看，这两个数据表达的是该地区战略性新兴产业发展的速度问题，然而我觉得，光认识到这一点还不够，如果站到更高的层次来思考，你会发现，这两个数据意味深长。只要稍微辅以其他数据上的印证，还可以得出"该地区正在转变发展理念、优化产业结构、加快产业转型升级、构建现代化经济体系、推动高质量发展"这样的结论来。这就叫作跳出数据看数据。

比如，我前几年向上级报过一个经验材料。一开始，业务部门报来的材料里提到，2016 年我省积极推动供给侧结构性改革，探索开展电力市场化交易方式，成立全国第一家电网企业相对控股的电力交易机构，全年市场化交易的电量达到 590 亿千瓦时，减少企业电费支出 90.3 亿元。在没有比较的情况下看这几个数据，读者不知深浅。后来我调度了一些数据，在全国范围内进行对比，一比才发现：590 亿元这个数据在全国排在最前面，竟是全国第一。于是，果断总结出"两个全国第一"的特点。这样一来，成绩更亮眼了。

还有一个例子。2022 年初，省政府研究室到我们单位征求《政府工作报告》的意见。在讨论中，我发现在报告征求意见稿里，总结部分有一句话是"绿色铝硅产业产值达到 1100 亿元"。我当时就想，1000 亿元可是一个新的"量级"，在产业发展中有里程碑式的意义。如果光这样客观地呈现这个数据，还不够有"味道"，也没有写出亮点来。于是就建议起草组换一种表述方法，改为"绿色铝硅成长为新的千亿级产业"。这个建议被采纳，这句话也被正式写进报告，并成为过去一年产业发展的一个亮点。这就是跳出数据看数据的妙处。

（2）要切换视角品数据

"横看成岭侧成峰，远近高低各不同。"观察视角不同，结论也会不同。鲁迅评论《红楼梦》说："经学家看见《易》，道学家看见淫，才子看见缠绵，革命家看见排满，流言家看见宫闱秘事。"品味数据，也要善于借用"多棱镜"来观察，从不同侧面去分析。

例如，写一个地区的经济发展质量和水平，通常的视角是总量大小、速度快慢等。其实还可以切换一下，从"五大发展理念"视角来看，除了讲总量，讲速度，还可讲创新能力、协调程度、开放程度、节能环保、民生改善几个方面。

再如，有个材料里写："上半年，全市合同引进外资 62.4 亿元，增长16.3%，完成年度计划的 53.4%；实际到位外资 34.1 亿元，增长 18.6%，完成年度计划的 54.6%。"这只是客观的数据呈现，缺乏观点和判断，稍加分析就会发现，其实 53.4% 和 54.6% 两个数据都超过了一半，完全可以下一个"双过半"的结论。

总而言之，在信息时代，数据已经不仅仅是数字，而是新时代的新能源，谁能深刻认知数据、处理数据，谁就能够掌握主动，把握时代脉搏。所以，我强烈建议，公文写作者要在文稿写作中树立牢固的数据思维，常怀数据之疑，常发数据之问，常学数据之法，常修数据之功，善用数字说话。

第23讲　思维在"线"上，才能写到"点"上
——8 种"踩点"方法

写文章的目的是给人家看的，不是给自己看的，所以不能只有你自己懂，主要是要使人家懂。

——郭沫若

本讲导读

在公文写作中，领导经常会批评"材料没写到点子上"，很多朋友苦恼于不知道什么是点，如何踩点。本讲就是帮助大家解决这个问题的。研究了这么多年写作，我愈发觉得，写作本质上是一个生产过程，首先输入点状原料，经过大脑加工，输出立体的"文字产品"。这个过程从点出发，由点成线，织线为网，组网为面，最后合面成体。点状的原料是前提，如果"点"踩不准，写作就会"跑偏"，就写不到点子上。所以，踩点对"内容生产者"来说实在太重要了，可以说是写作成败的关键。基于这个考虑，本讲总结了写作中最重要的 8 个"点"，实际是 8 个思考维度，也是经营文章的 8 种策略。希望大家写作时强化踩点意识，写出适销对路的"爆款文"。

本讲核心观点

- 审问写作"出发点"
- 选好问题"切入点"
- 占领思想"制高点"
- 触及各方"兴奋点"
- 抓住事物"关键点"
- 拿捏关系"结合点"
- 凸现工作"闪光点"

■ 踩准笔墨"落脚点"

在中国文化里，"点"是个非常复杂的概念，它既是名词，又是动词，还经常被当作量词来用，如雨点、地点、起点、小数点、优点、钟点、糕点是名词，而点名、点头、点击则是动词，一点儿、吃点儿东西，又成了量词。点这个词像流水一样，在科学的田野里，早已流淌并浸润到了物理学、语言学、社会学、几何学、数学的田地里，甚至公文写作都要求写到"点子"上。

写作本质上是一种思维活动，思维的最大价值就是把点状的信息网络化、系统化、立体化。

大脑就像一座工厂，日常通过学习获得点状信息，这些信息好比一堆杂乱无章的原料，当原料输入生产线后，混沌关系就会被重塑，最终变得有条有理，以有序的性状呈现出来。在生产过程中，点状的原料是前提，没有原料，生产就变成无源之水、无本之木。有了原料后，关键就是生产线了，尤其是工艺技术。工艺技术相当于人的思维方式，工艺不同产出的产品就千差万别，比方说，宝马的工艺产出的是宝马汽车，奔驰的工艺产出的一定是奔驰汽车，而不会是宝马，因为工艺技术不同。但有一点是相同的，那就是都需要原料输入。

写作是一个把"文字原料"加工成"文字产品"的过程，会经历"点—线—网—面—体"的形态转换，由点成线、织线为网、组网为面、合面成体。在这个过程中，点是前提，点踩得不准，写作就会跑偏。

高效能的写作要踩准以下 8 个点。

1. 审问写作"出发点"

"出发点"即写作的初心，也就是为什么要写。审问"出发点"解决的是写作方向问题，如果方向把握不准，大概率会"下笔千言，离题万里"。

如何审问"出发点"？以讲话稿为例，关键把握好 4 个"W"。

（1）Why：为什么写

首先，领导为什么要讲，目的是什么。假如办公室主任临时安排你写单位领导在作风建设推进会上的讲话，你咋办？有经验的人就要问，为什么开会、出发点是啥、侧重点又是什么，是为了提升依法行政水平，还是加强党的建设。目的不同，写法不同。若搞不清意图，就分不清轻重，不知哪些该写、哪些不该写。

其次，写这个稿、开这个会的背景是什么，因为世上没有无缘无故的爱，也没有无缘无故的恨；工作中没有无缘无故要干的事，也没有无缘无故要写的稿，你要写的稿子一定有特定背景，如果搞不清楚，就踩不准点。

同样以作风建设推进会讲话为例：

你接到任务后，除了问清目的，还要问背景，比如这个会是不是从上而下层层召开的，是不是近期单位在作风上出了什么问题，领导有没有相关批示，等等。多问几个"为什么"，千万不要怕麻烦。有些同志写不好，一个重要原因就是不清楚写作意图和背景，凭主观臆测或不全面的信息写，怎能写到领导心坎上呢？

（2）What：写的什么事

公文都是为解决问题而生的，文因事而生，事用文来解。解决问题有个前提，即定义问题，只有把问题边界定清楚了，才能准确地切割问题，进而有针对性地提出解决方案。

如何认识问题？

仍以作风建设推进会讲稿为例，写前需要清楚：第一，作风建设的内涵是什么。第二，中央对作风建设的重要理论、工作部署有哪些。第三，上级对作风建设有哪些重要观点、重要指示和重要文件。第四，单位在作风建设上存在哪些具体问题、典型事件。第五，本单位作风建设上曾采取哪些措施，效果如何，哪些是有效的，哪些是需改进的。第六，本单位领导对作风建设有哪些基本思路和方法。只有把这些问题研究清楚了，才能写到点子上。

（3）Where：在何种场合用

"到什么山唱什么歌"是毛泽东同志教给我们的写作方法。我的理解，讲话看场合是高情商的表现，如果不看势头乱说一通，达不到预期效果，只会令人尴尬。

所谓场合，即文字运用的场景，可从 3 个方面理解。

第一，使用范围。是内部小范围讲，还是外部大范围讲。如果是内部讲话，用词用语可以自由随意一些；如果是大范围公开讲话，尤其向媒体讲话，那么用词要慎之又慎，以免造成误读。

第二，现场气氛。是庄重严肃，还是喜庆活泼。如果是庄重严肃的场合（如党代会、人代会、纪念会等），用词用语一定要体现规范、严谨、庄重的特点；

如果是表彰会、联欢会、座谈会等，则要体现喜庆、昂扬、客气的特点。

第三，轻重缓解。如果事情紧急，内容要开门见山，直陈其事，语气要急迫；如果是开突发事件紧急动员会，就不能像开研讨会一样慢条斯理地论证太多的重要性、必要性，必须开门见山讲干什么、怎么干，提出工作要求，不能耽误时间。

（4）Who：何人讲、何人听

讲话稿的本质就是讲话，是沟通的一种方式，所以必须有人讲、有人听，否则沟通就不成立。

第一，搞清谁来讲，把讲话者研究透，我的经验是"六看"。

一看领导职务。正职领导的讲话站位、内容、语气同副职领导的讲话一定是有很大区别的。

二看领导学历。本科毕业的领导同博士研究生毕业的领导，在对某些问题的理解深度上无疑是有差异的。

三看领导专业。比如学金融出身的领导和学工程机械出身的领导思考问题的方式有差异，学哲学出身的与学法学出身的思考问题的方式同样有差异，他们对文稿的认知或多或少会带有本专业的影子。

四看领导履历。比如长期从事理论研究的人更关注写作的逻辑和分析问题的方法，长期在基层一线工作的人更关注问题的破解方法，长期在企业工作的人就会用企业的思维方式来处理问题。

五看领导性格。性格外向的领导敢于表达，愿意接受新观点，而性格内向的领导则表现得相对拘谨，追求稳妥，谨言慎行。不同性格的人，对文字风格是有不同要求的。

六看领导偏好。每个人都有些莫名其妙的偏好，没有任何道理可言。比如，有些领导喜欢引用诗词歌赋、名言警句，有些领导喜欢通俗易懂的表达，有的喜欢排比对仗，有的喜欢像日常讲话一样表达，有的甚至有特定的句式结构，不一而足。

第二，搞清讲给谁听。不同的场合有不同的对象，面对不同的对象要"唱不同的歌"。

如果受众是机关干部，对工作的理解认知一般来说都很高，讲话内容就可以写得专业些，语气也可以严厉些；如果受众是媒体，是群众，内容就通俗易懂些，否则人家听不懂，语气也要客气些，不能以"领导"自居，因为那样很难拉近彼此距离，一旦让人感到讲话者居高临下，沟通效果就会大打折扣；如果受众是上级领导，或者是平级部门的人，讲话的站位、语气要跟着转变，那些对内部讲的话，在这里就极其不合适了。总之，一定要根据不同受众来写，看人说话、因人而异。

2. 选好问题"切入点"

所谓"切入点"，即写作的切题方式。换句话讲，就是确定什么主题、开多大口子、用何种表述方式。

怎样选"切入点"？应把握 3 点。

（1）找准"靶心"

靶心就是文稿的中心论点、核心问题。写文章就像射箭一般，只有找准靶心，才能明确方向，写到"点子"上。

例如，毛泽东同志在八届七中全会上的讲话："别的事我不讲，只讲工作方法，现在的中心问题是工作方法，要会做工作。"在这个讲话里，"工作方法"就是写作的靶心，所有的文字都为这个靶心服务，围绕靶心展开。

（2）量准"切口"

任何一个事物都有不同的层面，从哪个层面来谈，就是切口问题。切口有大有小，一个主题下面可能包含很多子论题。比如我们研究一个产业，切口就有很多，可以研究产业的现状，也可以研究存在的问题，还可以专门研究对策，甚至可以专题研究特定背景下的产业发展机遇、挑战。

而一篇文章往往很难把所有问题一网打尽，怎么办？我倾向于抓关键，从小点切入，小题大作。如果贪多图大，写出来的文章往往面面俱到，似乎什么都讲了，又似乎什么都没讲，这就叫没写到"点子"上。

（3）审问"曲直"

这是表述方法的问题，当然也可以理解为切题方式的问题。一般来说，切题时有两种笔法，一种是直笔，单刀直入、首句破题、不绕弯子；另一种是曲笔，曲折委婉、迂回包抄，开头作一些铺垫。

从表达效率看，公文一般倡导用直笔。

比如，1951 年中央曾指示："一切较长的文电，均应开门见山，首先提出要点，即于开端处，先用极简要文句，说明全文的目的或结论。"这就是提倡直笔。不过，这也不是绝对的，要知道，某些情况下，切入正题之前适当铺垫一下，委婉地过渡一下，读者更容易接受，有道是"欲速则不达"，太急迫了，反而达不到表达目的，也很难称其为写到点子上。

3. 占领思想"制高点"

所谓"制高点"，即思考问题的格局，通常表现为思考问题的高度、深度、广度。我们说：公文须有大格局，想具备"大格局"，就得占领思想"制高点"。

怎样占领思想"制高点"？有 4 点经验可以借鉴。

（1）心居高位，讲政治

正所谓"不畏浮云遮望眼，只缘身在最高层"。有大格局的公文，首先要有政治敏锐性，善于站在政治高度审视问题，旗帜鲜明讲政治，不折不扣贯彻落实党的路线、方针、政策，审视形势、提出对策，以站位之"高"彰显格局之"大"。

（2）胸怀宽广，顾大局

古人说，"胸次有丘壑，笑谈无俗氛"。写文章时，胸中有万千气象，笔下方有磅礴气度。万千气象源自哪里？就源自作者宽广的胸怀，只有有了宽广的胸怀，写作时方能立全局、谋全局、顾大局，思考时"思接千古，视通万里"，落笔时"观古今于须臾，抚四海于一瞬""挫万物于笔端"，以胸怀之"广"彰显格局之"大"。

（3）与时俱进，立潮头

明者顺时，智者应势。有高度的文稿，应该体现时代性，把握规律性，富于创造性。怎么做到这一点？一个行之有效的方法是，善于弘扬时代旋律，体现时代精神，彰显时代特点；善于倾听时代声音，号准时代脉搏，跟上时代潮流：以思想之"新"彰显格局之"大"。

（4）知先行后，讲理论

王阳明说过："知者行之始，行者知之成。"想占领思想的制高点，还要善于掌握高超的写作技巧。我觉得高手往往善于在摆事实的同时讲道理，在关注现象的同时探求本质；高手往往善于运用科学思维、科学理论来看问题、找原因、谈思路、提措施，让理论之光照亮写作之路，以理论之"深"彰显格局之"大"。

4. 触及各方"兴奋点"

所谓"兴奋点",即各方普遍关注的问题。公文姓"公",必然涉及东西南北、上下左右各方各面,所以必然要回应各方关切,说大家想听的话。

若想触及各方的"兴奋点",就离不开多向度地感知问题,大致可以归纳为4个方面。

(1)吃透上情

具体说来,就是全面把握党的路线方针政策、上级的战略部署和指示精神,原汁原味地把这些东西贯彻到文稿中,确保精神不"夹生"、方向不偏移、动作不走样、效果不打折。

(2)体察下情

说通俗一点就是,在安排工作前,想方设法了解掌握下级单位的工作情况,哪些做得好、哪些做得不好,哪些问题基层可以自行解决、哪些问题需上级帮助解决,多听基层建议,了解基层实情。

(3)感知民情

说白了,就是善于倾听群众呼声、关注各方诉求,写出群众的心里话,把文稿当成群众与党和政府的"传感器",准确感知群众冷暖。这种向度在写民生类的政策文件时尤其重要。

(4)回应社情

所谓社情,即社会各界的想法。怎么回应?其实很简单,就是在制定政策措施前,充分征求社会各界的意见,处理敏感性问题时,密切关注社会舆论,针对媒体报道的热点、焦点问题,及时作出有效反馈。

把握好以上4个向度,感知到各方的兴奋点在哪里,写出来的稿子才能切中要害,写到"点子"上。

5. 抓住事物"关键点"

所谓"关键点",即决定事物发展的要害。关键点如同蛇的"七寸"、牛的"鼻子",打蛇要打七寸、牵牛要牵鼻子,写公文同样也要"打七寸""牵牛鼻子"。

什么是公文的"关键点"?如何抓住关键点?需把握3个要点。

（1）盯重点

所谓"重点"体现在两个层面：一是写作技巧的层面。写好一篇文稿，必须注重调查研究、材料收集、立意构思、修改校对等重点环节，注重主题、结构、材料、语言和表述等重点要素，方能写到点子上。二是解决问题的层面。写文章重点不在于写，而在于解决问题。怎么解决？我觉得还是那句话：聚焦在重点问题、重点工作、重点项目，承担责任的重点部门、重点人物，解决问题的重点环节、重点措施上。

（2）克难点

做任何事情都有难点，这里所说的难点也有两个方面：一是写作之难，这种难难在立意构思、谋篇布局，难在遣词造句、推敲斟酌。二是办事之难，这种难难在人手、资金、技术，难在关系复杂、耗时耗力。若想文稿获得别人称赞，就要识难不避难，克难不畏难，着力攻克这些难点，否则是写不好文稿的。

（3）跟节点

所谓节点，就是节奏上的安排。从写作本身来看，一定要把握好节奏，什么时候搜集素材、拟定提纲、修改校对、报送审定，心中得有个谱。从解决问题的角度看，要有节点意识，善于设置节点、关注节点。比如，部署类文稿要善于"立标"，定出工作总体目标、阶段目标，让执行的人知道什么阶段干什么、干到什么程度；总结类文稿要善于"对标"，对照目标检查完成进度。

6. 拿捏关系"结合点"

所谓"结合点"，即写作中各类关系的平衡。古人说，文无定法，又有一定之法。写公文如同"戴着镣铐跳舞"，既要体现规范性，又不能失去灵活性，这样一来，度的拿捏就很重要了。

怎样拿捏写作的度？建议做到 5 个结合。

（1）虚实结合

讲道理时不忘摆事实，谈认识时不忘出对策，提定性要求时给出定量目标，制定宏观战略时拿出具体措施，做到有理有据。

（2）上下结合

上级方针政策与下级实际相结合，既不照搬照抄，上下一般粗，也不各行其是，搞"上有政策，下有对策"；既做上级"规定动作"，也做"自选动作"。

（3）点面结合

写普遍措施时，也提出个性化方案；讲普遍规律时，也列举具体事例；讲整体效果时，也分享个别经验。

（4）粗细结合

重要问题详细论述，次要问题则一笔带过；新成绩、新问题、新措施浓墨重彩，重点呈现，众所周知、老生常谈的问题则轻描淡写，甚至略而不谈。

（5）新旧结合

既遵循基本规范，也适当创新形式；既遵循基本理论，也提出新思路、新观点；既利用传统经验，也探索新方法、新路子。

7. 凸显工作"闪光点"

所谓"闪光点"，即工作的亮点、特点。不管是工作总结、信息简报，还是经验交流材料，只有写出亮点，写出彩来，才能吸引读者眼球，获得大家认可。但问题是，如何才能凸显闪光点？就像罗丹所言，世界上不缺乏美，只缺乏发现美的眼睛。我受此启发，总结了4条经验。

（1）"有无"之眼，善于看信息差

"有无"是发现亮点的第一维度，这个维度可以从两个方向看。一是纵向看，以往没有做的事情，现在做到了，就是亮点。二是横向看，别人没有做到的，我做到了，也是亮点。从无到有是质变，最具说服力和视觉冲击力，"亮度"最高。

（2）"多少"之眼，善于看数量差

工作成效大部分是用定量的指标来衡量的，数量多少也是亮点的体现。指标可以横向比，看高出兄弟单位多少；可以纵向比，看同比增长了多少、翻了几倍、超过目标几个点，数量越多，亮点越"亮"。

（3）"快慢"之眼，善于看速度差

对于无法量化的工作，可以对比推进速度和节奏。比如，部署时先人一拍、快人一步，早安排、早落实就是亮点，甚至提前完成任务也是亮点。有时候，抓工作的频率也可以作为亮点，如开展"日巡查""周通报""月分析"等，频次越高，说明工作越实，亮点越耀眼。

（4）"优劣"之眼，善于看质量差

任何事情都有优劣之分，关键是学会找标尺。比如总结工作经验，除了比定量目标，对于态度、方法及效果等，就要看品质。品质如何衡量？关键看表彰奖励情况及上级领导、基层群众的评价情况，甚至可以看媒体宣传报道情况，孰优孰劣，一比较，高下立判。

8. 踩准笔墨"落脚点"

所谓"落脚点"，即笔墨用在什么地方。不管哪种公文，都是为解决问题而发的，想解决好问题，就要回答干什么、谁来干、怎么干、干到什么程度，这些问题就是"落脚点"。

具体写作中，踩准"落脚点"要把握 4 点。

（1）敲定"主攻点"

"主攻点"就是工作目标，通俗地说就是干成什么样子、做到什么程度。需要说明的是，目标可以是总体目标，也可以是阶段目标，可以是定性的，也可以是定量的。

（2）画好"作战图"

目标定了以后，接下来就是如何做的问题了。做好工作，关键在于措施和方法。好的稿子不仅要定目标，还要提出务实管用的方法措施，给执行者画出线路图。

（3）立下"军令状"

毛泽东曾说，政治路线确定之后，干部就是决定的因素。再美的愿景、再好的措施都要有人去干才会变为现实。要干，就得明确责任主体，通俗地说就是明确谁来干、谁牵头、谁配合。只有这样，我们写出来的稿子才是可操作的，不是"驰于空想，骛于虚声"的。

（4）吹响"集结号"

"集结号"就是工作完成时限。任何工作都应该有完成时限。有了时限，才知道什么时候要做什么；没有时限，再好的愿景都是一张"空头支票"，说起来头头是道，干起来遥遥无期。所以，写部署性文稿时，一定要有这样的意识，否则很难写到点子上。

第24讲　务实的文章才有"质感"
——写公文的5大"实"招

初学作文，常见的一个缺点是没有内容，即言之无物。或主旨不明，或人云亦云，或琐细无谓，虽然是练习，这也是大病。补救之道是学习历代的名射手，要箭不虚发。

——张中行

本讲导读

"实"是判断公文质量的一大标准，毛泽东在《反对党八股》一文中把它当成作风问题，习近平总书记提倡"短、实、新"。从这个意义上讲，一篇文章有没有"质感"，关键就看文章写得实不实。什么叫实？主要表现在语言、结构、内容、表述和措施上：语言上，讲真心话、大白话、有根据的话、有感而发的话是实，而讲空话套话、无病呻吟的话则是虚；结构上，主题鲜明、思路明晰、观点系统、结构严密、逻辑清晰是实，而主题不明、思路混乱、观点不全、结构失衡、逻辑失调则是虚；内容上，举例子、列数据、讲措施、谈效果为实，而讲道理、说意义、谈理念则为虚；表述上，客观事实是实，主观臆断为虚；措施上，具体措施为实，宏观战略为虚；定量表述为实，定性分析为虚；个性措施为实，普遍要求为虚。希望大家从5个维度建立"质量标准"和"质量体系"，多写有"质感"的文章。

本讲核心观点

- 语言表达：朴实
- 谋篇布局：严实
- 观点内容：充实
- 情况描述：真实
- 对策措施：切实

公文几乎都以实为美。

文章写得实不实，已然成为好不好的标准了。毛泽东在《反对"党八股"》里反对空洞无物的文章，习近平总书记在浙江工作时提出过"求短、求实、求新"的要求。"实"是评价文章质量的重要标准，也是彰显文章"质感"的有效方法。

有个不太贴切的比喻，好的文章就像水蜜桃，皮薄、肉厚、汁多、味甜、核硬，不能像椰子，皮硬，心不实。

什么叫实？如何写实？

下面，从语言、结构、内容、措施和情况 5 个维度来谈谈。

1. 语言表达：朴实

语言是思想的外壳，是表情达意的工具。实在的稿子首先要让表达更朴实，用通俗易懂的话把问题说清楚、讲明白。具体方法有 3 条。

（1）讲通俗话，不讲晦涩话

大钢琴家霍洛维茨曾说过："朴素原来最有力量。"他的演奏没有多少修饰包装，仿佛从心底流淌出来的清泉，最能体现本真的朴实美。实在的文章，语言尽量通俗易懂，有时甚至可以"林中烧火，就地取材"，使用一些深入浅出的群众语言，体现生活趣味，拉近与受众的距离。

毛泽东讲话就非常通俗，他在一次中央工作会上，讲到哲学上离开个性就没有共性的问题时，说世界上没有一般的"房子"，只有天津的洋楼、北京的四合院；也没有抽象的"人"，只有张三、李四具体的人。

习近平总书记也喜欢讲通俗的话。比如，2013 年他在莫斯科国际关系学院演讲时说："'鞋子合不合脚，自己穿了才知道'。一个国家的发展道路合不合适，只有这个国家的人民才最有发言权。"既浅显又深刻。党的十九大报告中也不乏这样的语言："中华民族伟大复兴，绝不是轻轻松松、敲锣打鼓就能实现的。"充满朴实的力量。

事实证明，空洞的大道理没人爱听，玄妙精深的理论也不受欢迎，只有将深奥抽象的理论用通俗浅显的语言表达出来，才容易被人接受。

（2）讲真心话，不讲虚假话

真心实意地说真话、讲实况、道真情，真真切切地表达情感，原原本本地反映情况，实实在在地解决问题，不能玉皇大帝讲天书——尽说空话，也不能无病呻吟说假话。

比如，邓小平在《邓小平文集》序言中的话，"我是中国人民的儿子，我深情地爱着我的祖国和人民"，情深意切，感人肺腑。习近平总书记在十九届中央政治局常委与中外记者见面讲话时说："这一次来了许多记者朋友，有些是远道而来。我了解，你们对大会做了许多的报道，很充分的报道。大家辛苦了！"充满了关怀之情，一下子拉近了和记者的心理距离。

（3）讲简单话，不讲复杂话

简为文章尽境，公文尤其如此。当下，社会上兴起"极简主义"生活方式，用到公文写作里也是很合适的。

如何才算讲简单的话？个人理解，应该做到语言简洁明了、结构简单易懂，能少用一个字的，就不要用两个，能用一句话说清的，就不要用两句。简单的话，语法上应该符合现代汉语规范，语体上应该简洁、鲜明、生动，句式上应该简洁、明快，修辞上应该贴切、准确。

有的人写文章偏偏不喜欢"简单"，而喜欢咬文嚼字、之乎者也，故意使用一些难读、难写、难理解的生僻字，甚至使用一些结构复杂的"欧式复句"，用一大堆定语、状语。这些都要不得，像毛驴拉磨一样绕来绕去，读起来难受。

2. 谋篇布局：严实

实在的稿子能从谋篇布局上体现出来，其主题、思路、观点和逻辑体现出构思的缜密、结构的严密、考虑的周密。

（1）主题应集中

立意构思要缜密，对于解决的问题、发表的观点，概念切割必须清楚、主旨必须鲜明，不能模棱两可。譬如1949年元旦毛泽东在《人民日报》发表的新年贺词，主题很鲜明，就是"将革命进行到底"，鲜明地提出各阶层应采取的态度以及将革命斗争进行到底的信念，闪现了党在后面一段时间的战略任务。

（2）思路应清晰

思考问题要层层递进、环环相扣，用一条主线来贯穿。对于需要解决的问题是什么、为什么、怎么办、干什么、从哪里切入、在哪里着力、由谁来干、采取哪些措施等，都要了然于心。

毛泽东说过："一篇文章或一篇演说，如果是重要的带有指导性质的，总是要提出一个什么问题，接着加以分析，然后综合起来，指明问题和性质，给予解决办法。"这就是说，一篇文章应该抓住主线，围绕一个主题展开，即提出问题、分析问题、解决问题。他的《中国社会各阶级的分析》一文之所以经典，就是贯穿了提出问题、分析问题、解决问题的脉络，论证丝丝入扣。

（3）观点应系统

观点是主题的支撑点，是文章实不实的关键。每个事物都是一个系统，都有其特定的构成要素和构成关系。一篇文章，只有观点系统、完整了，主题才站得住、立得稳。

观点怎样才称得上系统呢？

主要体现在完整性上。写作时对于概念的解释不能挂一漏万、顾此失彼，应该完整。举个例子，写"党的纪律"这个主题，由于《中国共产党纪律处分条例》已对"党的纪律"这个概念作出了严格的规定，写作时就必须从政治纪律、组织纪律、群众纪律、廉洁纪律、工作纪律和生活纪律6个方面全面考虑，缺了哪一项纪律都是不完整的。

（4）逻辑应严密

逻辑是文章各要素之间的内在联系，逻辑严不严也是文章实不实的衡量标准。

在文章这个特殊的文字"生态系统"中，每个观点、每个标题都有其特定的价值和逻辑关系，最忌讳出现逻辑问题。

若想让逻辑显得严密，谋篇布局时就要让各表意单元遵循逻辑规律，明确先说什么、后说什么。或平行并列，或像"提着马灯下矿井"，步步深入、层层递进。在空间上，谁上谁下、谁大谁小、谁多谁少、谁总谁分、谁主谁次，都应井然有序，不能混沌一片。

3. 观点内容：充实

实在的文章，内容要像猪肚，干货要多、水分要少，有血有肉，给人以充实感。如何充实内容？方法有3种。

（1）叙述时，多举例子，用事实说话

事实胜于雄辩，一个恰当的例子，往往比抽象概括更直观、更有力。写文章要善于用事实说话，从事例中提炼思想，从事例中阐发道理。

习近平总书记讲话非常善于让事实来说话，他的系列重要讲话常常伴有鲜活的事例，具有很强的说服力和感染力。2013 年 3 月，他在莫斯科的一次演讲中就引用了苏联飞行大队长格里戈里·库里申科与中国人民并肩作战的故事，用来说明两国人民相互支持和帮助。

（2）说明时，多用数据，作定量说明

恩格斯说过：一个事物只有可以用数学的方法去描述时，对它的认识才是深刻的。数据是最客观、最精炼的事实。一个关键的数字胜过千言万语，可以收到四两拨千斤之效。

譬如，党的十九大报告在总结过去 5 年我国经济建设取得的巨大成就时，说："经济保持中高速增长，在世界主要国家中名列前茅，国内生产总值从 54 万亿元增长到 80 万亿元，稳居世界第二，对世界经济增长贡献率超过 30%。"几个数据就让成绩跃然纸上。

（3）议论时，多作分析，拓展写作内容

内容是否充实，关键看能否把笼统的问题细化拓展，掰开、揉碎，解剖成若干类别、层次或组成部分，形成若干支撑性的子观点。

比如，习近平《在第十三届全国人民代表大会第一次会议上的讲话》中谈到"中国人民在长期奋斗中培育、继承、发展起来的伟大民族精神"时，运用分类的方法，从创新、奋斗、团结、梦想 4 个方面阐释中国人民伟大民族精神的深刻内涵，如层层剥笋，逐步展开，观点越来越具体，内容越来越充实。

4. 情况描述：真实

实在的文章还体现在内容的真实性上。而内容是否真实关键要看是否坚持了实事求是的原则，把问题研究真、反映准、分析透。

（1）调查研究要"真"

公文是各类素材的综合体，写作时必须把好材料的入口关，确保素材的真实性。

比如，毛泽东写《中国社会各阶级的分析》《湖南农民运动考察报告》等文章之前，愿意花很长时间去调查，目的就是要确保素材真实准确。他在 1956 年起草《论十大关系》这个报告时，前后花了一个半月的时间听取部委工作汇报。他后来说："如果没有那些人的谈话，那十大关系怎么会形成呢？

不可能形成。"

（2）总结评价要"准"

总结评价是总结报告类文章必不可少的任务。实的报告要在准字上下足工夫，在总结成绩、说明情况时，要有科学的态度，做到客观公正、科学准确，有一说一有二说二，是非分明，不夸大成绩，不掩饰问题。

（3）分析问题要"透"

所谓"透"体现在两个方面。

一是横向分析问题要"全"。这个"全"字，表现在总结工作时，既要看到成绩，也要发现问题；既看到自己努力，也不忘他人付出；既能发现客观原因，也能剖析主观问题。

二是纵向分析问题要"深"。这个"深"字，表现在分析问题时既要看现象，也要看本质；既要分析直接原因，也能反思根源问题。

全和深都有了，才能制定切实的措施。

5. 对策措施：切实

公文要落实，措施必须切实。所谓切实，就好比从山上滚石头，实打实地提出一些务实管用的措施来。解决好这个问题的关键，在于找准由"虚"到"实"的结合点，经验有 3 条。

（1）把宏观战略具体化

战略是指导一个单位或地区的总体布局，属于概念层面的东西，需要把它转化为具体方案方可落实。

例如，2015 年 1 月，习近平总书记考察云南明确了"努力成为我国民族团结进步示范区、生态文明建设排头兵、面向南亚东南亚辐射中心"的战略定位。为确保贯彻落实，云南省委出台了《关于深入贯彻落实习近平总书记考察云南重要讲话精神闯出跨越式发展路子的决定》，把习近平总书记的战略要求转化成云南省发展的思路、目标、路径、重点和措施。

（2）把定性要求定量化

管理学大师彼得·德鲁克有句名言："如果不能量化，就无法管理。"定性要求是对某项工作给出的概念化目标。定性要求属于虚的层面，必须把它"翻译"为量化指标才好执行。

譬如，2015 年国务院印发了有关制造强国建设的文件，提出了分"三步走"实现制造强国的定性战略目标。为了走好每一步，同时提出了 2020 年和 2025 年制造业发展 12 项量化的主要指标。有了量化指标，各地区就好按标准来安排工作了。

（3）把普遍措施个性化

有些政策措施是针对不特定对象提出的，要落到实处，必须结合实际提出有针对性的措施。任何措施都要有针对性，这样才能真正瞄准靶心，找到痛点，挠到痒处，务实管用。

法国文学家雨果说："抽象的理想必须变成具体的观念，这样虽然抽掉了美，却更有用；它缩小了、可是变得更好了。"

例如，近年来，浙江省在推进供给侧结构性改革和"放管服"改革实践中，结合自身实际把国家的普遍改革措施个性化，实施了富有浙江特色的"最多跑一次"改革，让改革之花在浙江土壤上开得异常鲜艳。

必须强调的是，虚和实是一组相对的概念。我们说文章要求实，绝不是说所有文章都要实，也不是说一篇文章里所有东西都要实，有很多该讲的道理、该分析的意义还是要讲到的。总的原则是，虚实结合、虚实相生。多数情况下以实为主、以虚为辅，如工作报告、情况汇报、部署安排工作等；也有的时候以虚为主、以实为辅，如理论研讨、心得体会、检查剖析等。关于这一点，老舍先生说过，"文章要有虚有实，互相陪衬""实而不板，虚而不空"。

在日常写作中，常常出现走极端的情况。有的写得太实，通篇都是硬得不能再硬的"干货"，标题下边直接就写一是、二是、三是，任务一项项、措施一条条、数字一串串，有骨无肉、有形无神，文字干巴巴、硬邦邦、冷冰冰，没有一点思想性、人情味和感染力。有的却写得太虚，翻来覆去讲道理，道理大、调门高，一点都不接地气，飘在空中下不来，漂亮的话不少，管用的招没有，属于典型的"虚胖"。

最后，还有一点要强调，公文是行政管理的工具，不管从什么维度来写实，稿子最终出来后，实用才是"王道"，才是判断实不实的终极标准。在以上几种方法中，情况真实、措施务实是核心，因为只有情况真了、措施实了，观点才能充实，结构严实、语言朴实也才有意义。否则就像空壳核桃，外表再实，里面空了，也没有吃的价值。

第25讲　井井有条，方能念念不忘

——如何写出层次感

文章，不管长短，都要有条理，理由用不着说。什么是条理？也是不追问还明白一追问反而模糊的事物。这里最好先缩小范围，因为条理可以指序列，任何序列都是一种条理，乱七八糟的序列自然也不能不算是一种条理。范围缩小，我们就可以把条理限定为清晰的或说可取的一群。这之后自然还有问题，那是，要搞清楚什么是清晰的或可取的。

——张中行

 本讲导读

公文写久了，我愈发觉得一篇文章就是一个文字组成的特殊系统，这个系统由字、词、句、段等不同规模的子系统有机组成，各子系统间呈现井然和谐的秩序，即通常说的层次感。公文写作在本质上是一种高度秩序化的言说行为，层次是表述的形式特点，也是内在要求。《易经》主张"言有序"，宋人吕南公则言："盖所谓文者，所以序乎言者也。民之生，非病哑吃，皆有言，而贤者独能成章，存乎序，此文之所以称。"（《灌园集·与汪秘校论文书》）这就是说，文章是对言语的组织、序化，层次感是行文的基本规则。本讲内容曾发表于《新闻与写作》2022 年第 1 期，原题为《如何增强文章的层次感》。着力探寻层次感的内涵、人们喜欢文章有层次的原因、层次感的表现形态和增强层次感的方法。希望大家读了本讲内容后，加强条理性训练，争取把文章写成一个秩序井然的"文字系统"。

本讲核心观点

- 什么是层次感?
- 层次感的 4 种表现

■ 写出层次感的 9 种方法

层次感是评判文章品质的重要标准。

文章讲究层次感，追求言之有序的效果。实践证明，有层次感的文章井然有序，受读者青睐；没有层次感的文章令人晕头转向，不受读者待见。

下面，一起来探讨层次感的内涵、层次感的具体表现及增强层次感的方法。

1. 什么是层次感？

层次感是文章中句与句、段与段、块与块的关系的视觉状态。这种状态有层次性、规律性，换言之，层次感就是文章的秩序感。层次感是文章美感的体现，因此人们喜欢有层次感的文章。

人为什么青睐有层次感的文章？原因有 3 点。

（1）层次是客观事物结构性的表现

文章是反映客观事物的手段，在客观世界里，一切事物都有特定的结构、层次。譬如城市里的高楼大厦、飞驰的列车、手中的书卷或院落里的翠竹，都有一个共同特点：一层层、一段段、一页页、一节节，层次分明。不仅如此，事物的发展过程也是分阶段、分步骤、有条理的，因而，按事物的层次规律来写文章，是客观事物层次性的本质体现。

（2）有层次的文章能降低受众阅读成本

人之所以爱读层次感强的文章，还有个效率问题。职场里，不管什么单位、什么职务，都离不开读书、看报、学文件。问题是，学习是件伤精费神的事情，在忙碌的工作之余，谁都希望花最少时间获得最多信息，尽量使阅读过程轻松一点。而有层次地铺排文章内容，正好可以满足这种需求，能有条不紊地叙事，层层深入地说理，有序引领阅读者踏雪寻踪，准确把握行文脉络，快速抓住思想观点，节约读者阅读成本。这样的文章，谁不喜欢读呢？

（3）层次感能给读者美妙的审美情趣

爱美之心人皆有之，读文章也不例外。有层次感的文章能给人以美的享受，让人产生愉悦感。在审美中，层次感是一个重要的维度，书法、绘画、雕刻、音乐艺术都讲究层次感，如主次、远近、大小、前后、虚实、轻重、缓急。文章由字、词、句、段组成，不同观点的铺排也应契合审美标准，讲究审美规则。

有层次感的文章，在有节律的谋篇布局和层层推进的语言中，给人整饬匀称的形式美和张弛有度的节奏感。可以说，人喜欢读层次分明的文章，是人性使然。

2. 层次感的 4 种表现

一般说来，一篇文章的层次感，主要表现为 4 种形态。

（1）短语层

一个短语一个层次。如党的十九大报告中的"人民有信仰，国家有力量，民族有希望"。这句话共 3 个短语，分 3 个层次，用逗号隔开。3 个层次层层递进，只有人民有信仰，国家才有力量，中华民族也才有希望。

（2）句子层

一个句子一个层次。如习近平总书记在庆祝改革开放 40 周年大会上的讲话："改革开放是我们党的一次伟大觉醒，正是这个伟大觉醒孕育了我们党从理论到实践的伟大创造。改革开放是中国人民和中华民族发展史上一次伟大革命，正是这个伟大革命推动了中国特色社会主义事业的伟大飞跃！"两个句子两个层次，第一层讲改革开放是一次伟大觉醒，第二层讲改革开放是一次伟大革命。

（3）段落层

一个自然段一个层次。如习近平总书记在第十三届全国人民代表大会第一次会议上的讲话，用 4 个段落阐释"中华民族的伟大民族精神"，第一段讲"中国人民是具有伟大创造精神的人民"，第二段讲"中国人民是具有伟大奋斗精神的人民"，第三段讲"中国人民是具有伟大团结精神的人民"，第四段讲"中国人民是具有伟大梦想精神的人民"，4 个段落 4 个层次，层层递进，层次分明。

（4）段群层

若干自然段组成一个大层次，若干大层次组成一篇文章。

如一篇关于干部队伍建设的文章，5 个一级标题讲了 5 个层次。

一是认真落实"四权"，改革选贤任能方式方法

二是致力采取"四逼"，增强干部综合素质

三是综合运用"四力"，提高干部领导水平

四是着力破解"四难"，创新升降流转机制

五是协调联动"四级"，形成齐抓共管格局

5 个层次下又分别阐释"四权""四逼""四力""四难""四级"，条分缕析，秩序井然。

3. 写出层次感的 9 种方法

由于层次感是文章的一种视觉效果，故而增强层次感可以通过改善表述方式来实现，方法有以下 9 种。

（1）用概念来分层

层次的灵魂在于"分"，只有把问题分开，苹果归苹果，萝卜归萝卜，才有产生层次的基础。怎么分解？

第一，用发散思维分类。把问题横向分为若干并列的类别。比如，将"管理"这个主题分为行政管理、经济管理、社会管理几个类别。

第二，用系统思维分块。从问题的构成要素出发，将问题分为若干组成部分。比如，把"城乡环境"这个主题在空间上分为"城市"和"乡村"两个模块，城市又可分为旧城、新城等。

第三，用结构思维分层。对问题进行纵向划分，形成若干自上而下的层级。比如，将"人"这个概念分为老年人、青年人、婴幼儿等；将行政机关分为中央机关、省级机关、市级机关等不同层级。

通过分类、分块和分层，将主题分为若干类型、模块和层级，让文章层层递进，如同金字塔一样井然有序。

（2）用逻辑来分层

层次划分出来后，最重要的是组合方式及行文逻辑。一篇有层次感的文章要遵循逻辑，言之有序。

第一，因果逻辑。一种是顺藤摸瓜，由因推果；另一种是追根溯源，由果推因。

第二，主次逻辑。往往是先讲主要成绩、主要特点、主要问题等，后讲次要的、细节的问题。

第三，层递逻辑。一般按照先后顺序依次表述，先讲过去，然后讲现在，再讲将来，环环相扣、步步推进。

第四，总分逻辑。一种是先总后分的"总—分"结构；另外一种是先分后总的"分—总"结构。

第五，转折逻辑。先对某个层次进行铺排，然后用"但是"来个 180 度大转折，转入表述相反的另一层。

第六，并列逻辑。这种逻辑是在性质、范围、程度上相似的层次关系，表述顺序较为自由，没有明确的先后顺序，可以按个人写作习惯来安排出场次序。除此之外，还有假设、虚实、点面等逻辑关系，不一而足。不管哪一种，关键是分清楚、理顺畅，才能彰显文章的结构之美。

（3）用修辞来分层

若说构思和逻辑是内功，那么修辞、标题和格式就是外功。修辞不仅可以增强表达艺术效果，关键还可以让人听得懂、记得住。通常，可用两种修辞方法来增强层次性。

第一，用反复加以提醒。如："40 年的实践充分证明，党的十一届三中全会以来我们党团结带领全国各族人民开辟的中国特色社会主义道路、理论、制度、文化是完全正确的……40 年的实践充分证明，中国发展为广大发展中国家走向现代化提供了成功经验……40 年的实践充分证明，改革开放是党和人民大踏步赶上时代的重要法宝……"反复出现 3 次"40 年的实践充分证明"，将 3 个段落划分为 3 个独立的层次。

第二，搞排比加以强调。如党的十九大报告讲到"中华民族伟大复兴，绝不是轻轻松松、敲锣打鼓就能实现的。全党必须准备付出更为艰巨、更为艰苦的努力"时，分别用"实现伟大梦想，必须进行伟大斗争""实现伟大梦想，必须建设伟大工程""实现伟大梦想，必须推进伟大事业"3 个结构相似的句子形成 3 个段落排比，从伟大斗争、伟大梦想、伟大工程 3 个层次进行阐释。

（4）用标题来分层

俗话说，看书先看皮，读报先读题。标题是文章的眼睛，也是文章的纲领。有层次感的文章首先体现在标题上，有层次的文章标题有 3 个特点。

第一，凸显主旨。做好标题的提炼，增强层次的辨识度和区分度，用最凝练、准确的语言归纳概括出层次大意，让读者在第一眼就能读懂每一层的意思。

第二，结构分割。以标题为基础，谋划好篇章结构，做好条块上的分割。就像盖房子一样，通过梁、柱、墙、板这些建筑构件来分隔功能空间。从这个意义上讲，标题就是具有分隔功能的"建筑构件"。

第三，警策提醒。"立片言而居要，乃一篇之警策"（晋·陆机《文赋》），在取好标题的基础上，再通过排版技巧，将标题分隔效果凸显出来。排版可以让读者一看到标题就形成条件反射，做好转换层次的思想准备。所以，文章要在标题上下功夫，使之工整对称、易读好记、朗朗上口，成为划分层次的利器。

（5）用序码来分层

在段首或句首标出序号，每个序号一个层次，序号变化代表层次变化。通可常用"一""（一）""1"，或"一是""第一""一要"等序数词来标识。这种方法几乎所有文种都在使用。最典型的应用场景是法规体公文。

如国务院 2018 年印发的《科学数据管理办法》："第一章 总则……第二章 职责……第七条 国务院科学技术行政部门牵头负责全国科学数据的宏观管理与综合协调，主要职责是：（一）组织研究制定国家科学数据管理政策和标准规范；（二）协调推动科学数据规范管理、开放共享及评价考核工作……"使用了"第一章""第一条""（一）"3 种序数形式。

（6）用分段来分层

不标序号，靠分段来分层。在演讲稿、致辞、讲话、消息简报等篇幅简短、内容简单、逻辑顺畅的文章里应用最多。

比如，1954 年毛泽东在第一届全国人民代表大会第一次会议开幕式上的致辞，全文 21 个段落，几乎一句话一个段落、一个层次。同样，习近平总书记2018 年的新年贺词既没用子标题，也没用序号，而是通过 11 个段落完成层次划分。贺词首先向全国人民进行亲切的问候和祝福，接着用几个段落全面概括2017 年国家在政治、经济、文化、科技、军事、外交各领域的重大成绩，然后顺势引到 2018 年及未来的发展愿景上。这篇致辞自然分层，没有刻意排序，循势、借势、趁势，如九尺之瀑，顺势而下。

（7）用词语来分层

在段落或句子前面加上固定词语，将段落或篇章分割成若干层次。

如党的十九大报告中有一段："中国特色社会主义进入新时代，意味着近代以来久经磨难的中华民族迎来了从站起来、富起来到强起来的伟大飞跃，迎来了实现中华民族伟大复兴的光明前景；意味着科学社会主义在二十一世纪的中国焕发出强大生机活力，在世界上高高举起了中国特色社会主义伟大旗帜；意味着中国特色社会主义道路、理论、制度、文化不断发展，拓展了发展中国家走向现代化的途径。"在每句话前面重复用"意味着"3 个字打头，既起到分割标识的作用，还营造了排比对仗的气势。

（8）用标点来分层

在同一自然段内，可用标点符号来划分层次。

如："中华民族迎来了从站起来、富起来到强起来的伟大飞跃！中国特色社会主义迎来了从创立、发展到完善的伟大飞跃！中国人民迎来了从温饱不足到小康富裕的伟大飞跃！中华民族正以崭新姿态屹立于世界的东方！"4 个感叹号划分了 4 个层次，表达了改革开放 40 年来的"三次伟大飞跃"。

习近平总书记在"一带一路"国际合作高峰论坛开幕式上的演讲还用破折号来分层。在谈到古丝绸之路绵亘万里、延续千年积淀下来的丝路精神时，在"和平合作""开放包容""互学互鉴""互利共赢"4 个词语开头的段落前加了"——"，显得层次更分明、节奏更有序、表意更清晰。

同样的，顿号、逗号、分号、句号也有分层作用。

（9）用排版来分层

任何层次都要呈现在版面上，就像人的脸面和着装。同样的文章，用不同的版式，层次感会有霄壤之别。如果采用上述方法后依然感到层次感不突出，还可以采用分段、符号、字体、字号、粗细、颜色等的设置来"补妆"。具体方法有 4 种：

第一，用符号补妆。规范使用标点符号和序号，适当使用分号、句号、破折号等来划分层次。

第二，用分段补妆。该分段时尽量分段，确保段落大意鲜明、集中，段落体量匀称、协调。不适合分段时尽量保证段落整体性、紧凑性，一个意思没有表述清楚，最好不要刻意分段。

第三，用字体补妆。规范设置标题和正文字体，字体上体现粗细大小的区别。据《党政机关公文格式》，主标题一般用 2 号小标宋体，正文用 3 号仿宋体，一级标题用三号黑体，二级标题用楷体，三级标题仿宋加粗。

第四，用粗细补妆。有时候，一个大段里会分若干层次，甚至会加入"一是""二是"之类的序数词，为便于阅读，还可将开头字词加粗，增强辨识度，凸显层次感。

以上是增强层次感的 9 种方法。大家还可根据自己的理解总结一些出来，不管什么方法，目的只有一个：降低读者的阅读成本。

第四篇

语言

文为阅己者容

· 言之无文，行而不远。

——《左传·襄公二十五年》

　　语言是思想的外衣，也是表达的工具。笔杆子的语言如同剑客手中的剑，如何真实、准确、高效地表达自己的观点，让人听得懂、记得住、忘不掉，非常考验写作者的"语言力"。

　　本篇围绕"表达技巧"讲 7 个问题：

◆ 修辞力：增强"文艺范"的 5 种方法

◆ 感知力：好文章的"6 种感觉"

◆ 品鉴力：公文语言的"7 种味道"

◆ 震撼力：增强震撼力的 4 层排比

◆ 感染力：增强感染力的 5 种策略

◆ 说服力：增强说服力的"8 种说法"

◆ 表现力：如何破除"知识诅咒"

谁说公文不能文艺点儿？
——增强"文艺范"的5种方法

> 文章和文件都应当具有这样三种性质：准确性、鲜明性、生动性。
>
> ——毛泽东

本讲导读

本讲着重探讨公文的语言风格问题。有段时间，网上有篇题为《与其守在静止的岸，不如做艘飞驶的船》的文章在公众号间大量转载，文章原载于某报"县委书记论坛"，作者为某地领导。文章写得很有文采，以至于引发了激烈的讨论。有的公众号直呼："把公文写成散文，这才是写作的最高境界"，有的学者看后发表了不同意见，认为应用文与文学文应该截然分开，不能混淆，也有认为要酌情增加文艺元素的，可谓众说纷纭。在这样的背景下，我也写了一篇文章，对这个问题进行了辨析。经过分析，我得出两个观点：一是并非所有公文都不能用文学语言，二是并非公文的所有部分都不能用文学语言。建议不要把二者截然割裂开来，因为公文同文学文二者并没有质的区别，它们只是语言的两种运用方式而已。二者如同中国语言之树上开出的两朵鲜花，同根同源，血脉相通，有着相通的文化基因，很难将二者彻底区分开来。

本讲核心观点

- 文学思维
- 文学修辞
- 文学体裁
- 文学素材
- 文学笔法

语言是表达的工具，讲究形式和效率。于是产生了语体问题，通俗地说，即什么文章用什么语言。

曾有篇题为《与其守在静止的岸，不如做艘飞驶的船》文章，刊登在某报"县委书记论坛"上，作者为某地市委书记。此文备受赞誉，被公众号广为转载，有的公众号直言"市委书记把公文写成散文，这才是写作的最高境界"，一石激起千层浪，触发了关于"公文是否可用文学语言"的争论开关，一时间，公文理论界展开了热烈讨论，众说纷纭，莫衷一是。

归结起来，观点大致有 3 种。

第一种：可以使用。这种观点以各微信公众号为代表，认为这篇文章"把公文写成散文，这才是写作的最高境界"，"字里行间充满了感情和温度，既有公文的严密性与逻辑性，又有散文的生动性与形象性，是一篇虚实相生、文理交融的范文"。

第二种：不可使用。持这种观点者认为："应用文与文学文应该截然分开，不能混淆。应用文是现实的世界，而文学文是理想的世界；前者是理性的再现，而后者是情感的表现；前者是实在的人生，而后者是希望的人生；前者更多地连接着人们的物质世界，而后者更多地连接着人们的精神世界；前者是徜徉散步，而后者则是竞技场上大出风头的赛跑。把公文写成散文，纯粹是对公文的亵渎，不但不切实际，而且会把公文引入邪路，使公文不成为公文。"

第三种：酌情使用。这种观点认为："公文也可以融入文学手法，文学文和应用文本质上都是语言之用，二者有区分，但也不必强调得太过。把情感与理性二分，本身就存在问题。"

这里暂且不说公文语言能否"文艺"点儿，咱们先看看这篇文章是怎么写的。

文章写道：

经济社会的各个方面都离不开企业家，这种贡献和大义，多年来已凝萃成江阴企业家群体的一种思想风骨与文化厚度。同时，市场不允许、对手不允许企业家有松口气、等一等的懈怠，与其守在静止的岸，不如做艘飞驶的船；与其当块被动的靶，不如做支呼啸的箭。

文章写道：

知识分子要审问、慎思、明辨、笃行，通古今之变化、保头脑之清醒、忌人云之亦云、扬向上之正气，传递振奋人心的精神力量，让公众相信社会、相信人心、相信主流、相信中国。要更加秉持守"匠心"的执着。匠心是知识分子对规律的尊重、对卓越的追求。坐得住冷板凳，生得出定慧心，下得了苦功夫，焚膏油以继晷，恒兀兀以穷年，激发术有专攻的优势，涵养可贵的工匠精神，催生更多的创新之花、创造之果，收获更多的江阴标准、江阴专利。

文章还写道：

普通百姓的努力，就是江阴的努力；普通百姓的进步，就是江阴的进步；普通百姓的样子，就是江阴的样子。走过乡野，你在田间耕耘；走过工地，你在挥汗如雨；走过工厂，你在流水线奋战；走过写字楼，你在代码间行云流水；走过马路，你在骑行准时送达外卖……从早忙到晚，你的梦想或许就是对得起自己这份工作、对得起家人为你留着的一顿温热饭菜，靠自己的奋斗为家庭实现一些期待已久的"小目标"，为社会创造一些闪耀光芒的"小美好"。这些"稳稳的幸福"，其实就是中国人内心对美好生活向往的最真实、最动人图景。只有每个平凡的大众百姓都在努力奔跑，追求自己的梦想，赢得自己的"C位"，争取自己的"锦鲤"，我们这座城市才会变得更加多彩、更加坚实、更加动人。

下面，我们试着做些分析。

首先，可以肯定，这篇文章不是"私文"，而是广泛意义上的公文。两点理由：第一，正文前有显著标识"县委书记论坛"，文章发表的背景是公务活动需要。第二，文章末尾落有作者职务的款，是以公职身份发表的文章，是为了公务。基于这两点，可以断定此文是公文无疑。

进一步分析，这篇文章具体属于公文的什么文种？显然，不在《党政机关公文处理工作条例》所列15种公文（决议、决定、命令/令、公报、公告、通告、意见、通知、通报、报告、请示、批复、议案、函、纪要）之列，并非严肃的"红头文件"。

那属于哪种公文呢？众所周知，在党政机关公务活动中，除了以上15种"法定公文"，还有大量使用的"事务性公文"，如信息简报、讲话稿、演讲稿、新闻稿、理论文章等，它们都是公文，并且占了公文的相当大比重。此文公开发表于报纸上，显然是篇理论文章。

回到文章的语言上，这篇文章语言生动、金句频出，不仅有散文的风格，综合运用了比喻、排比、引用等修辞手法，还引入了大量的网络热词，不得不说很"文艺"，彰显了写作者高超的写作水平。

如，"焚膏油以继晷，恒兀兀以穷年"引用了韩愈《进学解》中的名句，还带有骈体文风格。

如，"有极少数党员干部把意志消沉美名曰'佛系人生'，把为官平庸标榜为'淡泊明志'，把推诿圆滑开脱成'旷达超然'，如果安于现状而不思进取、安坐官位而不想奋进、安享'俸禄'而不愿奉献……"这几句话运用了排比手法，还使用了"佛系人生"这样的网络热词。

如，"与其守在静止的岸，不如做艘飞驶的船；与其当块被动的靶，不如做支呼啸的箭。""走过乡野，你在田间耕耘；走过工地，你在挥汗如雨；走过工厂，你在流水线奋战；走过写字楼，你在代码间行云流水；走过马路，你在骑行准时送达外卖……"这些句子，不仅具有散文风格，还富于诗意。

那么，对于文学化语言，在公文里是"可以使用""不可使用"还是"酌情使用"呢？我的主张是酌情使用。

这个主张，基于两点考虑。

第一，公文或者说应用文，不等于"红头文件"。 有些人在理解上可能存在偏差，一谈到公文，眼前就浮现出请示、批复、通知这样的典型公文模样。实际不然，公文"家族"里，既有红头文件，也有大量的综合文稿，这是很大的一个体系。

相应地，我们通常讲的"公文写作"也不等于"红头文件写作"，而是包括大量的综合文稿写作。对于"红头文件"，我赞同第二种观点，应把应用文与文学文截然分开，不能混淆，语言必须庄重、准确、朴实、精炼、严谨、规范。但如果是讲话稿、理论文章、演讲稿、致辞之类的文稿，语言可以加入一些文学元素，那样更有表现力、感染力。

在实际工作中，我们也确实是这么做的。比如，我早年在区里工作时，为区委主要领导起草的《在区委工作会上的讲话》里就写过这样一段话：

要有雷厉风行的工作作风，要在第一时间行动，第一时间落实，确保在第一时间见效，千万不要等到人间四月芳菲尽，"山"寺桃花始盛开。今年是奥运年，我们要用"更快、更高、更强"的奥运精神作为驱动，加快西山发展的速度，变追兵为标兵，变追赶式发展为带领性冲刺。

这段话引用了两句古诗，还用"山"字借代了区的名字——"西山"。显然，运用了文学手法。

第二，应用文（或者说公文）和文学文二者并没有质的区别，它们只是语言的两种运用方式而已。二者如同中国语言之树上开出的两朵鲜花，同根同源，血脉相通，有着相通的文化基因，很难将二者彻底区分开。

在中国公文的历史发展长河中，名篇佳作层出不穷，它们在立意选材、布局谋篇、语言运用等诸多方面独具匠心，成为中国古代文学艺苑里的奇葩，是中国传统文化的构成部分，不少被列入中华文学名篇，历久弥新。像秦代李斯的《谏逐客书》；汉高祖刘邦的《入关告谕》，司马迁的《报任安书》，贾谊的《论积贮疏》《陈政事疏》，晁错的《论贵粟疏》，东方朔的《上书自荐》，赵充国的《上屯田状》；三国时期曹操的《求贤令》《述志令》，孔融的《荐祢衡表》，蜀汉诸葛亮的《出师表》；晋代李密的《陈情表》；唐代魏征的《谏太宗十思书》，韩愈的《答李翊书》《论佛骨表》，柳宗元的《段太尉逸事状》，骆宾王的《为徐敬业讨武曌檄》；宋代王安石的《答司马谏议书》，欧阳修的《朋党论》；明代解缙的《万言书》；清代薛福成的《出使奏疏》《出使公牍》，等等，都是公文，但都被作为文学名篇来读。这是为什么？原因就在于这些作品气势恢宏，文采斐然，具有振荡人心的艺术魅力，继承了中华民族悠久文化的精髓，放射出艺术的光芒。

所以，可以得出两个判断。

第一，并非所有公文都不能用文学语言。在"红头文件"中，我赞同使用科学语言、政治语言，不使用文学语言。但在领导个人讲话稿、署名文章、先进事迹材料、应景性致辞、推介词等文稿中，毫无疑问可以使用借代、引用、比喻、排比等文学手法。

比如，习近平总书记在世界经济论坛 2017 年年会开幕式上的主旨演讲中有一段话：

当年，中国对经济全球化也有过疑虑，对加入世界贸易组织也有过忐忑。但是，我们认为，融入世界经济是历史大方向，中国经济要发展，就要敢于到世界市场的汪洋大海中去游泳，如果永远不敢到大海中去经风雨、见世面，总有一天会在大海中溺水而亡。所以，中国勇敢迈向了世界市场。在这个过程中，我们呛过水，遇到过漩涡，遇到过风浪，但我们在游泳中学会了游泳。这是正确的战略抉择。世界经济的大海，你要还是不要，都在那儿，是回避不了的。想人为切断各国经济的资金流、技术流、产品流、产业流、人员流，让世界经济的大海退回到一个一个孤立的小湖泊、小河流，是不可能的，也是不符合历史潮流的。

这段话里，总书记把世界市场比作"汪洋大海"，把经济活动比作"游泳"，把市场中遇到的风险比作"经风雨、见世面""呛水""旋涡""风浪"，把经济崩溃比作"溺水而亡"，把孤立的小市场比作"小湖泊""小河流"，使用了比喻的手法，文学式表达让讲话充满画面感。

再如，2020 年 7 月，中央民族大学校长黄泰岩在该校 2020 年毕业典礼上的致辞用富含诗意的语言追述了学校生活的场景：

那些年，已走远，往事浮在眼前。体育场挺拔的大树，记录了你们为祖国庆生的青春汗水；文华楼拥挤的电梯，兑现了你们绝不虚度的青春承诺；理工楼不熄的灯光，映射了你们探求未知的青春梦想；56 创夺目的奖杯，镌刻了你们创新创业的青春激荡。你们努力的样子，真美！当然，玉兰树前、紫藤架下失约的最后一个春天，也是留给你们难以忘怀的青春遗憾。亦苦亦甜的民大生活，惊艳了时光，温柔了岁月，随着老师们给你们的"毕业寄"，这些都统统打包进你们今后的行囊，陪你们一路星辰大海风雨兼程。

第二，并非文章的所有部分都不能用文学语言。就拿工作报告这种典型公文来说，在结尾部分通常会用排比、对仗的语句或贴切的诗句来提振精气神。

谁又能否认其文学性呢？

以党的十九大报告为例：

大道之行，天下为公。站立在九百六十多万平方公里的广袤土地上，吸吮着五千多年中华民族漫长奋斗积累的文化养分，拥有十三亿多中国人民聚合的磅礴之力，我们走中国特色社会主义道路，具有无比广阔的时代舞台，具有无比深厚的历史底蕴，具有无比强大的前进定力。

这段话引用了《礼记·礼运篇》的成语，"广袤""吸吮""磅礴"等词语，都是文学语言，谁敢说这个报告"不公文"了呢？

如何在公文写作中更"文艺"一点儿呢？方法有 5 种。

1. 文学思维

用大脑的联想和想象机制，拓展思维空间，让语言跳出原有限制，用文学语言的形态来表达。

2020 年 8 月，习近平总书记在经济社会领域专家座谈会上的讲话里讲道：

时代课题是理论创新的驱动力。马克思、恩格斯、列宁等都是通过思考和回答时代课题来推进理论创新的。现在，在波涛汹涌的世界经济大潮中，能不能驾驭好我国经济这艘大船，是对我们党的重大考验。

这里运用文学想象思维，把世界经济发展形势想象成波涛汹涌的大潮，把国家想象成在大海中航行的大船，而党则是驾驭这艘大船的舵手。

2021 年 12 月 3 日，安徽铜陵市市长孔涛在铜陵学院为该校大学生作的题为《青春筑梦邀您"铜"行》的形势政策报告中，巧妙运用"江湖游侠"4 个字来介绍铜陵：

铜陵是一座美丽而又宜居的城市。主要特点可以概括为四个字"江湖游侠"！

江，"万里长江穿境过"。安徽八百里皖江长江岸线铜陵占了 140 多公里，

6.3 公里滨江生态岸线整治曾获中国人居环境范例奖，建有中国最美图书馆——滨江书屋，她是皖江首个将废弃码头改造成的，是铜陵美丽"外滩"上一颗耀眼的珍珠……

湖，"一城山色半城湖"。山是铜陵的命脉，大铜官山国家矿山公园是这座城市的发源地，也是这座城市的"绿肺"，现在城市绿化面积超过 45%。市内有两大湖，天井湖因有一口"上通天，下通海"的井而得名，原外交部部长李肇星夸赞"铜陵的天井湖，比（杭州）西湖一点不差"……

游，"欢乐无处不在"。全市现有 9 个国家 4A 级景区，大家可到"天下第一文山"浮山观摩崖石刻、听先贤故事，到永泉农庄感受江南十二景的曲径通幽，还可以在"稻田宴"中品味田原艺术，大通古镇、梧桐花谷等景点也会带给大家不同的欢乐体验……

侠，"吃货侠的天下"。铜陵白姜等传统特色美食越来越受欢迎，很多来过铜陵的人都养成了吃姜的习惯。在遍布城区的小菜园可以尝到"母亲的味道"，北斗星城、西湖小吃街是青年人谈天说地撸串的好地方。在这座诗意盎然而又充满烟火的城市，完全可以"遇一人而白首，择一城而终老"。

2021 年 5 月 20 日，淮安市市长陈之常在 2021 届大学生集体毕业典礼上的致辞，巧妙应用了谐音：

今天，我们为在淮应届大学生举办集体毕业典礼，送上一份"5·20"的真情告白，既是满"淮"祝福，祝愿大家无惧风雨、逐梦前行，奔赴远大前程，用青春风采书写人生精彩；也是满"淮"期盼，期望大家筑梦淮安、施展抱负，用奋斗荣耀续写时代荣光。

大学毕业既是难舍的离别，更是人生的启航。期待大家收拾别离的千般思绪，校准出发的万里航向，勇敢开启奋进的人生。我想送上三句毕业赠言，也呈上一份留淮请柬，送上美好的祝愿，也发出留淮的邀约。

第一句"淮"念时光，见岁月"安"然静好……

第二句"淮"想将来，唯奋斗"安"放青春……

第三句"淮"抱机遇，愿携手"安"心逐梦……

2. 文学修辞

通过引用、比喻、排比、反复，甚至夸张等修辞格，为文章蓄势造势，增强语言的冲击力。

2014 年 7 月，习近平总书记在巴西国会发表演讲时用这样的语言讲述中巴"茶之友谊"：

中国和巴西远隔重洋，但浩瀚的太平洋没能阻止两国人民友好交往的进程。200 年前，首批中国茶农就跨越千山万水来到巴西种茶授艺。在 1873 年维也纳世界博览会上，巴西出产的茶叶赢得了广泛赞誉。中巴人民在漫长岁月中结下的真挚情谊，恰似中国茶农的辛勤劳作一样，种下的是希望，收获的是喜悦，品味的是友情。

演讲用了"浩瀚""千山万水""漫长岁月"等文学词汇，尤其把中巴人民的情谊与种茶类比，"种下的是希望，收获的是喜悦，品味的是友情"，诗一样的语言，文艺范十足。

在 2022 年新年贺词中，习近平总书记使用了排比手法：

黄河安澜是中华儿女的千年期盼。近年来，我走遍了黄河上中下游 9 省区。无论是黄河长江"母亲河"，还是碧波荡漾的青海湖、逶迤磅礴的雅鲁藏布江；无论是南水北调的世纪工程，还是塞罕坝林场的"绿色地图"；无论是云南大象北上南归，还是藏羚羊繁衍迁徙……这些都昭示着，人不负青山，青山定不负人。

连续 3 个"无论……还是"，从多个维度进行描述，让语言充满画面感。

2013 年 9 月，习近平总书记在哈萨克斯坦纳扎尔巴耶夫大学演讲，以及 2015 年 9 月在华盛顿州当地政府和美国友好团体联合欢迎宴会上的演讲，还采用了讲故事的手法，娓娓道来：

20 世纪 40 年代末，一位在新疆工作的中国小伙儿认识了在当地医院工作的美丽姑娘瓦莲金娜，两人真心相爱并结婚生子。后来，由于一些客观原因，瓦莲金娜回国了，当时他们的儿子才 6 岁。这个孩子长大后，不断寻找自己的母亲，想尽了各种办法，始终没有音讯。2009 年，儿子终于找到了自己的母亲瓦莲金娜，他的母亲就住在阿拉木图。这一年，儿子 61 岁，瓦莲金娜 80 岁。后来，儿子来到阿拉木图看望母亲，还把母亲接到中国旅游。这迟到了半个世纪的幸福，是中哈人民友好的有力见证。

新中国成立以来特别是改革开放以来，中国走过了一段很不平凡的历程，我们这一代中国人对此有着切身的体会。

20 世纪 60 年代末，我才十几岁，就从北京到中国陕西省延安市一个叫梁家河的小村庄插队当农民，在那儿度过了 7 年时光。那时候，我和乡亲们都住在土窑里、睡在土炕上，乡亲们生活十分贫困，经常是几个月吃不到一块肉。我了解乡亲们最需要什么！后来，我当了这个村子的党支部书记，带领乡亲们发展生产。我了解老百姓需要什么。我很期盼的一件事，就是让乡亲们饱餐一顿肉，并且经常吃上肉。但是，这个心愿在当时是很难实现的。

今年春节，我回到这个小村子。梁家河修起了柏油路，乡亲们住上了砖瓦房，用上了互联网，老人们享有基本养老，村民们有医疗保险，孩子们可以接受良好教育，当然吃肉已经不成问题。这使我更加深刻地认识到，中国梦是人民的梦，必须同中国人民对美好生活的向往结合起来才能取得成功。

梁家河这个小村庄的变化，是改革开放以来中国社会发展进步的一个缩影。我们用了 30 多年时间，使中国经济总量跃居世界第二，13 亿多人摆脱了物质短缺，总体达到小康水平，享有前所未有的尊严和权利。这不仅是中国人民生活的巨大变化，也是人类文明的巨大进步，更是中国对世界和平与发展事业的重要贡献。

3. 文学体裁

借鉴诗歌、散文，甚至杂文的范式，为公文提味增鲜。

赛场上，我国体育健儿不畏强手、顽强拼搏、为国争光，五星红旗高高飘扬，每一位中华儿女都备感荣光。一位护旗手说："我站在奥运会的升旗台，心中满满的自豪感，想到祖国如今的繁荣昌盛是多么来之不易，那是一种说不出的骄傲与热爱，泪水就夺眶而出了……"巧妙蕴含中华文化的冬奥场馆，活泼敦厚的"冰墩墩"，喜庆祥和的"雪容融"，扑面而来的中国年味儿，香喷喷的豆包……"冬奥梦"和"中国梦"精彩交织。

奥林匹克运动承载着人类对和平、团结、进步的美好追求。在世界百年变局加速演进、人类社会遭遇各种挑战的形势下，奥林匹克大家庭成员不远万里来华共襄盛举，团结友好的"朋友圈""伙伴群"越扩越大。外国运动员在回国时恋恋不舍地说："我会在飞机上哭的，我要哽咽了，爱你们。""我肯定会把生命中最美好的冬奥回忆带回家。"

这是 2022 年 4 月 8 日，习近平总书记在北京冬奥会、冬残奥会总结表彰大会上的讲话中的两段。在这两段话里，总书记使用了纪实文学的笔法，引用了护旗手和外国运动员的话，让讲话生动具体，充满感染力。

又比如，2021 年 12 月底，《中国青年报》刊载的一篇题为《为了山村那轮暖阳——新希望工程，我们来了》的文章写道：

说到希望工程，人们记忆中一直存有一张"大眼睛"的照片。这是一张我们这代人无法忘却的照片。照片里，年仅 8 岁的苏明娟干涩的双手紧握铅笔，浓密的头发蓬松杂乱，一边是若隐若现的艰苦环境，一边是她天生自带的那双充满求知与渴望的大眼睛，看后让人油然而生一种同情，更被她眼神中的纯情打动。"大眼睛"照片促使了希望工程的诞生。希望工程让很多像苏明娟一样的农村孩子有学可念、有书可读，改变了一大批山里孩子的命运。在贵州落地 31 年来，希望工程共募集资金 22 亿元，援建 1989 所希望小学，资助学生超过 32 万名，助推乡村教育条件实现了历史性进步，托起了无数山里孩子的读书梦！

这篇文章从标题到内容都很有文艺范儿，读得出报告文学的味道。

4. 文学素材

在文稿中融合使用诗词歌赋等文学素材。

2022 年 1 月 29 日，滨州市委书记宋永祥在该市企业家协会年会上的讲话，巧妙地用一副对联与企业家分享感受，妙趣横生：

1 月 5 日，我参加了在滨州举行的省工商联执委会议并致辞，借用《爱在滨州》《来吧朋友》《在路上》三首歌表达了感受，引起了与会嘉宾的强烈共鸣。今天，我用一副对联，与大家分享感受。上联是"金牛奋蹄兴大业"，下联是"如虎添翼更富强"，横批是"一起向未来"。

上联，金牛奋蹄兴大业。在牛年里，广大企业家"不用扬鞭自奋蹄"，发扬"三牛"精神，带领企业扎根滨州、深耕滨州、奉献滨州，是富强滨州建设的最大功臣、最强支撑……

下联，如虎添翼更富强。在虎年里，衷心希望广大企业家如虎添翼、虎虎生威，在更高水平富强滨州建设征程上阔步向前，带领企业做大、做强、做久……

横批，一起向未来。"一起向未来"是冬奥会的主题口号，也与年会主题高度契合。"一起"，就是手拉手、心连心，你中有我、我中有你，携手并进、共同前行；"向未来"，就是在建设更高水平富强滨州征程上，打造百年企业、筑牢百年基业，一起奔向美好未来……

2022 年 2 月 4 日，安徽黄山市举行乡贤代表新春茶话会，市委书记凌云在讲话中用 3 句带"虎"的诗词，表达对各位乡贤的感谢及期许期望，别开生面：

今日之黄山展现着"虎踞龙盘今胜昔"的昂扬士气。黄山澎湃向前的每个乐章，都凝结着乡贤的汗水和智慧；黄山拔节成长的每个片段，都倾注着乡贤的付出和奉献。万水千山总是情，这份情温暖这座城、温暖你我他，更是推动黄山奋勇前行的精神力量。

奋进之黄山激荡着"气吞万里如虎"的万丈豪气。站在新起点的黄山，"一带一路"、长三角一体化、中部崛起三大战略交汇，文化、生态、自然、旅游四大优势叠加，空间、经济、生态、文化、美学五大价值聚合，正处在大有可为的新阶段。我们完全有信心，让黄山成为生之自豪、来之倾心、为之神往的魅力城市，成为近悦远来、享誉世界的中国名片。

青春之黄山呼唤着"初生牛犊不怕虎"的蓬勃朝气。奋斗的黄山最青春、最美丽，为黄山奋斗的人也会更青春、更美丽。革命人永远年轻，无论身在何方、从事何业、年龄几何，只要我们保持对人生的追求、对事业的执着、对家乡建设的助力，那就是一种初生的自信、一种牛犊的朝气、一种不怕虎的气概。

2018 年 6 月，中央民族大学校长黄泰岩在毕业典礼上的致辞也特别文艺。他说：

同学们，几年来，你们作为民大人，以"战狼"般的精神，以难得的"速度与激情"，实施一次次的"红海行动"，取得了一个个"王者荣耀"，既无愧于自己的"芳华"，更厉害了我的民大！

讲话将《战狼》《速度与激情》《红海行动》《王者荣耀》《芳华》等电影巧妙嵌入其中，别有文学韵致。

5. 文学笔法

把名言警句自然地套用在文稿的语言之中，从众所周知的自然现象中找到事物发展的逻辑。

正如中国人喜欢茶而比利时人喜爱啤酒一样，茶的含蓄内敛和酒的热烈奔放代表了品味生命、解读世界的两种不同方式。但是，茶和酒并不是不可兼容的，既可以酒逢知己千杯少，也可以品茶品味品人生。中国主张"和而不同"，而欧盟强调"多元一体"。中欧要共同努力，促进人类各种文明之花竞相绽放。

这是 2014 年 4 月 1 日习近平总书记在比利时布鲁日欧洲学院发表的演讲，演讲以"茶酒"妙喻国家交往的"和而不同"，显然，只有对酒和茶的文化内涵和规律有深刻理解，方能作出如此妙喻。

2016 年 4 月 26 日，在知识分子、劳动模范、青年代表座谈会上的讲话中，习近平总书记引用名言揭示青年的成长规律，他说：

"人才有高下，知物由学。"梦想从学习开始，事业靠本领成就。广大青年要自觉加强学习，不断增强本领。人生的黄金时期在青年。青年时期学识基础厚实不厚实，影响甚至决定自己的一生。广大青年要如饥似渴、孜孜不倦学习，既多读有字之书，也多读无字之书，注重学习人生经验和社会知识。"纸上得来终觉浅，绝知此事要躬行。"所有知识要转化为能力，都必须躬身实践。

再如：

这一年，我们感激"合肥战队"风雨兼程。从矢志创新的科学家，到义利兼顾的企业家；从夜以继日、向险而行的医务人员、社区工作者、志愿者，到寒来暑往、守护平安的公安干警、消防救援人员；从工厂车间、田间地头辛勤劳作的工人农民，到风里来、雨里去的快递小哥、环卫工人、出租车司机，一个个奔跑忙碌的瞬间、一个个自强不息的背影、一个个奋勇争先的故事，让我们感动不已，筑起了合肥最美的风景。

习近平总书记指出，只有敢于走别人没有走过的路，才能收获别样的风景。我们要走稳赶考路，就要不怕崎岖路，勇闯领跑路，不仅要领略前路无限风光，也要让我们奋斗的风采，成为令人欣赏的风景。

这是虞爱华《在合肥市十七届人大一次会议闭幕会上的讲话》，也很文艺。

在前面的文章里，我反复论证过一个观点：公文写作有很强的实践性，很多公文写作法则都有相对性，并非一概而论、一成不变的。学习公文，就要理解相对性原理，具体问题具体分析。在一定条件下，得看具体的时间、地点、场合，特定的人、特定的事，公文并非不能写成散文，不能一味否定，但写成散文并非一定是最高境界。

第27讲	**笔尖跟着感觉走** ——好文章的"6种感觉"

所谓大师，就是这样的人，他们用自己的眼睛去看别人见过的东西，在别人司空见惯的东西上能够发现出美来。拙劣的艺术家永远戴别人的眼镜。

——罗丹

📖 本讲导读

本讲谈如何欣赏和把握一篇文章，借鉴了"感觉"一词。本讲内容曾发表于中国写作学会《写作》杂志2018年第2期（补刊），题为《好文章要写出"感觉"来》，属于跨界思考的结果。我注意到，生活中当朋友推荐品尝一种美食、一杯上好的茶，或介绍认识一位新朋友后，通常会问：感觉怎么样？答案要么"感觉不好"，要么"感觉不错"，要么折中点说"感觉还可以"。事实上，用感觉器官识别事物是人类的一种本能。当人还是婴儿时，会用嘴感受世界，慢慢用眼睛看，用耳朵听，用鼻子嗅，用四肢感触，久而久之就习惯了感觉，遇到事情就会下意识启动感觉系统。其实，阅读文章就是寻找感觉、获得体验的过程，这个过程中人们用感官去测量世界的温度、认知世界的形状，它与吃饭、喝茶、谈恋爱的"机理"是一样的。因此，写文章就要善于找"感觉"，跟着"感觉"走，如此方能捕获读者芳心，让人一见钟情。

📑 本讲核心观点

- 美感
- 骨感
- 情感
- 语感
- 质感
- 动感

一个优秀的写作者，首先应当是一个优秀的阅读者、评判者。

我经常跟朋友们建议要多看范文，多看经典，多去揣摩人家的构思，体会作者的创意。然而，用什么思考框架去审视，用什么审美维度去品鉴，则是一个十分值得探讨的问题，因为这个问题不仅决定了你能否读懂一篇文章，还会反过来影响你以什么样的态度对待自己笔头落下的每一个字。

一个有意思的洞察是：读文章很像交朋友，一般先看第一感觉，然后再决定是否深入交往。

不管是写作者还是阅读者，都得跟着感觉走。对阅读者来说，没有谁不希望阅读感觉好一点，换言之，美好的阅读体验是读者永恒的心理预期，谁满足了这个预期，把读者伺候得舒服了，谁就能受到读者青睐；谁让读者感觉到爽了，谁就能得到读者认可。

事实证明，一篇富于黏性的文章，一定是洞悉读者消费心理，善于呼应阅读预期的文章，也一定是善于跟着感觉走，给读者制造美好感觉的文章。

于是，对写作者而言，如何满足读者的心理预期，给读者制造感官刺激，就成了永恒的写作使命。

会撩人的写作者，往往会制造以下这 6 种感觉。

1. 美感

爱美之心人皆有之。美是人最普世的精神享受。好的文章令人心情愉悦，给人以美感。有美感的文章，能由内而外散发出迷人的香味，给人以视觉冲击和思想感染。

如何制造"美感"？可从 4 个方面考虑。

（1）一双动人的"眼睛"

标题是文章的眼睛，也是文章的脸面。撩人的文章，都有一双炯炯有神、楚楚动人的"眼睛"。

富于美感的标题应该长什么样子呢？

应该简洁凝练、光彩明亮、醒目传神，具有强烈的视觉冲击力，有先声夺人之功效。例如：1949 年元旦，毛泽东在《人民日报》发表题为《将革命进行到底》的文章，标题鲜明地提出各阶层应采取的态度以及将革命斗争进行到底的信念，既简洁又传神，是一双动人的"眼睛"。

（2）一副迷人的"身材"

所谓"身材"，就是总体布局，展现文章的框架、轮廓和线条。撩人的文章，一定有迷人的"身材"，让人一看就觉得舒服，甚至怦然心动。

什么样的"身材"才叫迷人？

一篇富于美感的文章，应该有合理的结构，篇章、段落和层次的布局均衡匀称、比例协调、首尾圆和、详略得当、整饬有序。这样的结构，如同宋玉笔下的东家之子，"增之一分则太长，减之一分则太短"，匀称饱满、曲线优美、胖瘦适宜、恰到好处，怎不让人心动呢？

（3）一身优雅的"着装"

所谓"着装"，就是文章的格式和版面，是文章的装扮形象。俗话说："人是桩桩，全靠衣裳。"格式和版面能彰显一篇文章的修养、风度和气质。

一篇富于美感的文章是什么样子的呢？

它应该是遵循特定的文体范式、语体特点、语法规范、版面要求、行文规范的文章。这样的文章，就像一个彬彬有礼的绅士，仪表整洁、衣着得体，一举手、一投足都彰显高雅的气质，哪怕是字体、字号、间距、颜色、留白、天头地脚、页面边距这样的细节问题，都遵循规范要求，符合审美准则，读之令人赏心悦目，感觉美极了。

（4）一颗智慧的"心灵"

文章的美，不仅美在外表，更应美在内心、美在思想。善于撩人的文章，一定是秀外慧中的，能集形式美、心灵美于一身。用时髦的话说，既有高颜值，还有高智商。

这让我想起叔本华的一句话："只有我们具备独一无二的思想，才真正具有真理和生命。"是啊，做人也好，写文章也罢，心灵美丽才是真理和生命，富含思想的文章才性感。任何一篇撩人的文章，能够撩拨你的，都是思想。

2. 骨感

骨感是一种审美标准。人体美学上，骨感是"清瘦""秀挺"的模样。书画艺术上，骨感是"刚健""有力"的气质。譬如，著名画家徐悲鸿先生画马，善于骨法用笔，用骨骼来表现马的雄健和力量。他笔下的马堪称"骨感"，如其所言："人不可有傲气，但不可无傲骨。"

自古以来，文章写作也强调"骨感"，只不过古人称之为"风骨"，用现在的话来讲，就是让文章尽量"言简意赅""瘦劲秀挺"。

如何制造"骨感"？可从 3 个方面来考虑。

（1）篇幅上尽量"瘦"

篇幅是文章的"体型"，最忌讳赘肉、臃肿。

有美感的文章"体型"应该如何呢？

古人说"简为文章尽境"，清瘦的文章应该短小精悍、简洁明了，就像田径运动员一样，没有一点肥肉。比如，毛泽东在 1954 年第一届全国人民代表大会第一次会议开幕式上的致辞，仅 660 余字，极简极瘦，没有一点冗词赘句。习近平《之江新语》里的文章也是如此，最短的不足 300 字，最长的也不过 700 字左右。

（2）结构上尽量"挺"

结构如同人体的骨骼。有美感的文章，结构上要挺得起来，就像徐悲鸿笔下的马一样，充满力量感。

如何做到这一点呢？

关键有 5 点：一是结构要简洁，二是重点要突出，三是主次要分明，四是详略要得当，五是轮廓要清淅。

（3）精神上尽量"振"

精神即文章的思想，是文章的灵魂。有骨感的文章，核心是有"骨气"，而"骨气"最重要的是能振奋人心、激励人们前进。

一篇撩人的文章，应该有笃定的方向，告诉读者坚持什么、反对什么。最重要的是，能够弘扬主旋律、释放正能量。比如，毛泽东在延安时期的《为人民服务》《纪念白求恩》和《愚公移山》3 篇文章，旗帜鲜明地提出革命的 3 种精神，读后振奋人心。

3. 情感

感人心者，莫先乎情。情感是最撩人的元素。法国诗人缪塞说："最美丽的诗歌是绝望的诗歌，有些不朽的诗篇是纯粹的眼泪。""绝望""眼泪"都是情感的范畴。古往今来，最有生命力的文章都是用情感来浇灌的。公文虽然不是抒情的工具，本质也是表达思想、沟通感情的方式。

撩人的文章，字里行间要洋溢着真情实感，让人感到柔软、润滑、温暖、亲切，充满感化人心的力量。

如何制造"情感"？方法有以下3种。

（1）叙事时"实事求是"

公文为事情而生，"事"是"情"之基，"情"因"事"而发。一篇有价值的应用文，核心就是把事情讲清楚、把问题解决掉。所以，撩人的文章一定要立足于事，实事求是。说白了，就是真实准确地反映工作情况，客观公正地看待成绩和不足，实实在在地提出对策和目标。只有做到了实事求是，才能把文章写到点子上、讲到读者心坎里，引起读者共鸣、共情。

（2）抒发时"有感而发"

情是写作的原动力。现代教育家叶圣陶先生曾说："心有所思，情有所感，而后有撰作。"所以，撩人的文章一定是以情纬文、以情感人、有感而发的。这叫"发自内心，方能打动人心"，无病呻吟是令人讨厌的。

譬如，1981年邓小平为《邓小平文集》写的序言中这样写道："我是中国人民的儿子，我深情地爱着我的祖国和人民。"这片赤子之心发自肺腑、饱含深情，令人感动。

（3）沟通时"情景交融"

文章本质上是讲话，尤其对于讲话稿而言。既然是讲话，就要有讲话的"style"，就要看情景、看场合，到什么山唱什么歌，做到以情应景、以景衬情，如此方能叩开读者心扉，拨动读者心弦。

什么才算应情应景呢？

答案是，让讲话与现场衔接、与受众交流，给人一种"在线"的感觉。千万不能钻进自己的逻辑里"自嗨"，根本不管现场的状况和大家的感受。比如："这一次来了许多记者朋友，有些是远道而来。我了解，你们对大会作了许多的报道，很充分的报道。大家辛苦了！"这句话对现场作了情感上的呼应，一下子拉近了与记者的心理距离。

4. 语感

演说类文章要通过口头来表达，所以语感很关键。所谓语感，是文章的语言在语义、语音、语调上给人的感官体验。大家都希望读语感好的文章，因为这样的文章读起来朗朗上口，听起来娓娓动听，品起来津津有味。

如何制造"语感"？体现在 3 个"通"字上。

（1）语言"通俗"

所谓通俗，就是要讲接地气，大多数人都听得懂、记得住、喜闻乐见的日常话。

文章的语言如何才通俗？

方法就是善于观察，就地取材，尤其要从生活中取材。比如，生活中的一些大白话，谚语、俗语、歇后语等，这些语言不仅贴近生活，读起来也很顺口。

大家经常学习的习近平总书记重要讲话中，就常常使用这种方法。比如用"缺钙""软骨病"比喻理想信念的缺失，用"鞋子合不合脚"比喻一个国家发展道路的选择，用"像石榴籽一样紧紧抱在一起"形容民族团结，用"有事好商量，众人的事情由众人商量"来表达人民民主的真谛。

（2）语意"通畅"

所谓通畅，就是文章的意思要连贯、脉络要清晰、道理要通透，起承转合间衔接过渡自然，没有旁枝斜出。

这又如何做到呢？

方法就是，围绕文章的主题，跟随文章的脉络，理顺行文的逻辑，尽量使用简单易懂的句式，多用简单句，少用复句，慎用转折句。比如："国家好，民族好，大家才会好。""人民有信仰，国家有力量，民族有希望。"这样的句子，简单明了、语义贯穿、层层递进。

（3）语气"通顺"

所谓通顺，很好理解，就是文章的语气连贯、衔接自然，没有突兀感和顿挫感。语感好的文章，读起来一气呵成、嘤嘤成韵，像一条微风吹拂的丝带，充满韵味。

如何才能通顺？

除了上下文的柔软衔接，语言的选择也很重要，可以在声调、平仄、押韵上下点工夫，以增强音律感。我们汉语里的一些"顺口溜"、谚语就很好。比如"美不美家乡水，亲不亲故乡人"，读起来是不是很舒服？法国著名作家福楼拜写文章时非常注重语感，不仅推敲词句，有时甚至用钢琴来检查，看声音是否流畅和谐。

5. 质感

总体上看，写应用文本质上是一个还原事实真相的过程。这类文章对材料的要求很严格，必须客观、公正、真实。我把材料的这些品质称为"质感"。

撩人的文章，必然由内而外散发出迷人的"质感"，让人一看就觉得信服，就觉得是好东西。

如何制造"质感"？可从材质、色泽、纹理、工艺 4 个维度来思考。

（1）有真切的"材质"

材质即文章素材的质量。有质感的文章，首先体现在素材的材质上，而材质的评判标准有 4 点，即真实、准确、典型、贴切。

毛泽东之所以能写出无数经典著作，一个重要的原因就在于他注重素材的选取。比如，他写《中国社会各阶级的分析》《湖南农民运动考察报告》等文章，都不惜花大量时间去调研、收集素材，目的就是增强文章的"质感"。1956 年 2 月，他为起草《论十大关系》这个报告，用了一个半月时间听取 34 个部委的工作汇报，掌握了大量优质素材，这是很令人佩服的。

（2）有独特的"色泽"

不同的物质会有不同的色泽，比如黄金总是金灿灿的。文章也有自己的"色泽"，这个"色泽"就是一篇文章因为不同工作、不同对象、不同场合而彰显出来的文本风格。

文章的"色泽"绚丽多彩，有的典雅、有的通俗，有的深刻、有的浅显，有的抽象、有的具体。撩人的文章，应该用独特的色泽来吸引人、刺激人，并且根据写作内容来变色，保持和谐的色调。

（3）有清晰的"纹理"

事物都有独特的构成机理，就像树木总会体现出纹理一样，每篇文章都有自己的纹理。这个纹理就是脉络，说白了，就是行文逻辑。

有质感的文章，必须具备几个特点：一是逻辑要清、脉络要顺。二是提出问题、分析问题、解决问题要渐次推进。三是起因、经过、结果要有条不紊地铺展。

每个人都喜欢读纹理清晰的文章，因为这样的文章阅读成本低，能够让人放心地跟着节拍前进，顺着脉络踏雪寻梅，顺理成章地领略思想的风景。

（4）有精湛的"工艺"

所谓"工艺"，是指素材的加工方法和表述方法。从逻辑上讲，工艺水平决定素材质量，素材质量决定文章品质。

写文章就像雕刻，如果你想雕出一件上好的艺术品，仅有上好的原材料是不行的，好材料还得有好师傅、好手艺，否则会糟蹋了好材料。

所以，对写作者而言，在收集到素材后，还要在加工上下一番工夫。怎么加工？不外乎就是对素材进行必要的分析、归纳和比较，使它们更准确、全面、精练，更富有针对性。

6. 动感

文似看山不喜平。自古以来，人们喜欢读有节奏感的文章，不喜欢平铺直叙、淡如白开水的文章。其实，事物在节律上的变化，就是我说的"动感"。古人说"文须错综见意，曲折生姿"，"为人贵直，而作诗文者贵曲"。所谓"错综""曲折"，彰显的就是动感。

撩人的文章，善于制造跌宕起伏的动感，正因为有了动感，文章才扣人心弦、引人入胜、牵人情丝，让人欲罢不能。

如何制造"动感"？方法有 3 种。

（1）情节上有"跌宕起伏"

情节本来是小说里的要素，这里专指文章各表意模块的组合。如开头、正文、结尾，起因、经过、结果，或者提出问题、分析问题、解决问题等模块的节奏组合。

读小说，相信谁都不喜欢平铺直叙，肯定是情节越跌宕起伏越过瘾。同样的道理，读文章也需要表达节奏上有变化，给人以跌宕感。倘若行文节奏像直线一样，那读者只用看一眼就足矣。

在文章里，节奏变化是如何体现的？

其实很简单，文章不同部分都有不同的节律，有的简洁明快，有的曲折含蓄；有的深入细致、意味深长，有的一针见血、点到为止；有的干净利落、意尽则止，有的引人思考、耐人寻味。这些具有不同节律的语义模块有序组合起来，就产生了节奏上的变化，这种变化必然形成跌宕感、起伏感。

（2）内容上有"虚实详略"

文章是由不同语意单元构成的，每个单元都有自己的表述对象和主体。主体不同，表述方法就不同，有的急、有的缓，有的详、有的略，有的重要、有的次要，有的抽象、有的具体，有的写点、有的写面，有的写虚、有的写实，不一而足。因此，在行文中不能等量齐观、平均用墨，不能写成一样的大小、一般的粗细。

动感强烈的文章，在内容安排上，要根据事情的特点，体现出主次、虚实、详略、点面、轻重、缓急上的搭配和变化，该大笔勾勒的，点到为止、一笔带过，该着意表述的，浓墨重彩、刻意渲染。就像画水墨山水画，墨的浓重淡轻，画中物体的虚实大小，得根据主体内容而定，有动态变化，才能达到"气韵生动"的艺术效果。

（3）语言上有"抑扬顿挫"

"快慢相生、张弛有度"，这是写作节律的基本准则。一篇文章的动感，还表现在语言速度、修辞、韵律、音量、句式结构的变化上。

一些文学大家，常常运用多形式的修辞方法、句式结构，使用双声、叠韵、儿化、叠音词创造节奏感。比如，冰心的散文就很注重语言的音乐性，她的文章读起来极具动感。

党的十九大报告也有极富动感的语句，如："历史车轮滚滚向前，时代潮流浩浩荡荡。历史只会眷顾坚定者、奋进者、搏击者，而不会等待犹豫者、懈怠者、畏难者。"这段话句式长短搭配，运用了词语排比，节奏明快、动感十足。

第28讲 想抓读者胃，语言要有味
——公文语言的"7种味道"

写东西一定要求精炼、含蓄。俗话说："宁尝鲜桃一只，不吃烂桃一筐。"这话是很值得深思的。不要使人读了作品之后，有"吃腻了"的感觉，要给人留出回味的余地，让人看了觉得：这两口还不错呀！

——老舍

 本讲导读

本讲谈谈公文语言的风格问题。我大胆将文章同食品进行类比，用"味道"来比喻风格。就像每个人都有自己的风格特点一样，文章的语言都是有风格的。曹丕《典论·论文》讲："夫文本同而末异，盖奏议宜雅，书论宜理，铭诔尚实，诗赋欲丽。"刘勰《文心雕龙·定势》说："章表奏议，则准的乎典雅；赋颂歌诗，则羽仪乎清丽；符檄书移，则楷式于明断；史论序注，则师范于核要；箴铭碑诔，则体制于宏深；连珠七辞，则从事于巧艳……"陆机《文赋》说："诗缘情而绮靡，赋体物而浏亮，碑披文以相质，铭博约而温润，箴顿挫而清壮，颂优游以彬蔚，论精微而朗畅，奏平彻以娴雅，说炜晔而谲诳……"就是这个道理。同样的文体也有不同风格，不仅要庄重、准确、朴实、精炼、严谨、规范，还有很多特点，因为公文写作有相对性，不是千篇一律、千人一面的。除15种"法定公文"，还有讲话稿、理论文章、信息简报、计划总结等。另外，同样的文种由不同人来写、不同人用、不同场合下语言风格就不同。本讲用跨界思维从大量实例中归纳出7种有代表性的"味道"供大家品味。

本讲核心观点

- 政治味
- 专业味

■ 哲理味

■ 家常味

■ 文学味

■ 人情味

■ 时鲜味

语言是思想的外衣，不同体裁的文章有不同风格。

如何品鉴和把握公文的语言风格？这是写作绕不开的话题。就像盖房子一样，首先得弄清楚你盖的是古典建筑还是现代建筑，是罗马式、哥特式还是拜占庭式。

本讲借生活中的"味道"一词来谈谈这个问题。

在中国饮食文化里，不同菜系有不同风格，川菜麻辣，粤菜清鲜，苏州菜趋甜，云南傣家菜偏酸。即便同样是川菜，换个厨师，味道也有差异，有的偏麻，有的偏辣，有的偏咸……

这好比写文章，文体不同，语言风格不同，有的浅显，有的深邃；有的强硬，有的柔软；有的重说理，有的重叙事。即便同样文体的文章，不同人写、不同人用，在不同场合，语言风格也迥然不同。

任何一篇文章，语言的性格是随文体的，也是随作者的，有文体的基因，也有作者的性格。

语言风格就是文字的性格，这种风格好比食物的味道。

在烹饪过程中，厨师勺影飞动，做出不同味道的菜肴，不同的厨师、不同的菜品，若论口感，或软糯酥，或滑脆嫩，若论味道，酸、甜、苦、辛、咸、鲜，一种或多种叠加。

在美味面前，食者用味蕾去接受味道的挑逗。在一篇美文面前，读者也会用思想的味蕾去感受文字的味道，于是文章的价值便随味道传递给读者，最完美的交流便完成了。所以，味道是厨师与食客对话的语言，味道是作者与读者沟通的心语。

任何一篇文章，若想抓住读者的"胃"，语言首先得有"味"，甚至还需要不同味道层次的叠加，尽量让读者的思想味蕾受到多层次的刺激，产生回味的冲动。正如作家老舍说的："不要使人读了作品之后，有'吃腻了'的感觉，要给人留出回味的余地，让人看了觉得：这两口还不错呀！"

在公文这道"菜"里，通常有 7 种味道单独出现或相互叠加。

1. 政治味

公文本来就姓"公"，它体现公共意志，宣扬集体思想，解决社会问题。这就意味着，公文必须有浓郁的政治味。

对党政机关公文来说，政治味一般彰显出 3 种特性。

（1）旗帜鲜明讲政治

在写指导思想时，会写"以习近平新时代中国特色社会主义思想为指导，全面贯彻党的十九大和十九届二中、三中全会精神以及中央经济工作会议精神"。这是讲政治的体现，不能不写，更不能乱写。还会写"统筹推进'五位一体'总体布局和协调推进'四个全面'战略布局"，党员干部要"树牢'四个意识'，坚定'四个自信'，坚决做到'两个维护'"，这些都是讲政治的具体体现，是党政机关公文最明显的"味道"。

（2）落实政策不走样

党政机关公文政策性特别强，下级的公文通常要严格贯彻上级文件精神，有的条款是不允许走样的。

比如，2019 年要"坚持稳中求进工作总基调，坚持新发展理念，坚持推动高质量发展，坚持以供给侧结构性改革为主线""统筹推进稳增长、促改革、调结构、惠民生、防风险工作，保持经济运行在合理区间，进一步稳就业、稳金融、稳外贸、稳外资、稳投资、稳预期，提振市场信心"。"稳中求进工作总基调"和"六稳"是中央经济工作会确定的，下级的文稿中得体现出来。

（3）特定表述不变形

在党政机关公文里，有时候会写到某些特定表述。这些表述不能改变，必须规范，保证提法一致。

比如，写 2019 年的形势，一般这样表述："今年是新中国成立 70 周年，也是决战脱贫攻坚、决胜全面建成小康社会的关键之年""以优异成绩庆祝中华人民共和国成立 70 周年"，写作时最好使用这样的规范表述。另外，对于"高质量发展""现代化经济体系""供给侧结构性改革""全面建成小康社会"这些重要概念，表述要准确，一个字都多不得，也少不得。

2. 专业味

公文这道菜为事情而做，事情涉及方方面面，有党务、行政，有经济、社会、文化、生态……每个行业都有自己的"行话""行规"，都有专业味。

写作中，专业味主要靠4种"佐料"来调制。

（1）行业术语

比如，在我执笔的一份工作报告中这样写道：

推动产业融合发展。扩大"两化"融合管理体系贯标试点，培育一批数字化转型成效明显的制造企业。实施发展服务型制造专项行动，加大国家级和省级服务型制造示范企业培育力度，争创国家级服务型制造示范。加快推进军民融合发展，实施一批试点示范项目。

"产业融合"是经济部门的专业术语，而"两化融合""服务型制造""军民融合"则是工业和信息化专业术语，专业味很浓。

（2）科学理论

比如，在我参与起草的一份文件初稿里，有这样的表述：

市级财政每年安排5000万元、示范县和示范工业小区各安排2000万元的专项资金，主要用于转移园区基础设施和标准厂房建设的贷款贴息，发挥政府投资的导向作用和乘数效应，撬动、吸引和放大外来投资和民间资金参与园区标准厂房和配套设施建设。

"乘数效应"是宏观经济学上的理论，说明投资会导致经济总需求的剧烈变化，带有几分学术味。类似的理论还有很多，诸如"中等收入陷阱""修昔底德陷阱""塔西佗陷阱""黑天鹅""灰犀牛"等，在公文中都经常被使用。

（3）工作规律

比如，在一个由我执笔的领导讲话里，讲了招商引资的3个环节：

深化对招商引资和项目建设极端重要性认识，把招商引资和项目建设作为推动工业经济发展的首要抓手，落实一把手负责制，紧盯项目包装招商、落地开工、投产见效三大环节，理清工作思路，坚持外引内培，做优存量，做大增量。

这段文字具有鲜明的项目管理味道，一个项目的"生命周期"大致可以分为前期招商、中期建设、后期经营 3 个环节。这段文字彰显了这个规律。

（4）专业数据

比如，在我执笔的厅主要领导在全省工业和信息化工作会上的讲话中，用了"工业增加值增长速度"的数据：

2018 年全省工业经济运行呈现"高开稳走、稳中有进"态势，主要指标好于预期、高于全国，全年规模以上工业增加值增长 11.8%，较去年提高 1.2 个百分点，高于全国（预计增长 6.2%）5.6 个百分点，位居全国第 2 位，增速为近 5 年来最高。

再如，有一次，我在为领导写一个论坛发言时，就使用了几个专业数据：

今年我省人均 GDP 有望超过 3000 美元，按照经济发展规律，当一个国家或地区人均 GDP 超过 3000 美元时，快速发展中积聚的矛盾集中突显，自身体制和机制更新进入临界状态，陷入"中等收入陷阱"。为规避这一陷阱，通常的方式之一就是从产业入手，优化提升产业结构，构造新的经济增长动力。

这两段文字用了几个关键数据，专业味很浓。

3. 哲理味

我国在几千年的历史长河中，积淀了丰富的文化思想，这些思想通常结晶为历史典故、诗词歌赋、名人格言等语言形式。这些语言意蕴丰富、耐人寻味，是公文味道的上佳调料。若运用恰当，能达到"蓬荜生辉、境界全出"的效果。

如何体现哲理味？调制方法有 3 种。

（1）借风使船

引用权威人士的观点，借力使力，顺势说理。如：

人总是要死的，但死的意义有不同。中国古时候有个文学家叫作司马迁的说过：人固有一死，或重于泰山，或轻于鸿毛。为人民利益而死，就比泰山还重；替法西斯卖力，替剥削人民和压迫人民的人去死，就比鸿毛还轻。张思德同志是为人民利益而死的，他的死是比泰山还要重的。

这段话引用司马迁《报任安书》观点，营造了一个说理的强大气势。

（2）移花接木

把名言警句自然地套用在文稿的语言之中。比如："如果缺乏协同、政策不配套，'东边日出西边雨'，会影响改革整体效益；迟迟不能在关键问题上突破，'也无风雨也无晴'，更是会错失改革良机。"

这段话巧妙地引用了苏轼《定风波》中的诗句，与上下文的语境水乳交融，衔接得天衣无缝、浑然一体。

（3）格物释理

从众所周知的自然现象中找到事物发展的逻辑。比如：

四十载惊涛拍岸，九万里风鹏正举。江河之所以能冲开绝壁夺隘而出，是因其积聚了千里奔涌、万壑归流的洪荒伟力。在近代以来漫长的历史进程中，中国人民经历了太多太多的磨难，付出了太多太多的牺牲，进行了太多太多的拼搏。现在，中国人民和中华民族在历史进程中积累的强大能量已经充分爆发出来了，为实现中华民族伟大复兴提供了势不可挡的磅礴力量。

用江河冲开绝壁夺隘而出的自然现象，揭示了人要获得成功必须奋力拼搏的哲理。

4. 家常味

味道的泉源在民间。毛泽东说，要向人民群众学习语言，人民群众的词语是很丰富的，生动活泼地表现现实生活的。民间语言是人民群众生活经验的总结，不管是谚语、歇后语，还是惯用语、顺口溜，都饱含生活气息，如同家常小炒，虽然简朴，却耐人寻味。

家常味有两种"味精"。

（1）口语

王力先生在《如何写好文章》里说："文章是写下来的语言。文章和语言都是用来表达思想的，我们不应该把文章和语言分割开来。文章脱离了口语，脱离了人民大众的语言，决不能成为准确、鲜明、生动的文章。"

比如，"我讲过'长江病了'，而且病得还不轻。治好'长江病'，要科学运用中医整体观，追根溯源、诊断病因、找准病根、分类施策、系统治疗。"

这是习近平总书记在深入推动长江经济带发展座谈会上的讲话里的。"长江病了"这句口头语，贴切地点出了长江的污染问题。

还有，"撸起袖子加油干""实现中华民族的伟大复兴，绝不是轻轻松松，敲锣打鼓就能实现的""有事好商量，众人的事情由众人商量""欢迎各位记者朋友在中国多走走、多看看"。

这些都是老百姓拉家常，"摆龙门阵""唠嗑"的话。说这种话，像亲朋好友相互邀约，走亲串戚，充满亲切感。

（2）熟语

包括惯用语、成语、谚语、格言、歇后语、顺口溜等。

比如，毛泽东在《反对党八股》一文中，用"懒婆娘的裹脚布——又臭又长"的歇后语形容空话连篇的长文章；在《论持久战》中，用"留得青山在，不怕没柴烧"这句人所共知的俗语告诉军民要保存力量，等待时机，夺取胜利。

习近平总书记用"鞋子合不合脚，自己穿了才知道"这句耳熟能详的熟语说明"一个国家的发展道路合不合适，只有这个国家的人民才最有发言权"的道理；用"路遥知马力，日久见人心"这句谚语表达中国和拉美国家的合作与互信；用"老乡见老乡，两眼泪汪汪"这句俗语来表达海外华人华侨对祖国和亲人的思念；用"萝卜青菜，各有所爱"这句俗语比喻文明的多样性。这些表述直白通俗接地气，读起来就像回家吃母亲炒的菜，味道是那样的熟悉。

有些"红头文件"也使用熟语。如："要抓紧落实粮食风险基金和副食品价格调节基金，制定切实措施，稳定'菜篮子''米袋子''火炉子'价格。""经过试点和不断总结经验，积极探索高等教育管理体制改革的新途径。要防止历史上曾经出现过的简单地换'婆婆'和'一放就乱，一乱就收'的现象重演，防止'一刀切'，一哄而起和搞形式主义。"

"菜篮子""米袋子""火炉子""婆婆""一刀切"都是街头巷语，用在这里很传神，庄重中透出活泼，典雅中显现生动，达到"等闲言语变瑰奇"的意境。

5. 文学味

言之无文，行而不远。公文语言虽不像文学作品那样有诗情画意，但也非千人一面。特定情况下也可用文学思维、文学手法和文学语言来表达。

文学味的调制有 4 种方法。

（1）用文学思维

用大脑的联想和想象机制，拓展思维空间，让语言跳出原有限制，用文学语言的形态来表达。

比如：毛泽东的《星星之火，可以燎原》一文，末尾有一句话：

它是站在海岸遥望海中已经看得见桅杆尖头了的一只航船，它是立于高山之巅远看东方已见光芒四射喷薄欲出的一轮朝日，它是躁动于母腹中的快要成熟了的一个婴儿。

这段话用诗人般的思维展开联想，使用"海岸""高山之巅""光芒四射""喷薄欲出"等诗意语言，令文章活色生香，读完回味良久。

再如：

我的家乡陕西，就位于古丝绸之路的起点。站在这里，回首历史，我仿佛听到了山间回荡的声声驼铃，看到了大漠飘飞的袅袅孤烟。这一切，让我感到十分亲切。

这次前来墨西哥途中，当我透过飞机舷窗俯瞰浩瀚的太平洋时，仿佛看见几个世纪前那些满载丝绸、瓷器的"中国之船"正向着阿卡普尔科破浪前行；当我踏上贵国的土地时，又仿佛看见那位传说中的乐善好施的美丽"中国姑娘"正在普埃布拉传授纺织、刺绣技艺。

通过联想，用"驼铃""孤烟""大海""航船"等意象把读者带入诗一般的画境。

（2）用文学修辞

通过引用、比喻、排比、反复，甚至是夸张等修辞格，为文章蓄势造势，增强语言的冲击力。

比如，1978 年，郭沫若在全国科学大会上发表题为《科学的春天》的讲话，他说：

我的这个发言，与其说是一个老科学工作者的心声，无宁说是对一部巨著的期望。这部伟大的历史巨著，正待我们全体科学工作者和全国各族人民来共同努力，继续创造。它不是写在有限的纸上，而是写在无限的宇宙之间。春分刚刚过去，清明即将到来。"日出江花红胜火，春来江水绿如蓝"。这是革命的春天，这是人民的春天，这是科学的春天！让我们张开双臂，热烈地拥抱这个春天吧！

这段发言用了比喻、引用、反复、借代等修辞手法，富含诗意，令人精神振奋。

（3）用文学体裁

借鉴诗歌、散文，甚至杂文的范式，为公文提味增鲜。

比如，山东威海某领导的一篇推介词，这样介绍威海：

读你，千里海岸线，一幅山水画。威海的千里海岸线上，山海相连、湾岛相依、滩曲礁奇、林翠泉清，犹如一幅浑然天成的山水长卷。有句流传很广的歌词，"读你千遍也不厌倦"。威海这条"中国最美海岸线"，就散发着千遍不厌的独特魅力。

从美丽的泉城一路向东，就能到达中国大陆最早迎接日出的海滨城市。一路向海，风光无限；一路向海，气象万千。千里海岸线，一幅山水画；千里海岸线，一条创新链；千里海岸线，一个创业梦。希望更多朋友走近威海、读懂威海，爱上威海、选择威海，在威海这条迷人的千里海岸线上，一起逐梦圆梦！

这是一篇思维灵动、语言优美、文艺范十足的文章。乍一看，还以为是篇散文呢，没想竟是篇公文。

（4）用文学素材

在文稿中融合使用诗词歌赋等文学素材。

比如，江西某领导在一次讲话开头说：

今天，很高兴来到南昌大学，与大学生朋友一起，畅谈中国梦，说说江西的故事，谈谈江西的未来。今年春节期间，中央电视台有一档节目很跑火，相信很多同学都看过，就是《中国诗词大会》。这个节目赏中华诗词，寻文化基因，品生活之美，在社会上产生了广泛的影响。媒体报道，节目收视率达11亿人次之多，我也断断续续看了几期。其中很多诗词与我们江西有关。比如，王勃的"落霞与孤鹜齐飞，秋水共长天一色"，李白的"飞流直下三千尺，疑是银河落九天"，陶渊明的"采菊东篱下，悠然见南山"，等等。这些诗词有的写江西美景，有的诗人就是江西人。今天，我也想借毛泽东同志的三句诗词，向同学们说说江西的人和事。

第一句诗词，"踏遍青山人未老，风景这边独好"——江西是个山清水秀、人杰地灵的好地方……

又如，习近平总书记2018年5月2日在北京大学师生座谈会上的讲话讲道：

辛弃疾在一首词中写道："乘风好去，长空万里，直下看山河。"我说过："中国梦是历史的、现实的，也是未来的；是我们这一代的，更是青年一代的。中华民族伟大复兴的中国梦终将在一代代青年的接力奋斗中变为现实。"

引了辛弃疾《太常引·建康中秋夜为吕叔潜赋》中的句子。

2018年3月20日习近平总书记在第十三届全国人民代表大会第一次会议上的讲话，引了宋代朱熹《春日》里的两句诗：

"等闲识得东风面，万紫千红总是春。"在中国共产党领导下，经过近70年奋斗，我们的人民共和国茁壮成长，正以崭新的姿态屹立于世界东方！

以上讲话都把诗词名句巧妙地融合到讲话中，散发出浓浓的文学味道。

6. 人情味

初学写作的人通常会认为，公文语言应该是平实朴素的，不能有情感因素，只能用"零度情感"来写作，其实不然。公文并非无情物，也可以情来感人，充满人情味。

人情味表现在 4 种"情"上。

（1）个人心情

比如，某领导在离任讲话中说：

在学校读书时，我就一直喜欢艾青先生的诗句："为什么我的眼里常含泪水？因为我对这土地爱得深沉……"今天，在这里，我和同志们、同事们深情告别，和宿迁人民深情告别，和这方热土深情告别，我更读懂了它所蕴涵的深情！今后，无论我走到哪里，宿迁，这块给我太多感动和真诚的土地，我都会永远回忆和珍藏。宿迁的每一步发展，我都会关心、支持；宿迁的每一点变化，我都会高兴、喜悦；宿迁的每一个胜利与成功，也都会带给我无穷的动力和无限的鼓舞。

有感而发，一字一句仿佛从作者心窝里蹦出来，感人肺腑。

（2）事业豪情

准备在几个五年计划之内，将我们现在这样一个经济上文化上落后的国家，建设成为一个工业化的具有高度现代文化程度的伟大的国家。我们的事业是正义的。正义的事业是任何敌人也攻不破的……我们有充分的信心，克服一切艰难困苦，将我国建设成为一个伟大的社会主义共和国。我们正在前进。我们正在做我们的前人从来没有做过的极其光荣伟大的事业。我们的目的一定要达到。我们的目的一定能够达到。全中国六万万人团结起来，为我们的共同事业而努力奋斗！我们的伟大的祖国万岁！

这是毛泽东在第一届全国人大第一次会议上的致辞，激情澎湃，豪气干云。

（3）为民热情

邓小平曾说："我是中国人民的儿子，我深情地爱着我的祖国和人民。"

赤子之心跃然纸上。

我了解人民群众最关心的就是教育、就业、收入、社保、医疗、养老、居住、环境等方面的事情，大家有许多收获，也有不少操心事、烦心事。我们的民生工作还有不少不如人意的地方，这就要求我们增强使命感和责任感，把为人民造福的事情真正办好办实。

这是习近平总书记在 2018 年新年贺词中说的话，心系群众，情真意切。

我常讲不怕没本事，就怕不做事。我们干不了惊天动地的大事，我们就干小事，哪怕修一个厕所，能让老百姓进去痛痛快快地撒一泡尿，也算是我们替群众办了一件实事。但事实上，我们就是连这件小事都办不好。市政府东面投资几个亿建设的后土庙广场连个公厕都没有，群众憋着一泡尿打太极，你让他怎么能气沉丹田。

这是丁雪钦《在介休市全市干部大会上的讲话》中的一段。想群众之所想，急群众之所急，小事当中彰显为民的热情。

（4）情景盛情

对情景作积极呼应，寓情于景，或表达欢迎、致以问候，或表示感谢、致以缅怀、表示祝福。

比如，习近平总书记在十九届中共中央政治局常委同中外记者见面时的讲话中说道：

昨天，中国共产党第十九次全国代表大会已经闭幕。这次来了很多记者朋友，许多是远道而来。大家对会议作了大量、充分的报道，引起了全世界广泛关注。你们辛苦了！我向你们表示衷心的感谢！

这是感谢之情。

另外，习近平总书记《在纪念马克思诞辰 200 周年大会上的讲话》中说道：

今天，我们怀着十分崇敬的心情，在这里隆重集会，纪念马克思诞辰200周年，缅怀马克思的伟大人格和历史功绩，重温马克思的崇高精神和光辉思想。

这是缅怀之情。

习近平总书记《在首届中国国际进口博览会开幕式上的主旨演讲》中说道：

在各方大力支持下，现在，首届中国国际进口博览会正式开幕了！首先，我谨代表中国政府和中国人民，并以我个人的名义，对各位嘉宾的到来，表示热烈的欢迎！对来自五大洲的各方朋友，致以诚挚的问候和良好的祝愿！

这是欢迎之情、问候之情和祝福之情。

易炼红《在赣商致敬改革开放40周年暨北京江西企业商会10周年纪念活动上的讲话》中说道：

世界各地的江西商会是广大赣商的"娘家"，家乡是广大赣商的"港湾"。希望各商会始终牢记全心全意为赣商服务的宗旨，不忘为赣商排忧解难的初心，不断增强商会的凝聚力、协调力、组织力，把全球赣商之心、之情、之力更加紧密地凝聚起来，使广大赣商结成休戚与共的"命运共同体"，同心同行，抱团发展。对家乡人民来说，广大赣商远离故土，在外打拼，这其中的艰辛，我们感同身受。往后的日子里，无论你们是身处顺境还是逆境，无论你们是享受掌声还是经历低潮，家乡永远是你们最坚强的"后盾"，永远是你们最温暖的"家"！

这是同乡之情。

7. 时鲜味

随着互联网的发展，我国网民越来越多。据权威机构统计，目前我国网民已超过10亿人，网民在网络这个虚拟社区里创造了许多极富时代特征的热词。在公文写作中，若能巧妙地把这些热词用起来，会令文章香味扑鼻。

为了做好这些工作，我们的各级干部也是蛮拼的。当然，没有人民支持，这些工作是难以做好的，我要为我们伟大的人民点赞。

世界那么大，问题那么多，国际社会期待听到中国声音、看到中国方案，中国不能缺席。面对身陷苦难和战火的人们，我们要有悲悯和同情，更要有责任和行动。中国将永远向世界敞开怀抱，也将尽己所能向面临困境的人们伸出援手，让我们的"朋友圈"越来越大。

以上两段文字来自习近平总书记2015年、2016年的新年贺词。其中，"蛮拼的""点赞""朋友圈"都是网络热词。说实话，在公文里，一般很难品尝到这种味道，当然也不是不可以，只要"火候"把握得好，就会给文章增添别样的口感。

2018年底，江西某领导在一次纪念活动中用到"点赞"这个词：

北京江西商会成立10年来，团结广大在京赣商，不忘初心、负重前行，奋力拼搏、友爱互助，形成了强大的凝聚力、号召力和影响力，为推动赣京两地经济社会发展和交流合作发挥了重要作用，作出了突出贡献。实践证明，北京赣商是全球赣商的一支重要力量，是优秀赣商方阵中最具代表性的群体。家乡人民为你们点赞！

如，刘家义《在山东省"担当作为、狠抓落实"工作动员大会上的讲话》中说道：

今年，要把引进人才、科研团队任务指标，分解到省直相关部门，建立部门联系县、园区或重点企业机制，部门主要领导与地方（企业）实行"双责任人"制度。紧盯大院大学大所，争取更多"公主"下嫁、更多"白马王子"入赘山东。

这段话把人才形象地比喻为"公主"和"白马王子"，好比把肉末炒粉条称为"蚂蚁上树"一般，别有味道。

如，王清宪《在青岛市"招商引资、招才引智"推介会上的演讲》中说道：

青岛是全球设施最先进、配套最齐全的"电影之都",拥有 40 个世界顶级摄影棚。今年春节期间,《流浪地球》和《疯狂的外星人》火爆得很,成为春节票房的冠亚军,这两部电影都是在青岛"东方影都"影视产业基地拍摄的。在中国的影视歌坛,活跃着 300 多位从青岛走出的活力劲爆的青春偶像。

这段话里提到的"火爆""活力劲爆"等词,都是近年来网络上的热门词汇。再如,鹿心社《在南昌大学形势与政策报告会上的讲话》中说道:

江西的颜值高。俗话说,颜值高,责任大。领导人去年视察江西时指出,江西是个好地方,生态秀美,名胜甚多,要求我们打造美丽中国的"江西样板"。确实,江西生态环境好,处处都是美景。

"颜值"用来借代人的外表靓丽,所以形容一个人长得很漂亮时,会说"颜值高"或"颜值爆表"。这个讲话小标题用了这个词,获得了较高的"颜值",令读者眼前一亮。

在一次全国两会"开放日"活动上,贵州省某领导介绍"互联网 + 大数据"发展情况,发言结束的时候,套用了一句网络流行语说:"确认过眼神,大数据是贵州想要找的人",引来现场一阵掌声。

类似的网络热词还有很多,比如"给力""菜鸟""打 CALL""秀""C 位""店小二""教科书式""官宣""粉丝"等。需要强调的是,网络词鱼龙混杂,有正面的,也有负面的,具体写作时要慎用,不可为了追求新鲜感而滥用,破坏了公文原有的味道。

总之,味道是文章之魂,要想抓住读者的"胃",文章先得有"味"。高明的写作者应像厨师一样,不仅善于持守"食材"的原味,还善于使用"语言佐料",调配出不同特点的味道体系。一篇味道丰盈的文章,才能刺激思想的味蕾,令人唇齿留香、回味无穷。

第29讲　审势、趁势、蓄势

——增强震撼力的4层排比

如何使声调保有适当的节奏之美，如何巧妙地使用明譬与暗喻，如何用最经济的手法描写与陈述，这都是应时随时考虑之中的课题。一个文学作家如果缺乏一个有效的语文工具，只能停滞在"清通"的阶段，那将是很大的缺憾。因为"清通"的语文只能算是日常使用的标准语文，不能符合文学的需要。

——梁实秋

 本讲导读

本讲是"语言力三部曲"之一，从排比造势的角度谈语言的震撼力。2018年初，全国上下都在学习党的十九大报告，我作为公文写作者自然也不例外。对于这种文本，大部分人通常是当成政治理论著作来读的，关注的是思想内容、表述等，而我却觉得党的十九大报告不仅是一座思想宝库，更是党政机关公文写作的一本经典教材，还可以有另外一种阅读视角。在研读过程中，我为报告的磅礴气势和优美语言所震撼，不禁暗自发问：为什么会有如此强劲的震撼力？分析发现，强劲的气势在很大程度上是因为报告用了排比方法，反复使用不同层次的排比蓄势、造势，蓄积排山倒海的力量。本讲总结了党的十九大报告中的4层9种排比造势方法。法国作家马赛尔·普鲁斯特曾说："真正的发现之旅不在于得到新的风景，而在于获得新的视角。"希望通过本讲给大家一个新的观察视角，一种新的报告的"打开方式"，也希望大家掌握这种造势的方法。

本讲核心观点

- 词语排比：一线串起千颗珠

- 短语排比：一石激起千层浪

- 句子排比：一语连贯万千句

■ 段落排比：一将统领百万兵

震撼力，从某种意义上讲，就是文章的气势给人造成的冲击力。因此，讨论震撼力，本质上还是讲如何给文章造势的问题。

经常有人问：文章气势从哪里来？如何给文章造势？

实践证明，排比是个好方法！

排比，排比，顾名思义，即排起来作比较。其关键，一是"排"，二是"比"，前者是手段，后者是目的。即将 3 个或 3 个以上结构相同相似、意思密切相关相近、语气一致的语言单位（词、短语、句子、段落）排列起来，以便读者比较、叠加、审视、理解。

在汉语修辞史里，排比手法可谓源远流长，在先秦典籍中已有广泛运用，《诗经》里大量使用排比手法，"赋比兴"的"赋"就是铺陈、排比的意思。

请看《卫风·木瓜》，用排比：

投我以木瓜，报之以琼琚。匪报也，永以为好也！
投我以木桃，报之以琼瑶。匪报也，永以为好也！
投我以木李，报之以琼玖。匪报也，永以为好也！

再看《魏风·硕鼠》，也是排比：

硕鼠硕鼠，无食我黍！三岁贯女，莫我肯顾。逝将去女，适彼乐土。乐土乐土，爰得我所。

硕鼠硕鼠，无食我麦！三岁贯女，莫我肯德。逝将去女，适彼乐国。乐国乐国，爰得我直。

硕鼠硕鼠，无食我苗！三岁贯女，莫我肯劳。逝将去女，适彼乐郊。乐郊乐郊，谁之永号？

再看《卫风·淇奥》，还是排比：

瞻彼淇奥，绿竹猗猗。有匪君子，如切如磋，如琢如磨。瑟兮僩兮，赫兮咺兮。有匪君子，终不可谖兮。

瞻彼淇奥，绿竹青青。有匪君子，充耳琇莹，会弁如星。瑟兮僴兮，赫兮咺兮。有匪君子，终不可谖兮。

瞻彼淇奥，绿竹如箦。有匪君子，如金如锡，如圭如璧。宽兮绰兮，猗重较兮。善戏谑兮，不为虐兮。

通过排比铺陈，在语意叠加的情况下，对观点起到强化、渲染作用，为语言表达蓄势造势，进而形成有梯度的震撼力、说服力、感染力。

用排比来写景，能细致入微、细腻生动地把问题说清楚。如朱自清《春》一文中："山朗润起来了，水涨起来了，太阳的脸红起来了。"用排比来说理，能分门别类、条分缕析地把问题说透彻。比如："我们的干部要关心每一个战士，一切革命队伍的人都要互相关心，互相爱护，互相帮助。"（《为人民服务》）用排比来抒情，能反复吟咏、推波助澜，叠加感情力量。比如："保卫家乡，保卫黄河，保卫华北，保卫全中国！"（《黄河大合唱》）又如："我们不会忘记，朝鲜大嫂为帮助志愿军失去了她的双脚；我们也不会忘记，朝鲜大娘为了保护志愿军，失去了她的孙子；我们更不会忘记，朝鲜小姑娘为了营救志愿军，失去了她的母亲。"（《谁是最可爱的人》）

排比，能让表达的内容纷沓而出、语气一贯、节律强劲，带有列举和强化的性质。在公文写作中，排比常用来论述一项工作的意义、作用和影响，多维度说明某件事物的原因、构成，用来向人提要求、发号召等。

秦朝李斯的《谏逐客书》很多人都读过，其中就有："今陛下致昆山之玉，有随和之宝，垂明月之珠，服太阿之剑，乘纤离之马，建翠凤之旗，树灵鼍之鼓。""臣闻地广者粟多，国大者人众，兵强则士勇。"连续使用排比。

在《中华人民共和国国民经济和社会发展"九五"计划和2010年远景目标纲要》里有这样的表述："以科学的理论武装人，以正确的舆论引导人，以高尚的精神塑造人，以优秀的作品鼓舞人，全面繁荣社会主义文化。"手法也是排比。

《中共中央　国务院关于支持浙江高质量发展建设共同富裕示范区的意见》开篇有这么几句话："支持浙江高质量发展建设共同富裕示范区，有利于通过实践进一步丰富共同富裕的思想内涵，有利于探索破解新时代社会主要矛盾的有效途径，有利于为全国推动共同富裕提供省域范例，有利于打造新时代全面展示中国特色社会主义制度优越性的重要窗口。"同样是排比。

下面，以党的十九大报告为例，看看"大手笔"如何层层排比，梯度造势。大家知道，党的十九大报告内容深邃、气势磅礴，读起来朗朗上口，听起来娓娓动听，品起来津津有味，通篇散发出汪洋恣肆的气势美和张弛有度的节奏美。

这种气势是如何"造"出来的？一个重要方法就是，用词、语、句、段 4 种能级的排比层层造势，形成冲击力。

1. 词语排比：一线串起千颗珠

报告简洁明快、气势强劲，第一种"能级"的排比是词语排比，即在一个句子中，把多个词语排列起来，串珠成链，以最精粹、最简洁、最紧凑的句子表达最完整、最全面的意义。由于这种排比的"空间"有限，如同"螺蛳壳里做道场"，所以是最小"能级"的排比。

按词的类别分，有名词、动词、形容词 3 种。

（1）名词排比

即在一个句子中连续使用多个名词，中间用顿号隔开，以收多角度诠释"是什么"之功效。

譬如，报告倒数第三段："历史车轮滚滚向前，时代潮流浩浩荡荡。历史只会眷顾坚定者、奋进者、搏击者，而不会等待犹豫者、懈怠者、畏难者。"数个名词如千尺之瀑直泻而下，强劲的语势令人顿生实现伟大梦想的紧迫感和责任感。

又如，报告第九部分这样阐述加快生态文明建设体制改革，建设美丽中国："必须坚持……方针，形成节约资源和保护环境的空间格局、产业结构、生产方式、生活方式。"一连串的名词高浓度、快节奏地阐释了节约资源和保护环境工作的深刻内涵，全景式描绘了生态文明的美妙图景。

（2）动词排比

即在一个句子中连续使用多个动词，以收多维度诠释"干什么"之功效。

如报告第五部分关于加快建设创新型国家一段这样写道："倡导创新文化，强化知识产权创造、保护、运用。"三个动词如同湖中投石荡起的涟漪，层层推进、步步紧逼、急促连贯，完整全面地表达了知识产权工作的 3 个重点。

（3）形容词排比

即在一个句子中，连续使用多个形容词，以收多向度诠释"怎么样"之功效。

如报告倒数第三段："中国梦是历史的、现实的，也是未来的；是我们这一代的，更是青年一代的。"形容词如连珠炮般出现，密集地将中国梦的时代特性表现得淋漓尽致。

又如，报告第六部分开头段这样写："我国社会主义民主是维护人民根本利益的最广泛、最真实、最管用的民主。"3个形容词从不同角度揭示了社会主义民主的特点，表意清晰、思路明确。

2. 短语排比：一石激起千层浪

报告妙语连珠、汪洋恣肆，第二种"能级"的排比是短语排比，即把3个及以上主谓短语、动宾短语或偏正短语并列或层递，把问题有序铺展开，蓄势造势、推波助澜。

按结构繁简分为两种。

（1）简单短语排比

先看，报告倒数第二段有这么一句话："青年兴则国家兴，青年强则国家强。青年一代有理想、有本领、有担当，国家就有前途，民族就有希望。"这句话用5个"有"字开头的短语排比成句，表意如高山流水，滔滔不绝。

再看，报告开篇第五自然段这样写道："全党同志一定要登高望远、居安思危，勇于变革、勇于创新，永不僵化、永不停滞，团结带领全国各族人民决胜全面建成小康社会，奋力夺取新时代中国特色社会主义伟大胜利。"6个短语连绵起伏，两两成对，3对排比就像安塞腰鼓声一般，铿锵有力、掷地有声。

另外，在"坚持社会主义核心价值体系"部分也用了短语排比。"发展社会主义文化，不忘本来、吸收外来、面向未来，更好构筑中国精神、中国价值、中国力量，为人民提供精神指引。"一句话中密集地用了3个动宾短语和3个偏正短语形成排比，语意回环迭起，句式整齐匀称，节奏铿锵明快，极具韵律美。

（2）复杂短语排比

报告的最后一段有这么一句："我们走中国特色社会主义道路，具有无比广阔的时代舞台，具有无比深厚的历史底蕴，具有无比强大的前进定力。"3个"具有无比……的"复杂短语在句中形成排比，上下勾连、前后呼应，强调走中国特色社会主义道路的条件和勇气，给人以"余音绕梁，三日不绝"之感。

报告阐释新时代的深刻内涵时这样写道："这个新时代，是承前启后、继往开来、在新的历史条件下继续夺取中国特色社会主义伟大胜利的时代，是决胜全面建成小康社会、进而全面建设社会主义现代化强国的时代，是全国各族人民团结奋斗、不断创造美好生活、逐步实现全体人民共同富裕的时代，是全体中华儿女勠力同心、奋力实现中华民族伟大复兴中国梦的时代，是我国日益走近世界舞台中央、不断为人类作出更大贡献的时代。"5 个"是……时代"排列起来，句式规整、语气连贯，有无穷的意蕴。

3. 句子排比：一语连贯万千句

报告思想深邃、意蕴丰富，第三种"能级"的排比就是句子排比，即在一个段落或层次中，用 3 个及以上结构、要素相同的句子，层层剥笋、步步深入。正所谓"文有数句用一类字，所以壮气势，广文义也"（南宋陈骙《文则》）。

按句子长短，又有两种。

（1）短句排比

即用 3 个及以上结构简单、词语较少的短句铺排表达。

这种排比体现在报告第七部分关于加强思想道德建设一段，这段开头有这样一句："人民有信仰，国家有力量，民族有希望。"这句话中 3 个短句一唱三叹，如同"春云初展，鲜花含露"，引人入胜，也如同给读者端上一碗美酒、一杯香茗，耐人寻味。3 句话揭示了"人民""国家""民族"及"信仰""力量""希望"之间的底层逻辑，让人自然而然地增强了对思想道德建设重要性的认识。

（2）长句排比

即把 3 个及以上结构复杂、词语较多的长句排列起来，以便表述不同层次的内容。

这种排比在论述中国特色社会主义进入新时代一段体现出来，报告这样写道：

中国特色社会主义进入新时代，意味着近代以来久经磨难的中华民族迎来了从站起来、富起来到强起来的伟大飞跃，迎来了实现中华民族伟大复兴的光明前景；意味着科学社会主义在二十一世纪的中国焕发出强大生机活力，在世界上高高举起了中国特色社会主义伟大旗帜；意味着中国特色社会主义道路、理论、制度、文化不断发展，拓展了发展中国家走向现代化的途径，给世界上那些既希望加快发展又希望保持自身独立性的国家和民族提供了全新选择，为解决人类问题贡献了中国智慧和中国方案。

这一段用 3 个"意味着"开头的句子组成一个规模超大的复句，用排比从 3 个层面反复刺激读者神经，加深读者对新时代这一重大判断的深刻认知。

另外，报告在阐释"实现伟大梦想，必须进行伟大斗争"时也采用了这种方法："全党要更加自觉地坚持党的领导和我国社会主义制度……；更加自觉地维护人民利益……；更加自觉地投身改革创新时代潮流……；更加自觉地维护我国主权、安全、发展利益……；更加自觉地防范各种风险……。"5 个"更加自觉地"打头的长句排比铺陈，蓄足了气势，游刃有余，把观点表达得淋漓尽致。

4. 段落排比：一将统领百万兵

报告气势恢宏、秩序井然，第四种"能级"的排比是段落排比，即在若干段落中，用格调一致的"段落标题"或"段首句"概括段落大意，以让不同段落呈现井然的秩序。由于这种排比规模宏大，故而是所有排比中"能级"最高的。

按段落形式，也有两种。

（1）标题排比

即在一个部分下面，设立 3 个及以上结构相同的标题，用标题概括题旨，让人对文章结构、内容一目了然。这是写公文最常用的手法，既能造势，还便于"显旨"。如古人所言，"立片言以居要，乃一篇之警策"（陆机《文赋》）。

在报告中，这种排比首先用来总结过去 5 年的工作，前 5 个二级标题是："经济建设取得重大成就""全面深化改革取得重大突破""民主法治建设迈出重大步伐""思想文化建设取得重大进展"。结构相同，并且都带有"重大"一词，具有很好的排比对仗效果。

另外，在阐释中国特色社会主义 14 条基本方略时，也采用了这样的标题，比如，坚持党对一切工作的领导；坚持以人民为中心；坚持全面深化改革；坚持新发展理念；坚持人民当家作主；坚持全面依法治国；坚持全面从严治党。"坚持"二字如同标题的统帅，统领着 14 个标题，段落显得整饬工整，非常便于理解记忆。

（2）首句排比

即在段落开头，不使用"标题"或"序号"，而是使用多个结构相同、意义相近的句子打头。这种段首句虽不是标题，却有"准标题"的作用。

比如，报告第二部分描述新时代中国共产党的历史使命的 3 个自然段就使用了这种模式：

我们党深刻认识到，实现中华民族伟大复兴，必须推翻……实现了中国从几千年封建专制政治向人民民主的伟大飞跃。

我们党深刻认识到，实现中华民族伟大复兴，必须建立……实现了中华民族由近代不断衰落到根本扭转命运、持续走向繁荣富强的伟大飞跃。

我们党深刻认识到，实现中华民族伟大复兴，必须合乎……开辟了中国特色社会主义道路，使中国大踏步赶上时代。

3 个自然段开头分别用"我们党深刻认识到，实现中华民族伟大复兴，必须……"作为段首句，虽然没有序号和标题，但段首句概括了段落大意，统领了全段文字，让段落有了"主心骨"和一直的行动方向。

接着，报告用了 3 个自然段的篇幅，论述中华民族伟大复兴，绝不是轻轻松松、敲锣打鼓就能实现。全党必须付出更为艰巨、更为艰苦的努力。3 个自然段用了 3 句结构相同的段首句来引领：实现伟大梦想，必须进行伟大斗争；实现伟大梦想，必须建设伟大工程；实现伟大梦想，必须推进伟大事业。3 句话把 3 个段落有序地统领起来，段意清晰，如同 3 声嘹亮的军号，先声夺人，振聋发聩，实现伟大梦想的责任感、使命感油然而生。

当然，从修辞角度看，党的十九大报告不仅有精妙绝伦的排比，还有形象生动的比喻、整饬方正的对仗以及大量的引用、借代。可以说，党的十九大报告是公文写作者的一座思想宝库、一本写作教材。大家学类似报告时，不妨切换一种角度，也许会有意外的收获。

好文章都自带黏性

——增强感染力的 5 种策略

好文章不仅读者容易懂得，相信，并且还能够吸引读者，使读者能够得到一种提高，一种愉快。

——何其芳

 本讲导读

本讲是"语言力三部曲"之二，谈如何增强文章的感染力。"感染力"一词本是医学术语，在语言表达中，指通过语言的调配创造出感动人心的力量，以获得受众的观点认同或情感共鸣。经常读文章的人都有这样的体验：有感染力的文章让人想读、爱读、愿读，读得进、记得住、传得开、用得上，没有感染力的文章让人厌烦。感染力是语言力的构成要素。怎样增强感染力？这是考验公文写作者笔力的问题。最近几年，中央宣传部、中央广播电视总台、人民日报社评论部出版了《平语近人——习近平总书记用典》《习近平用典》《习近平讲故事》等书籍，对习近平总书记的重要讲话进行了系统归类评析。这对从事写作公文的人来说，无疑是雪中送炭。我也果断地买下来放在案头，反复研读品味，获益匪浅。研读过程中，被习近平总书记的语言所感染，对感染力的内涵有所领悟，归纳出 5 条增强语言感染力的路径，希望对大家有用。

本讲核心观点

- 动真情，以情感人
- 讲白话，平易近人
- 点热词，以时引人
- 引谚语，以理服人
- 用修辞，气势撼人

感染力本是医学术语，写作中通常指通过语言的调配创造出感动人心的力量，以获得受众的观点认同或情感共鸣。

毫无疑问，写文章的目的是让别人接受作者的思想、观点。要达到这个目的，前提是你的文章要有感染力，能引起读者的共鸣、共情，从而让读者认同你。有感染力的文章让人想读、爱读、愿读，读得进、记得住、传得开、用得上；没有感染力的文章让人反感、排斥，产生"免疫力"，进而把你的话阻挡在思想防线之外，乃至否定掉。

可见，感染力是语言力的构成要素，是写作力的重要标准。

问题是，怎样增强感染力呢？

研究发现，习近平总书记的系列重要讲话及文章就极具感染力，令人想听、爱听、愿听。他的每一次讲话，都有让人心悦诚服的说服力、穿透力，有撼动人心的亲和力、感染力，令人每聆听一次讲话，每研读一篇文章，都会情不自禁地感动和认同。

这种语言的感染力从何而来，效果实现的途径有哪些？归结起来，主要有以下 5 种。

1. 动真情，以情感人

感人心者，莫先乎情。文章或讲话的感染力不在于语言的华美绚丽，而在于字里行间有没有流淌着真情实感。一篇文章，只有让情感在里面跃动，语言文字才能活起来。

习近平总书记的讲话之所以有力量、有分量，就在于他说真话、动真情。他以拉家常式、谈心式的话语，用情感叩击人的心灵，在不经意间温暖人、感化人和教育人。

在 2015 年的新年贺词中，他讲了这么一段话：

这一年，我们也经历了一些令人悲伤的时刻。马航 MH370 航班失联，一百五十多名同胞下落不明，我们没有忘记他们，我们一定要继续努力、想方设法找到他们。这一年，我国发生了一些重大自然灾害和安全事故，不少同胞不幸离开我们，云南鲁甸地震就造成了六百多人遇难，我们怀念他们，祝愿他们的亲人都安好。

一个国家元首在新年祝词中有这么一段亲切感人的话，如同朋友和亲人的问候，让人感到无比温暖。

最令大家记忆犹新的是，他在十八届中央政治局常委与中外记者见面时的讲话，一开口就说"让大家久等了"，接下来又说"大家很敬业、很专业、很辛苦"，言语中一股理解人、关心人的暖流悄然涌动，浸润听者的心田。

无独有偶，在十九届中央政治局常委同中外记者见面时，他开篇就说："这次来了很多记者朋友，许多是远道而来。大家对会议作了大量、充分的报道，引起了全世界广泛关注。你们辛苦了！我向你们表示衷心的感谢！"非常具有温度的问候语，发自内心，拨动了媒体工作者的心弦，听了让人如沐春风。

不仅如此，由于习近平总书记长期在基层工作，对中国的国情有着深刻的了解，与人民群众有着密切的联系，因而他的讲话总透着对人民的真情实感。这种情，表现在澎湃的家国情怀上，境界宏大。

比如，他寄语各族群众特别是青年一代：

生活在我们伟大的祖国和伟大时代的中国人民，共同享有人生出彩的机会，共同享有梦想成真的机会，共同享有同祖国和时代一起成长与进步的机会，有梦想，有机会，有奋斗，一切美好的东西都能够创造出来。

这种情，也表现在他的细致入微上，体现出无限的人文关怀。比如，他与普通群众笑呵呵地说"你比我大，我叫你大姐"，令人感到无比亲切与温暖。又比如，他与干部谈心，让大家"少出去应酬，多回家吃饭""少吃腻滑食物有好处"，如同街坊邻里唠嗑，如同与自家长辈拉家常，"摆龙门阵"，真实自然、真情流露。再比如，谈到城镇化建设，他说"要让居民看得见山，望得见水，记得住乡愁"，直抵百姓心坎，滋润群众心田。还有，他在看望河北省正定县塔元庄村干部和乡亲们时，抑制不住重回故地的喜悦，对乡亲们说："这里我很熟悉，当年下乡就骑自行车来。今天就是来听大家的，看看乡亲们，接接地气，充充电。"有道是"情动于中而行于言"，发自内心，就能打动人心，这就是情感的力量。

2. 讲白话，平易近人

"大白话"是劳动人民在生产生活中总结出来的深刻道理，通俗易懂、直白朴素，具有强烈的感染力。

习近平总书记的讲话和文章之所以让人听得懂、记得住，关键就是善于讲群众语言，说"大白话"，善于拉近与交流者的距离，"零距离"交流，有时还带有点"泥土的芬芳"，既接地气，又妙趣横生。

在国内诸多重要场合讲话时，习近平总书记都善于用通俗易懂的话来表达深刻的道理。在 2017 年新年贺词中，他说，"大家撸起袖子加油干""天上不会掉馅饼，努力奋斗才能梦想成真"。这种带有一丝"泥土气息"的语言，带有浸润人心的力量，温情再现了劳动人民撸起袖子、挽起裤脚下地干活的激情场面，迅速成为争相传颂的"金句"。

在党的十九大报告中，也有这样的语言。当讲到中华民族伟大复兴的艰巨性时，他没有绷起面孔说话，而是说："实现中华民族的伟大复兴，绝不是轻轻松松，敲锣打鼓就能实现的。"既形象又生动，还"软和"，让人备感轻松愉悦，毫无压抑感。

同样是党的十九大报告，当论及社会主义协商民主这个论题时，他用了"有事好商量，众人的事情由众人商量"这句街头巷尾常说常讲的"大白话"。"商量"一词举重若轻，道破了人民民主的真谛，极富生活气息。

十九大闭幕后，习近平总书记率领十九届中央政治局常委与中外记者见面，讲话结尾处有这样一句："俗语说，百闻不如一见。我们欢迎各位记者朋友在中国多走走、多看看，继续关注中共十九大之后中国的发展变化，更加全面地了解和报道中国。""百闻不如一见""多走走""多看看"这些词都是老百姓日常生活中的话。讲起来如同亲朋好友间相互邀约走串，充满人情味。

这种语言在国际大舞台上也大放异彩，备受称赞。在外交活动中，他常用朴素的民间俗话表达治国理政和国际交往的深刻思想。在莫斯科国际关系学院演讲时，他用"鞋子合不合脚，自己穿了才知道"这句耳熟能详的俗话巧妙地说明"一个国家的发展道路合不合适，只有这个国家的人民才最有发言权"的道理；他用"路遥知马力，日久见人心"表达中国和拉美国家的合作与互信；

用"老乡见老乡，两眼泪汪汪"表达海外华人华侨对祖国和亲人的思念；用"萝卜青菜，各有所爱"比喻文明的多样性。这种群众性语言体现了他平易近人的风格。

3. 点热词，以时引人

在互联网高度发达的今天，每年都会创造一批时代感极强的高频"网络热词"。

习近平总书记善于把握时代脉搏，精准捕捉"时髦"词汇，并为网络热词赋予深层内涵，巧妙用于讲话中，让讲话充满时代感。

比如，他在俄罗斯接受电视台专访，当谈到个人生活时，引用了当时广为流传的一首歌曲《时间都去哪儿了》，说明大国领导的责任和担当。他说："对我来说，问题在于我个人的时间都去哪儿了？当然都被工作占去了。"用"时间去哪儿了"这样的热词，与社会同频共振，一下子拉近了与社会大众的距离。听了这样的讲话，距离感没有了，亲近感油然而生。

"我不是痛并快乐着，是累并快乐着。"这是在2013年3月会见中国驻俄使馆工作人员和中资机构代表时的讲话片段。习近平总书记巧借流行语，一句"累并快乐着"，诙谐地表达他对待工作和生活的乐观，对待人民和国家事业的执着，这种语言如同朋友促膝谈心，坦诚地道出了自己的感受，瞬间一股真诚的力量撞击听众的心弦，进而产生强烈共鸣。

再比如，他在2015年新春贺词中深情地说："为了做好这些工作，我们的各级干部也是蛮拼的。当然，没有人民支持，这些工作是难以做好的，我要为我们伟大的人民点赞。""中国将永远向世界敞开怀抱，也将尽己所能向面临困境的人们伸出援手，让我们的'朋友圈'越来越大。""蛮拼的""点赞""朋友圈"这些都是使用频率很高的网络热词，听起来就很"走心"，很用情，并且鲜明生动，极具表达张力。

4. 引谚语，以理服人

谚语是劳动人民生活实践经验的生动总结，是人民智慧的结晶。

习近平总书记在系列重要外交活动讲话和署名文章中，善于引用谚语讲道理、谈合作、话友谊、促发展。经常，一句小小的谚语，让人品出绝妙的哲理来，在交流双方心灵间搭起一座沟通的桥梁，迅速获得情感和价值认同。

他在中国—阿拉伯国家合作论坛第八届部长级会议开幕式讲话中，引用了一句阿拉伯谚语——"语言是叶子，行动才是果实"，用通俗易懂的谚语，深入浅出地表明了行动的重要性。在 2017 年 7 月二十国集团领导人汉堡峰会上，他引用了德国谚语——"一个人的努力是加法，一个团队的努力是乘法"，用德国人民最熟悉的道理阐释团结起来构建人类命运共同体的重要作用。一句简单的谚语，蕴含着深刻哲理，在诙谐幽默之间拉近了双方距离，增进了理解与共识。

此外，他还在各种署名文章中大量引用外国谚语。如 2016 年 1 月，在对埃及进行国事访问之前发表的署名文章中，引用了"独行快，众行远"这句阿拉伯谚语，并与"朋友多了路好走"的中国谚语对比，揭示了两个民族相通的价值理念，揭示双方风雨同行的必要性。在访问乌兹别克斯坦前，他发表了题为《谱写中乌友好新华章》的署名文章，引用乌兹别克斯坦谚语——"只有结满果实的大树才会引人注意"，说明中乌全方位合作已结出累累硕果，造福两国人民，也得到两国人民拥护和支持。他还引用哈萨克斯坦谚语——"吹灭别人的灯，会烧掉自己的胡子""力量不在胳膊上而在团结上"，倡议通过对话合作促进各国交流和地区安全。

5. 用修辞，气势撼人

古人论文，讲求气势，喜欢通过创意造言技巧蓄势造势，从而产生视觉冲击力和心理影响力。

习近平总书记的讲话和文章之所以气势磅礴、势不可挡，一个重要原因在于修辞手法的运用，特别是通过词语、句子、段落的铺排，营造出一种汪洋恣肆的气势美、整饬匀称的形式美、张弛有度的节奏美。

品读习近平总书记的讲话，一种摄人心魄的气势扑面而来。这种气势首先表现在语言上，有名词、动词、形容词的"词类排比"，有简单短语或复杂短语的"短语排比"，也有短句或长句的"句子排比"，还有段落之间规模宏大的"段落排比"。

比如："青年兴则国家兴，青年强则国家强。青年一代有理想、有本领、有担当，国家就有前途，民族就有希望。"5 个"有"字开头的短语排比成句，气势宏大，如高山流水，滔滔不绝。

再如："人民有信仰，国家有力量，民族有希望。"3 个短句如同连珠频发，如同"春云初展，鲜花含露"，引人入胜，就像给读者端上一碗美酒、一杯香茗，耐人寻味。3 句话揭示了"人民""国家""民族"及"信仰""力量""希望"之间的底层逻辑，让人自然而然地增强了对思想道德建设重要性的认识。

他这样阐述中国梦："中国梦是历史的、现实的，也是未来的""中国梦是国家的、民族的，也是每一个中国人的""中国梦是我们的，更是你们青年一代的。"通过语势的蓄积，让表达如"河出龙门，一泻至潼关"，势不可挡。

在第十三届全国人民代表大会第一次会议上的讲话中，他这样诠释中国人民是具有伟大创造精神的人民：

在几千年历史长河中，中国人民始终辛勤劳作、发明创造，我国产生了老子、孔子、庄子、孟子、墨子、孙子、韩非子等闻名于世的伟大思想巨匠，发明了造纸术、火药、印刷术、指南针等深刻影响人类文明进程的伟大科技成果，创作了诗经、楚辞、汉赋、唐诗、宋词、元曲、明清小说等伟大文艺作品，传承了格萨尔王、玛纳斯、江格尔等震撼人心的伟大史诗，建设了万里长城、都江堰、大运河、故宫、布达拉宫等气势恢弘的伟大工程。

5 个短句连续铺排，"产生了""发明了""创作了""传承了""建设了"，步步为营、纵横捭阖，给人以强烈的历史厚重感和现实深邃感，文章极富气势和张力，闪烁着理性的光芒，澎湃着势不可挡的表达力、感染力。

除此之外，他的讲话和文章也不乏段落排比。他经常使用格调一致的段落标题或者段首句高度概括段落大意，让超大规模的段落之间呈现出一种井然的秩序和格局，增强整体震撼力。

在党的十九大报告中，他用了 3 个自然段的篇幅论述中华民族伟大复兴绝不是轻轻松松、敲锣打鼓就能实现的，全党必须付出更为艰巨、更为艰苦的努力。3 个自然段用 3 句结构相同的段首句来引领：实现伟大梦想，必须进行伟大斗争；实现伟大梦想，必须建设伟大工程；实现伟大梦想，必须推进伟大事业。3 句话把 3 个段落有序地统领起来，段意清晰，如同 3 声嘹亮的军号，先声夺人，振聋发聩，听者的责任感、使命感油然而生。

　　对于公文写作者来说，习近平总书记的讲话和文章为我们增强公文的语言感染力树立了典范。党的十八大以来，他在不同场合发表的系列重要讲话和文章，形成了富有个性的语言风格，充满了语言魅力。他的语言引起了学界的研究兴趣。人民日报出版社还编辑出版了《习近平用典》《习近平讲故事》等读物，建议你好学习研究。

能说会道方令人心悦诚服

——增强说服力的"8种说法"

我们现在有些文章，神气十足，但没有货色，不会分析问题，讲不出道理，没有说服力。

——毛泽东

本讲导读

本讲是"语言力三部曲"之三，谈如何增强文章说服力。说服力是指写作中通过特定的表达方法，使自己所推阐的理念、主张具有无可辩驳的合理性和正当性。机关公文很大程度上是议论性文体，通常要论证问题的重要性、必要性、紧迫性以及措施的合理性，或介绍作者提出的观点和措施，这个过程就是一个说服的过程。能否让读者或听众心服口服、心悦诚服，这是写作成败的关键。在学习习近平总书记系列重要讲话及文章过程中，我感受到了一股强劲的说服力，于是专门对这些文章的说服策略进行研究，归纳出8种具有代表性的表述方法，建议把前后3篇文章结合起来读，有利于总体上把握。

本讲核心观点

- 借鉴历史经验：郑重地"说"
- 使用科学原理：理性地"说"
- 借鉴生活常理：深入地"说"
- 讲述故事经历：生动地"说"
- 列举统计数据：客观地"说"
- 引用名言警句：巧妙地"说"
- 进行逻辑推理：严谨地"说"
- 运用类比论证：形象地"说"

说服力，即写作中通过特定的表达方法，使自己所推阐的理念、主张具有无可辩驳的合理性和正当性，说白了就是让别人认同自己的观点。

公文在很大程度上是议论文，通常要论证问题的重要性、必要性、紧迫性以及措施的合理性，或介绍作者提出的观点和措施，这就是说服人，让人认同作者的思想、观点或陈述的事实。论证决定了写作的成败。

议论的方法有很多种，有举例论证、归纳论证、演绎论证、类比论证，也有比喻论证、因果论证，等等。本讲以习近平总书记重要讲话和文章为例，谈谈"如何增强说服力"这个问题。

综观习近平总书记系列重要讲话及文章，无不在提出问题、分析问题和解决问题中，雄辩地陈述事实、表达观点、提出要求，充分发挥了创意造言的智慧，彰显出强劲的说服力。

这种说服力是怎样产生的？我归纳出以下 8 种"说"法。

1. 借鉴历史经验：郑重地"说"

一个人能看到多远的过去，就能抵达多远的未来。历史是前人知识、经验和智慧的结晶，是最好的教科书。借用历史经验来说理，会给人一种"鉴于往事，有资于治道"的认同感。

习近平总书记系列重要讲话和文章，十分善于借历史经验来说话。他本着对传统文化和人类文明尊重与思考的态度，多次提出挖掘与借鉴历史经验，为推进国家治理体系和治理能力现代化而服务。

早在 2011 年，他在中央党校秋季学期开学典礼上就明确要求，"领导干部要读点历史""学习和总结历史，借鉴和运用历史经验""这样才能使自己的眼界和胸襟大为开阔，认识能力和精神境界大为提高，使自己的领导工作水平不断得以提升"。

他是这样说的，也是这样做的。

譬如，在讲到反腐倡廉时，他借鉴秦王朝、唐王朝由兴到衰的"前车之鉴"，说明腐败问题的严重后果。在谈到党的群众路线时，他借鉴越王勾践栖于会稽山中，卧薪尝胆，博得人民信任，百姓为之捐躯的历史经验，说明走群众路线会赢得人民同心同德的道理。他还借鉴明代政治家张居正"治政之要在于安民，安民之道在于察其疾苦"的经验，说明了解、关心、处理好人民疾苦对于吸引和凝聚群众，维护社会和谐稳定的重要性。他在谈到加强和改进立法工作时，引用《韩非子·有度》的论述"国无常强，无常弱。奉法者强则国强，奉法者弱则国弱"，阐释了法律体系必须随时代和实践发展而不断发展的规律。

这样的例子不胜枚举，同时也成为他的一系列重要讲话和文章的一个鲜明特色，那就是：重视历史、研究历史、以史为鉴，注重了解昨天、把握今天、开创明天。这是一种新时代治国理政的历史思维。

2. 使用科学原理：理性地"说"

科学原理是经过人们充分试验证实的理论，运用科学原理来阐释问题，会令人产生一种"原来如此"的感慨。

习近平总书记的讲话和文章之所以让人心悦诚服，最重要的一点就是善于使用科学原理来解释问题，用科学和理性的力量来说服人。

在谈到改革发展中"补短板"的问题时，他用了经济学中的"木桶理论"。他说，一只木桶的装水容量不是取决于这只木桶中最长的那块板，而是取决于最短的那块板。同样的道理，一个地方要发展好，一个国家要发展好，不仅取决于发达地区，更取决于欠发达地区。用这样的理论一阐释，通俗易懂地讲清了补短板的必要性，可谓深入而浅出。

在谈到学习的重要性和紧迫性问题时，他没有简单说教，而是使用了"知识半衰期"的理论：

当今时代，知识更新周期大大缩短，各种新知识、新情况、新事物层出不穷。有人研究过，18世纪以前，知识更新速度为90年左右翻一番；20世纪90年代以来，知识更新加速到3至5年翻一番。近50年来，人类社会创造的知识比过去3000年的总和还要多……

运用科学研究的成果来说理，让论述生动而有说服力。有一次，他还用了"蓄电池理论"来解释这个问题，说人的一生只充一次电的时代已经过去，只有成为一块高效蓄电池，进行不间断地、持续地充电，才能不间断地、持续地释放能量。这种表述方式跳出苍白枯燥的说教，用事物发展的原理来说明问题，自然更令人信服。

3. 借鉴生活常理：深入地"说"

生活是智慧的源泉，生活中的许多"小细节"往往蕴藏着深刻的"大智慧"。用生活常理来说事，可以让受众获得"理所当然"的豁然感。

习近平总书记的讲话和文章善于以小见大，从小事情里发现大道理，听了、读了让人醍醐灌顶、脑洞大开。

比如他在谈青年人价值观培养时，从生活中"扣扣子"这个小细节引申出深刻的人生哲理，他说："这就像穿衣服扣扣子一样，如果第一粒扣子扣错了，剩余的扣子都会扣错。人生的扣子从一开始就要扣好。"这种小细节人们每天都在重复，扣扣子的方法和规律大家都懂，但却很少将其与人生的发展联系起来。

在论及浙江发展问题时，他借鉴地瓜生长特性，联想到地瓜为了汲取更多的阳光、雨露和养分，其块茎始终在根部，但藤蔓却向四面八方延伸，生动形象地阐述了"跳出浙江发展浙江"的问题。把地区的发展与地瓜生长的规律一联系，让人自然而然地明白了应以更宽阔的视野、在更大范围配置资源、在更大的空间实现更大发展的道理。

在一篇文章里，他还"借题发挥"，用水滴石穿的自然现象揭示一种精神。他这样说："滴水穿石的自然景观，我是在插队落户时便耳闻目睹，叹为观止的。直至现在，其锲而不舍的情景仍每每浮现在眼前，我从中领略了不少生命和运动的哲理。"随后，他一语道破，说："我推崇滴水穿石的景观，实在是推崇一种前仆后继、甘于为总体成功牺牲的完美人格；推崇一种胸有宏图、扎扎实实、持之以恒、至死不渝的精神。"用这样的现象来说明，还能如何争辩呢？

他还通过一些动物的行为模式来说明一个国家发展前进的力量源泉。古人有句名言说："大鹏之动，非一羽之轻也；骐骥之速，非一足之力也。"这是自然界的一种现象，其大意是：大鹏冲天飞翔，不是靠一根羽毛的轻盈；骏马急速奔跑，不是靠一只脚的力量。他借此进一步深化了对这句话的理解，说："中国要飞得高、跑得快，就得依靠13亿人民的力量。"把常理深化为治国理政的深刻思想。

4. 讲述故事经历：生动地"说"

一个故事胜过一打道理。很多深奥的道理可以通过故事讲得深入浅出、入脑入心，很多抽象的理论可以通过故事讲得绘声绘色、形象生动。

正如习近平总书记所说："深刻道理要通过讲故事来打动人、说服人。"他如是说，也如是做。

他在莫斯科国际关系学院演讲时，用了抗日战争时期苏联飞行大队长库里申科同中国人民并肩作战，英勇牺牲在中国大地上，以及近年来中俄两国人民在灾难和困难面前相互帮助的故事，说明"国之交在于民相亲"的道理。

在新加坡国立大学演讲时，他讲了几名新加坡"90 后"大学生参加了 2015"看中国·外国青年影像计划"，来到中国西北，用镜头记录现代中国，通过秦腔、兰州牛肉面、羊皮筏子等元素了解和传递中华文化的故事。有一次，他还讲了陈望道翻译《共产党宣言》过程中的一个故事，告诉大家信仰的味道、信仰的力量。

不仅如此，习近平总书记还善于讲自己的故事，促膝谈心般分享自己的亲身经历和感受。在莫斯科国际关系学院演讲中，他讲了年轻时读书的感受："我年轻时就读过普希金、莱蒙托夫、屠格涅夫、陀思妥耶夫斯基、托尔斯泰、契诃夫等文学巨匠的作品，让我感受到俄罗斯文学的魅力。"

在美国西雅图出席华盛顿州当地政府和美国友好团体联合举行的欢迎宴会时，他讲了在梁家河插队的点点滴滴：

20 世纪 60 年代末，我才十几岁，就从北京到中国陕西省延安市一个叫梁家河的小村庄插队当农民，在那儿度过了 7 年时光。那时候，我和乡亲们都住在土窑里、睡在土炕上，乡亲们生活十分贫困，经常是几个月吃不到一块肉。

在澳大利亚议会大厦演讲时，他笑着说：

这是我第五次踏上这片古老而又充满活力的澳洲大陆。1988 年以来，我访问过除塔斯马尼亚州之外的五个州和两个地区，对澳大利亚有着美好的回忆。

在 2017 年金砖国家领导人厦门会晤欢迎宴会的致辞中，他回首在厦门工作的往昔岁月，深情讲述厦门故事：

1985 年，32 年前，我来到厦门工作，当时是到这里来担任副市长。那天正好是我 32 岁生日，现在捻指算来又过了 32 年。当时的厦门基本上没有什么高楼大厦，晚上的灯光非常稀疏，外国商人和游客也很少见。如今，32 年过去了，海风海浪依旧，厦门却已旧貌换新颜。

通过这些有血有肉的故事，很多道理不言而喻，很多问题不辩自明。

5. 列举统计数据：客观地"说"

事实胜于雄辩，事实是最好的论证方法。用数据来说话，可以让语言更客观、表述更精确。有时候，一个关键的数据可顶千言万语，收到"四两拨千斤"之效。

习近平总书记不仅善于说道理、讲故事，还善于用数据说话，增强观点的论证力。

他在回顾 50 年来中法关系时，一连用了 7 个"第一"，把中法关系的高质量一下子凸现出来。他常常用两国间的航班数、人员往来数、经贸发展数据等来描述两国人民你来我往的亲密程度。

比如，他的文章写道：中法每周有近 60 次、中德每周有 70 多次航班往返、中韩每周有多达 800 多次。

又比如，中德每年有超过 100 万游客走来走去，中欧"双方每年人员往来达到 550 多万人次、互派留学生 27 万多人"，"去年，中韩人员往来达 822 万人次，不出两年，我们就有望迎来年度人员往来千万人次"；中蒙"两国人员往来约 130 万人次"；中国和印度"去年，两国人员往来达到 82 万人次"；中澳"2013 年两国人员往来突破 150 万人次"。

经贸数据更像一串串音符，流淌在每一篇文章的字里行间。

在论述中国与荷兰、法国、德国、比利时、韩国和塔吉克斯坦等国的经贸往来时，他盘点了一大串数据，比如，中德两国"迄今有 8200 多家德国企业在华安家落户，超过 2000 家中国企业在德国站稳脚跟""两国政府的 60 多个对话、合作机制运行顺畅"，等等。正如他在文中所说的，"这些数据的背后"，是"友谊和合作给双方人民带来了更多的丰富的商品、更多的工作岗位、更好的学习机会"。故事、事例、事实和数据，让他的文章充满力量，更添魅力。

6. 引用名言警句：巧妙地"说"

古典名句是我国文化长河中沉淀下来的智慧结晶。引用古典名句，请古人在文中"说话"，可以收到"借力使力"之效。

习近平总书记的语言之所以令人叹服，一个重要原因就是旁征博引，善于引用格言、警句、古语和诗词，使之焕发出新时代的思想光芒。他几乎每文必引，每个引用都妙趣横生、意蕴深邃。

譬如，他引用"为政以德，譬如北辰，居其所而众星拱之"来说明干部加强学习、读书修德的重要性。用"政之所兴在顺民心，政之所废在逆民心"来说明民心与执政之间相辅相成的关系。用郑板桥的诗句"些小吾曹州县吏，一枝一叶总关情"来说明群众利益无小事的道理。用"雄关漫道真如铁"来说明中华民族昨天的艰辛，用"人间正道是沧桑"来说明中华民族今天取得的成绩，用"长风破浪会有时"来说明中华民族伟大复兴展现出光明的前景。用"志合者，不以山海为远"阐明中国和澳大利亚虽然远隔大洋，但历史和现实的纽带将两国紧紧连在一起，成为好朋友和战略伙伴。用"兄弟同心，其利断金"倡导中国和新西兰携手合作，谱写中新关系发展新篇章，更好造福两国人民。用"既以为人，己愈有；既以与人，己愈多"表明中国与斐济双方完全能够将彼此发展战略对接起来，优势互补，做合作共赢、共同发展的好伙伴。

这些引用，让讲话和文章妙趣横生、意味深长。这样的文章读来贴切、精当，赋予中华典籍以新的时代内涵。

7. 进行逻辑推理：严谨地"说"

逻辑推理是人们在逻辑思维过程中，按照一定的逻辑规则，形成概念、作出判断和进行推理的方法。逻辑推理用得好，可以让人产生"自然而然"之感。

习近平总书记的讲话和文章善于逻辑推理，思路清晰、逻辑严密。

以党的十九大报告为例："实践没有止境，理论创新也没有止境。世界每时每刻都在发生变化，中国也每时每刻都在发生变化，我们必须在理论上跟上时代，不断认识规律，不断推进理论创新、实践创新、制度创新、文化创新以及其他各方面创新。"运用了"三段论"的演绎推理方法，大前提是"实践没有止境，理论创新也没有止境"，小前提是"实践每时每刻都在变，我们处在变化的时代中"，结论是"理论必须跟上时代变化，不断创新"。

再如，报告说："人民有信仰，国家有力量，民族有希望。"这句话暗含着深刻的逻辑关系，实际上是一种条件或因果关系，只有人民有信仰，国家才有力量，民族也才有希望。3 句话环环相扣、步步为营、层层递进。

他在阐释"中国梦"的概念时说："每个人都有理想和追求，都有自己的梦想。现在，大家都在讨论中国梦，我以为，实现中华民族伟大复兴，就是中华民族近代以来最伟大的梦想。"这里面暗含了一种归纳推理，前提是"每个人都有理想和追求"，这显然是不可否认的，而一个国家是由不同的个体组成的，因而"国家也应该有自己的梦想"，这个梦想就是"中国梦"。

8. 运用类比论证：形象地"说"

类比是拿日常熟悉的某些事物与跟它有相同特点的事物作比较类推，从而证明自己论点的论证方法。类比是一种特殊的比喻，它可以用来辅助叙述，将事物描绘得更形象，将问题表达得更清晰。

习近平总书记的讲话和文章善于跨界思考，打比方，在不同事物之间找到相通的底层逻辑。

他把和平比喻为空气和阳光："和平犹如空气和阳光，受益而不觉，失之则难存。没有和平，发展就无从谈起。"按照常理，人是一刻也离不开空气和阳光的，否则生命就难以为继，把和平比喻为空气和阳光，和平的重要性就不言自明了。

他看到了技术和粮食的共同点："技术和粮食一样，靠别人靠不住，要端自己的饭碗，自立才能自强。实体经济是国家的本钱，要发展制造业尤其是先进制造业，加强技术创新，加快信息化、工业化融合。"把技术对于企业发展的重要性与粮食对于人生存的重要性进行类比，沟通二者之间的相同道理，而"民以食为天"，粮食是人民赖以生存的基础，以此类推，技术对企业的重要性就可想而知了。

他用石榴籽来比喻民族团结："促进各民族像石榴籽一样紧紧抱在一起，

共同团结奋斗、共同繁荣发展。"石榴籽具有多室、多籽的特点，籽与籽之间排列紧密、均匀。把石榴籽比喻为民族团结，意味着各民族要像石榴籽一个挨着一个，紧紧地抱在一起，形成一个紧密无间的整体；意味着各民族兄弟姐妹要像石榴籽一样，心连心、心贴心、心交心，不仅要有紧密的经济合作，而且要有密切的思想交流、文化沟通和民间往来。这是何等深刻与贴切啊！

这样的比喻还有很多，比如，他以茶和酒比喻东西方文明："茶的含蓄内敛和酒的热烈奔放代表了品味生命、解读世界的两种不同方式。但是，茶和酒并不是不可兼容的，既可以酒逢知己千杯少，也可以品茶品味品人生。"他还以"加减乘除"四则运算比喻"老工业基地振兴发展"的路径，以"绣花"的功夫比喻"城市管理"和"脱贫攻坚"的态度，用"钙"比喻理想信念："理想信念是共产党人精神上的'钙'，精神上'缺钙'就会得'软骨病'。"形象而生动，令人不得不打心底折服于所讲的道理，在领悟道理的同时产生轻松愉悦的审美感受。

当然，语言表达是一个双向的信息沟通过程，表达力的好坏不在于自我感觉是否良好，也不在于采用的表达形式是否新奇，关键在于交流的结果是否有效，在于对方是否欣然接受所表达的观点。因此，可以认为，表达的方法和技巧千变万化，没有"放之四海而皆准"的金科玉律，我们学习习近平总书记的说服力技巧，重要的是学习他因人而异、灵活应变、创意造言的智慧。

第 32 讲　听得懂、记得住、忘不掉

——如何破除"知识诅咒"

当我们了解某件事情，并且对它十分熟悉的时候，我们就难以预测出其他人对这件事的理解，这种偏见被称作"知识的诅咒"。我们所有人都会遭受这种折磨，但对学术界人士来说，这种折磨尤为严重。为什么呢？因为学者们经年累月、事无巨细地研究同一个课题，而当他们在这个课题领域成为世界级的专家时，便会觉得与之相关的整个领域看起来都简单至极。

——米歇尔·巴德利

本讲导读

米歇尔·巴德利、丹·艾瑞里的《怪诞行为学——非理性的你》（中信出版社）和查德·肖顿的《反直觉》里面都提到了一个现象：知识的诅咒，即人一旦掌握了某种知识，就无法想象在未知者眼中它是什么样子，当表达出来时，别人往往不理解。回到工作中思考，我发现"知识诅咒"现象在文稿中其实非常普遍，很多技术部门报来的材料，满篇专业术语和概念，看得人云里雾里。打电话过去询问，都说：业内都这么讲，很容易理解啊！殊不知，对于外行来说，这些是很难理解的，这就是中了"知识诅咒"。不仅如此，这种"自己以为别人会知道，其实别人不知道"的现象比比皆是，很有研究的价值。本讲分析公文写作中"知识诅咒"现象的表现、原因及对策。

本讲核心观点

- "知识诅咒"的 5 种表现
- "知识诅咒"的 6 大原因
- 破除"知识诅咒"的 6 种方法

一些专业领域的人士在说话写作时，专业特色过于明显，自以为表达得清晰明了，实际却晦涩难懂，让人一头雾水。

这在学术上叫"知识的诅咒"，即人一旦掌握了某种知识，就无法想象它在未知者眼中是什么样子，表达出来时，别人往往不理解，仿佛受到知识的"诅咒"。这种现象在公文写作中也很普遍。

下面，讲讲"知识诅咒"的具体表现、原因和预防措施。

1."知识诅咒"的 5 种表现

实际中最常见的有以下 5 种。

（1）语言太专业，意思不好懂

比如："皮肤屏障功能受损后，很容易出现炎症性的症状。而这些炎症性的症状，又会导致屏障功能受损情况更加严重。""皮肤屏障""炎症性症状"这两个专业术语一般人看不懂。

再如："票据所反映的是，载明的支付人对持票人负债：在票据未贴现前，对持有票据的客户负债；贴现后，则对购入票据的银行负债。"若没有一定的金融学功底，很难理解这段话。

（2）追求准确性，表述不简洁

为追求严谨、准确而堆砌文件名、发文字号、专业符号等。

通威集团首期 4 万吨高纯晶硅、京东方二期 12 英寸硅基 OLED 微型显示器生产线、蒙牛西南高原特色奶业全产业链、华润现代中药饮片及配方颗粒生产……等 19 个项目落地建设。

这段话写了太多的项目细节，从准确性角度看，确实没错，但从交流角度看，就没必要了，原因是不易读懂。太多不必要的技术细节不仅没有用，还容易把读者带偏，不利于突出核心观点。适当归纳概括、分析判断后，不一定要写这么多，删掉描述性语言，只点企业名称，别人也能理解。

（3）信息不全面，表义不到位

表达过于简略，不讲必要的背景，不考虑读者的情况，以为别人像自己一样能懂。

比如写 2019 年工业发展成绩，只写"2019 年，全省全部工业增加值突破 5000 亿元大关，达到 5301 亿元"就有问题了。熟悉情况的人倒还好，如果不熟悉，就看不出这两个数据是什么意思。如果对于较 2018 年增加了多少绝对量，上次越过千亿元是什么时候，在各地中总量排第几位，同期增长多少，速度是快是慢这些背景不清楚，读这段话就会丈二金刚摸不着头脑。

（4）滥用缩略语，表达有歧义

缩略语用得好，能精简篇幅、提高表达效率，否则会产生歧义。

比如"人大"这个词，某些场景中它是"人民代表大会"的简称，换个场景却可能是"中国人民大学"的简称。再如"党员"这个词，大多情况下就是"中共党员"的简称，然而在某些特定场合则可能指代民革、农工党、致公党党员。稍有不慎就产生歧义，尤其是生造的"缩略词"，比如一份函中有"商购'黄白芝麻'品种"的表述，到底指黄色与白色两种芝麻，还是指黄白相间的一种芝麻，就不得而知了。

（5）句式太复杂，读者受不了

比如："居民消费物价指数是综合反映一定时期内居民生活消费品和服务项目价格变动的趋势及程度的价格指数。"这是个教科书式的表述，句式复杂，"趋势及程度"这个词组不直观，更致命的是"价格指数"这个词前面那一长串复杂的定语，理解起来很费劲。

再如："围绕重点行业、企业，打造应用平台，推动基于网络和平台的协同制造、联合研发创新、产业链配套、供应链协同、生产性服务和柔性制造等新生产制造方式，推动工业数字化转型。"连续 4 个顿号加上"和"字罗列，信息量很大，如果只靠听，估计早就晕了。

2. "知识诅咒"的 6 大原因

为什么会出现以上现象？原因大致有 6 个方面。

（1）没有用户思维

不管对象是谁、熟不熟悉情况、容不容易理解，以自我为中心，只顾按自己的习惯来表达，不管别人的感受，这是没有用户思维的表现。

（2）不会换位思考

有的人对自己的领域非常了解，容易陷入自己的"认知圈"，理所当然地认为其他人应该了解。实际上，这是一个不一定成立的预设前提，属于不会换位思考导致的心理错觉。

（3）表述方式不活

写作中，语体风格、表述方式是多种多样的，很多人由于缺乏学习和训练，只会说自己熟悉的那套"技术语言"，不会打比方、作比较，也不会使用大白话。

（4）存在炫耀心理

不排除一部分人在写作时有炫耀心理，在这种心理驱使下故弄玄虚，刻意整专业术语、玩概念，以此来显示自己的高明、获取别人赞誉。

（5）思维习惯使然

从事某种专业工作时间长了，会形成一套话语体系，专业语言讲顺了，就会固化为思维方式，思维一旦成定式、习惯一旦成自然，就很难改变了。

（6）没有学通学透

"深入浅出"是语言表达的最高境界。这种境界有个前提，那就是要对事物本质、规律有精确把握，先"深入"进去才能生动地表达出来。综观"知识诅咒"的各种表现，说到底还是对事物理解不深、不透、不活。

3. 破除"知识诅咒"的 6 种方法

美国认知心理学家史蒂芬·平克在《风格感觉：21 世纪写作指南》一书中指出，克服知识的诅咒或许是优秀作者进行清晰表达的最重要的前提。

如何克服知识的诅咒？方法有 6 种。

（1）讲话看势头，以用户为中心

人写文章和工厂生产产品其实很相似，虽然前者生产的是文字产品，后者生产的是工业产品，但二者都遵循商业逻辑，都应以用户为中心，学会换位思考。这就意味着，如果受众是行家里手，讲些专业术语是没问题的，否则就要慎重，必要时就得"翻译"成通俗语言。

我们老家有句话叫"讲话看势头"，这个"势头"里就有看对象的意思，对什么人讲什么话，到什么山唱什么歌。用户思维的实质，说白了不是你想说什么、善于说什么，而是受众喜欢什么、习惯什么。和群众说话，还张口闭口大数据、云计算、区块链、B2B、C2C，就是不看"势头"，不说"人话"，讲得再好，别人听不懂，又有什么意思呢？

（2）回归本源，摒弃炫耀心理

英国哲学家弗朗西斯·培根说："好炫耀的人是明哲之士所轻视的，愚蠢之人所艳羡的，谄佞之徒所奉承的，同时他们也是自己所夸耀的言语的奴隶。"炫耀是人性弱点，是不良的写作现象，应该为"明哲之士所轻视"，不能为大家所艳羡、奉承。

写作不是用来炫耀的，而是用来交流思想、传递观点或感情的，你看哪个商家生产产品是为了炫耀的？无不是奔着让消费者接受产品、购买产品去的。内容生产者应该懂这个道理，在每一次写作中，回归表达本源，把事情说清楚，让受众以最小成本理解并接受观点。

电视上的广告，最受欢迎的往往是通俗易懂、幽默风趣的那种，太技术性的大家都不喜欢，原因就是看不懂。所以，破除"知识诅咒"不仅要改变思维方式，还要破除心理障碍，不能让自己成为言语的奴隶。

（3）入乎其内，钻研事物本质

王国维在《人间词话》中说："诗人对宇宙人生，须入乎其内，又须出乎其外。入乎其内，故能写之。出乎其外，故能视之。入乎其内，故有生气，出乎其外，故有高致。"写诗也好，写公文也罢，首先得"入乎其内"，把事物理解通透，才能表达得生动，正所谓"大道至简"，这也是人们喜欢听大家讲话的原因。

比如，黄奇帆先生在《分析与思考》一书中写道"说到金融的本质，归纳起来，就是三句话：第一句话，为有钱人理财，为缺钱人融资。第二句话，信用、杠杆、风险。第三句话，为实体经济服务"，没有卖弄学术概念，而是讲"有钱人""缺钱人"这样的大白话，即便是外行也能读懂。所以，破除"知识诅咒"，根本之道，还是钻研，真正学通、学透，才能用活。

（4）出乎其外，学会跨界类比

跨界类比能将复杂的概念简单化，将晦涩的概念形象化、通俗化。比如，可以把"皮肤屏障"这个词比作保护皮肤的一面城墙，这样就容易理解了，城墙遭受到破坏，里面的人就会遭殃。

但凡表达高手都善于打比方、作比较。

毛泽东用"零敲牛皮糖"阐述对敌实行战术小包围、打小歼灭战，积小胜为大胜的战术思想。习近平总书记用"石榴籽"来比喻民族团结，用"扣扣子"来比喻青年人价值观培养。人们把澜沧江（湄公河）称为"东方多瑙河"，把哈尔滨称为"东方小巴黎"，把汤显祖称为"中国的莎士比亚"。一个简单的比喻，就可以省去很多描述性语言。

有篇写公路巡查者的文章，标题是《21年巡查隧道，相当于绕地球一圈》，不是写精确的里程数字，而是用"绕地球一圈"来替代，形象且有黏性。所以，想破除"知识诅咒"，还要敢于打破专业思维禁锢，跨界思考。

（5）增添生活气息，学着讲"人话"

心理学上有个"鸡尾酒会效应"，即人对自己熟悉的东西敏感，从脑科学角度解释，是因为熟悉的东西容易理解，节约身体能量，所以人自然喜欢听通俗易懂的话。

聪明的表达者往往是通俗的表达者。

比如："所谓政治，就是把我们的人搞得多多的，把敌人搞得少少的。"这是毛泽东对政治的定义，如果用教科书式的语言来下定义，可能会是："政治是上层建筑领域中各种权力主体维护自身利益的特定行为以及由此结成的特定关系，它是人类历史发展到一定时期产生的一种重要社会现象。"两种表述哪种好记，一读便知。

再如，"摸着石头过河""老祖宗不能丢啊""有事好商量，众人的事情由众人商量"，这些都是朗朗上口的"大白话"，让人听得懂、记得住、能理解。所以，破除"知识诅咒"，还得学会转变表述方式。前面提到的"票据"那段话，如果这样表达"票据就是一张'欠条'，持票人是债权人，票据上的'支付人'负责还钱。票据贴现就是持票人把这张'欠条''卖'给银行，银行就变成了债权人"，理解起来就容易多了。

（6）提升语法知识，学会转换句式

破除"知识诅咒"，除了语言风格，还可以从句式结构上入手。

句式结构不仅能折射写作者的语法功底，还能反映思维方式。改变句式结构，就是转变思维方式。前面提到的修饰语较多的复杂长句，怎么才能让人容易懂？一种方法是化整为零，将复句拆为单句。比如"居民消费物价指数"那句话，可断成几个"主谓宾极简结构"的短句："居民消费物价指数反映了消费品和服务价格的变化，在这段时间内，贵了或者便宜了多少。"句式简单才能让人"秒懂"。还有一种方法是化零为整，进行归纳概括或合并，少用顿号或者连接词。

总的来说，语言是为思想服务的，只要是简洁明了、容易理解、能说清楚问题的，就是好的表述。语言从诞生那一天起，就是没有界限的，就是贴近生活的，不要人为制造行业壁垒、专业标签，容易理解的语言才是好语言。

著名进化论生物学家理查德·道金斯（Richard Dawkins）在科普书《解析彩虹》开头就用了很生动的语言：

我们都会死，因此我们都是幸运儿。绝大多数人永不会死，因为他们从未出生。那些本有可能取代我的位置但事实上从未见过天日的人，数量多过阿拉伯的沙粒。那些从未出生的魂灵中，定然有超越济慈的诗人、比牛顿更卓越的科学家。DNA 组合所允许的人类之数，远远超过曾活过的所有人数。你和我，尽管如此平凡，但仍从这概率低得令人眩晕的命运利齿下逃脱，来到世间。

优美的语言和深邃的思想并不矛盾，平实的语言和打动人心的叙述也不冲突，有时用文学的语言表达科学的理性，也是有可能的。

无独有偶，科普作家理查德·福提（Richard Fortey）在《生命简史》一书中用文学语言描述生物 40 亿年的进化史：

地球在宇宙中的位置和太阳系中的自转多是生命出现的铺垫。如果说生命的出现是场赌注，那么色子落下的时候是带有私心的。

如果学者们可以接受异教的神灵，那么，研究前寒武纪的古植物学家的保护神应该是科林斯王西西弗斯，他被罚终身推巨石上山，虽然石头总是滚回原地，但是，不管怎样，古植物学家偶尔还是能够到达山顶的。

探险是件奇妙的事。它就像一部戏，不管持续几周还是几个月，都有固定的剧情和角色。最有意思的是探险队员要悉数登场，但是谁也不能预见自己要扮演的角色，所有人必须精诚合作。

假设地球的历史是一张表盘，那么"蓝绿细菌"（蓝藻细菌）大约在凌晨 2 点出现，无脊椎动物差不多在 10 点出现，而人类就像灰姑娘突然想起舞会要结束一样，在午夜 12 点前 1 分钟匆匆出现。

这些表述形象生动，很值得我们学习借鉴。

后　记
——我的母亲

　　我母亲是个典型的农村老人。

　　她生于 1943 年，年轻时没赶上好日子，不到十八岁就嫁到山里，同我父亲生养了八个子女。她一辈子跟土地打交道，家是她最大的事业，庄稼是她最好的朋友。她一生与土地较劲，硬把那十几亩山地种得服服贴贴。

　　可生活没有土地那样听话，在她 47 岁那年，我父亲罹患重病，花掉了家里拼命积攒的那点钱，最终撒手人寰，甩给她一个残破的家和一群未成年的孩子。

　　她能扛过去吗？

　　左邻右舍都料定这个家要像村头断了房梁的那间土屋一样，很快就要垮掉。然而，母亲展现出了惊人的刚毅和坚卓，她来不及悲伤，无心于孤独，不屑于眼泪，一个人扛起父亲撂下的担子，撑起了这个家。

　　这个家的格调从此变了，骤然间多了一份残缺的圆满，奏响了无声的强音。

　　母亲有她的算法，1=8 是她的"人生等式"。

　　她把自己的全部人生揉成了八个子女的梦，在她看来，这划算极了。她耗尽毕生心血，把我们当成了事业，抽象成了梦想，物化成了作品，而我是她的"收官之作"。从生产大队集体劳动到自家地的耕作，从后山的洋芋到梁子上的苞谷，从坪子地的萝卜到山墙边的白菜，她一生都在与土地打交道，养成了奇妙的"庄稼思维"。在她眼里，我们就是地里的庄稼，必须不厌其烦地"施肥除草"，不能挨饿受冻。最重要的是，要读书，有出息。为此，她不惜纵容我们离她而去，到远方逐梦。

在我眼中，母亲是这样的人：

她很平凡，从不谈自己的梦想，也许她根本不懂世间还有"梦想"这样的东西，但我相信她有梦想，只不过为了成全我们的梦，她索性把自己的梦也打包给了我们。

她不识字，却很识数，因为凡事她都能想得头头是道，毫不凌乱。她不爱唠叨，也不轻易指责谁，但我相信她有教训人的强大本领，只不过她深谙"响鼓不用重锤"的道理，懂得"以身示范"的育人智慧罢了。

她严厉，有时还很凶，我们没少挨她的巴掌，吃她赏赐的"跳脚米线"，也常领略她带有艺术范儿的骂。奇怪的是，我们每次都会有"罪有应得"之感，从未觉得是被冤枉。因为我们知道她有最慈爱的母性，理解她承受的压力，体会她"恨铁不成钢"的愤怒，更相信"严厉"的教育学意义。

说来也怪，她不关心世界有多大，甚至搞不清昆明在昭通北还是南，但她心里却有一个大世界；她不懂啥叫格局，但她心里却有一个大格局，能让很多自诩博大之人汗颜。

1
母亲在，家就在，根就在

我是村里第一个大学生。1999 年秋天的那个傍晚，太阳的余晖染红了山边的云彩，我揣着大学录取通知书，背起被梦想塞得满满的包，作别家人，登上长途大巴，准备往省城去。车开动的那一刻，母亲立于车旁，默默注视着我，依依不舍，直到大巴渐行渐远，消失在路的转弯处。

那眼神，我至今难忘。

那天，我许下一个愿望：今后一定接母亲到城里生活。

惭愧的是，我已工作二十年，这个愿望竟未实现。

几年前，母亲陪三姐来昆明办事，本应留下玩一阵子，可事后她却执意回去，说老家自在，这让我感到不妙。若是十年前，她来昆明还能住个把月，后来最多两星期，如今只愿留在那个小山村。我不禁想，这难道就是农村父母的宿命吗？他们含辛茹苦把子女盘出来，自己却终究要回去。

上大学时，我跟母亲说接她到城里生活的话，她会很高兴。

后来，我有幸留在省城工作，激动地告诉她："妈，我有工作了，也租了房子，来昆明住吧。""么啊，你先好好干，不着急，等买了房子再来。"

母亲这样告诉我。我以为母亲嫌租的房不好住，便开始攒钱，希望早点买套自己的房子，那样母亲就愿来了。

经过七年努力，我住上了自己的房子，回家接她，她是高兴的，遇人就说："老五接我到昆明住。"那种感觉，就像她从地里收获了苞谷洋芋一样。然而她对家里的一切终究放不下，要么怕鸡被饿着了，非得把苞谷米准备妥当；要么怕腊肉发霉，非得交代好如何通风防潮；要么怕床铺落灰，非得一丝不苟地苫蔽起来……

临行前，我注意到她眼神里的眷恋不舍，心里暗自担心她住不长久。果然，才两个月她就念叨着要回。我说："老家哪有城里好啊！气候没昆明好，还要爬坡上坎的。""在过的山坡不嫌陡，还是自己的家好，没那么多车吵人，也不用爬楼梯，可以跟人摆龙门阵。"她若有所思，慢慢地说。

我劝她："慢慢就习惯了，小区里有很多昭通来的老人，你可以和他们说话嘛。"她见我舍不得她回，便也不再说什么。于是，又过了一段时间。有一天，她终于郑重宣告，她要回去了，不许再劝。她的倔强我是知道的，劝也无用。她说她怕家里没人，鸡没人管，怕菜园的菜干了，还怕侄儿们放学回家没饭吃……所有这些"怕"，凝聚成了她割舍不了的眷恋。

她把一生全花在了家上，养大八个子女，不管多难，从不说一句丧气话；她就像一根瓜藤，虽然柔弱，却把小瓜拢起来，一个个养大。事实上，家是她一辈子的事业，为此她倾注了毕生心血，怎么舍得呢？也许天下父母都这样，子女小的时候，盼着快快长大，等子女长大了，展翅飞走了，便独自守着一个空空的巢，这好不让人感伤。

就像龙应台在《目送》里写的：

我慢慢地、慢慢地了解到，所谓父女母子一场，只不过意味着，你和他的缘分就是今生今世不断地在目送他的背影渐行渐远。你站在小路的这一端，看着他逐渐消失在小路转弯的地方，而且，他用背影默默告诉你：不必追！

一开始，我以为母亲是不习惯城里的生活，亦或是留恋老家的人了，现在看来，我想得多么浅薄。母亲之所以想回去，是要为我们守住根啊！她担心我们出走时间长了，忘记根在哪儿了。

在每个人心中，母亲的意义是多维的，充满了哲学的思考、情感的纠缠和道德的感化。母亲是心灵的港湾，是子女避风的地方；母亲是情感的缆绳，把子女牢牢拴住，不被风吹散了；母亲是前行的灯塔，让子女看到方向和希望。

2
世间礼物有两种，一种是物质，一种是情

人长大后，经常会纠结于送什么礼物给父母最好。

当父母生日之际，纠结于是买件漂亮的衣服，还是买个按摩椅？纠结于是带他们去旅游观光，还是吃顿美味大餐？过节回家，又纠结于该多买点东西，还是多给点钱？有道是："知我者谓我心忧，不知我者谓我何求。"

其实所有的纠结都源于不懂父母的心。2015 年夏天，母亲来昆明参加外甥婚礼，我想，出来一趟不容易，趁着哥哥姐姐都在，何不报个旅游团让她去北京看看呢？跟她讲了我的想法，原以为她会高兴，哪知她一点都不乐意，说："有啥子好看的，不去，不去。"好说歹说就是不去，只得作罢。

我以为，她是怕旅途远，就想，既然远的不去，就去近的，下次回家带她去大山包（昭通的一座山）转转。说实话，她在昭通生活了七八十年，至今还没去过呢。可是，每次提议都被母亲否决了，理由是"有哪样好看的，待在家里最好！"

可怜天下父母心啊！农村好多老人都如此，一生含辛茹苦，到头来却不舍得过好的生活，他们"宁愿"一辈子与土地为伴。

其实不愿是假的，谁不想呢？

只不过，他们最想看的景，不是山，也不是水；他们最想要的东西，不是高端礼品，也不是美味佳肴。他们的期盼，无非是子女回家的身影和陪伴而已。我们做子女的，都应懂得这个道理，多回家看看，哪怕只是陪老人说说话，吃顿饭，为他们剪剪指甲、洗洗脚、捶捶背。这便是最好的礼物、最美的风景了。

季羡林先生说过："世界上无论什么名誉，什么地位，什么幸福，什么尊荣，都比不上待在母亲身边，即使她一字也不识。"多在理啊！

世间的风景有两种，一种是自然，一种是人；世间的礼物也有两种，一种是物质，一种是情。正因理解了这点，我们每次回家都尽量待在家里，哪儿都不去，只想陪在老人身边。

3
母亲的格局是撑大子女世界的杆

现在越来越多的人谈到"格局"这个词，一些文章甚至说：格局有多大，舞台就有多大，格局决定人生。

什么是格局？

我说不大清楚，估计母亲也是不懂的，但可以肯定的是，母亲有格局。

在20世纪80年代，农村孩子想有出息，只有两条路，一是读书，二是当兵，否则就只有种地了。大哥19岁那年，没考上大学，第一条路没走通，母亲让他试试第二条路。这显然是个艰难的决定，因为大哥是我们八个中唯一成年的孩子，家里最缺劳动力，若出去了，苦的是父母。可母亲不怕，她与父亲合计后，支持大哥去。

就这样，大哥参军了。

有道是儿行千里母担忧。那几年，母亲天天都盼着邮递员来，因为见着邮递员就意味着有大哥的消息。"两山战役"那会儿，母亲的心一直悬着，做梦都想收到大哥的信，但又怕收到信，因为怕听到不好的消息。所以每当有信来，母亲既激动又紧张，既喜悦又惶恐，但她又总是迫不及待地让人念，当听到关键处，会打断一下，问问什么意思；看到大哥英姿飒爽的戎装照片，她反复端详，不舍得放下；听说大哥在"猫耳洞"里，她眉头紧锁；听说大哥入了党，她的脸上满是欢喜和自豪。大哥复员后，只在家里待了很短一段时间就去了通海县安家，后来连父亲生病都没能回家照顾，但母亲没怪他。

这就是母亲的算盘，想必也是天下母亲一概的算盘吧！

纪伯伦说："父母是弓，孩子是箭。"孩子就像父母射出去的箭，箭飞多远既取决于箭本身的质量和冲力，更取决于弓的弹射力。从情感角度讲，天下母亲谁想当那只弓呢？谁不希望子女围绕在身旁呢？可奇怪的是，有格局的父母，往往在子女翅膀硬了之后，亲手送他们到广阔的天空翱翔。

同样的，母亲把四哥也送进了部队。临行前，她叮嘱四哥："在部队好好干，干点名堂出来。"她一直怀着期望，所以当四哥那年突然复员回家时，母亲并没有表现出见到儿子的喜悦，而是问："怎么就回来啦？"语气略带失望和责备。

天下母亲有谁不盼着儿子回家呀？母亲自然也是盼望的，只不过她希望儿子眼光远一点，格局大一点，哪怕这会让她承受生活之苦和思念之苦，因为她觉得子女有出息了，怎么艰辛都是幸福的。

母亲这种幸福，是天下母亲共同的感受；母亲这种期望，是天下母亲共同的希望。母亲教会我，任何时候都不要只看眼前，无论眼下有多难，都要看远一点。

4
母亲的见识是子女眺望世界的眼

每年一到开学季，都有无数父母为子女上学的事操碎了心。奇怪的是，无论如何焦虑苦恼、成本高昂，他们都会心甘情愿地投入这场"豪赌"。

这就是中国父母的远见。

曾国藩说，一个家庭的兴败只看三点：一看子孙睡到几点，二看子孙有没做家务，三看子孙是否读书。母亲也很注重这三点，尤其是读书。尽管她不识字，却懂得道理；她没有文化，却尊重文化。

她在子女读书这个问题上一向不惜代价。

她尽力为我们创造读书的机会。她让大哥读书，让大姐读书，让二哥读书，一直到四哥和我，即便在父亲过世那个艰难的当口，依然笃定。最终，大哥读了高中，大姐、二哥读了初中，我还上了大学，若不是家里有一群牛羊，但凡有一点办法，她一定会让二姐、三姐也上学，也不会忍心让三哥辍学。

尽管如此，母亲已然了不起了，她让我们享受到了特殊待遇，因为在 20 世纪 60 到 80 年代的农村，读书是件奢侈的事，家里但凡个劳动力，都得下地干活，更何况是在贫穷的山沟里。

我母亲没吝啬这种付出，宁愿自己多受苦。

有一年，二哥因在学校受了委屈，赌气跑回家。母亲那天晚上一夜没睡着，心里着急，生怕二哥因此失学。第二天一大早，她焦急不安地走了几十里山路，硬是把二哥送到学校交给老师后，才踏实。晚上回到家，脚都肿了。

我懂母亲的心，故而珍惜读书的机会，不管条件多艰难，都攒劲地学。

但村小学的教学水平实在太差，想从这里读出来，几乎没有可能。于是，父亲过世那年，大哥回家，同母亲合计，决定给我和四哥转学。几经周折，总算托了一位远房亲戚帮忙转到坝区的一所小学。

第一次走出大山，到山外读书，我开了眼界，而母亲每年却要付出一车煤炭，数百斤苞谷、洋芋，几挂腊肉的代价（那时上小学得花钱，更没营养餐）。

出门在外，我强迫自己学会自立，学会忍受孤独，学会长途跋涉（每周步行近二十公里回家），不过我从不觉得苦，反而感到无比幸福，因为那时，我的小学同伴大多已回家种地或放牛放羊了，而我在父亲去世后却能接受更好的教育，怎能不珍惜呢？

那时的我，由衷觉得读书是多么幸福和奢侈的享受啊！

我把读书当成了一种习惯、一种人生态度，因为我怕一旦放下了书本，也就放下了拼搏的精神，辜负了母亲的期待！

由于基础不够好，中考时我没考上师范。

"上帝为你关上一扇门的时候，必然为你打开了一扇窗"。彷徨间，老师的一句话激励了我，他说："考不上师范也好，读高中可以考大学，去更远的地方。"于是，我有了上高中考大学的念头。母亲听了我的想法，很支持我。那时，不少人觉得我的"野心"太大了，因为老家方圆几十里，还没出过一个中专生呢，更不用说大学生了。

既然上了路，就不能怕艰辛与遥远，因为心中有梦，身上就有一股劲。

高中三年，我如拼命三郎一般，把一切时间都用来学习，天不亮就起床背书，常常挑灯夜战，孜孜不倦。别人问我为啥有耗不尽的精力，我答："因为不甘心、不认命、想上大学。"有了这种不甘心，学习就有了劲头，尽管学习真的苦，我却从不觉得这是苦。这种劲头一直持续到前几年我考建造师和消防工程师。

说实话，读书哪有不苦的！事实上，我就像"苦行僧"一样修行，求学之路越走越远，身边的伙伴却越来越少，小学时还有那么十几个，初中就寥寥无几了，而高中的我就只能踽踽独行了。我永远忘不掉，那一个个寒冷的冬日，蜿蜒的山路上，一个人独行的情景和孤独的身影。这种体验，让我多年后读汪国真先生《走向远方》里的句子时，总会深度共情。

是男儿总要走向远方，
走向远方是为了让生命更辉煌。
走在崎岖不平的路上，
年轻的眼眸里装着梦更装着思想。
不论是孤独地走着还是结伴同行，

让每一个脚印都坚实而有力量。

我们学着承受痛苦。

学着把眼泪像珍珠一样收藏，

把眼泪都贮存在成功的那一天流，

那一天，哪怕流它个大海汪洋。

……

我们学着只争朝夕。

人生苦短，道路漫长，

我们走向并珍爱每一处风光，

我们不停地走着，

不停地走着的我们也成了一处风光。

走向远方，

从少年到青年，

从青年到老年，

我们从星星走成了夕阳。

母亲见我郁郁寡欢，鼓励我："不要怕，考上大学就好了！"

天道酬勤，1999 年，我终于圆了大学梦。当我激动地把喜讯告诉母亲，她只淡淡地说了一句："考上就好！"我知道，她表面淡定，心里定是激动异常！

就这样，我走出了那座山，成了村里第一个大学生。

胡适说："在家庭教育中，最重要的就是母亲，母亲的修养决定了孩子的教养，也决定了这个家庭是否和顺。"我愈发觉得，在这个世界上，父母的见识是子女的眼，能帮子女看清前方的路。

这 20 多年来，我从学校到社会，从街道到区里，从市里到省上，从办事员成长为处级干部，经历了很多事，见过了很多人，发生了许多变化，可始终没变的是对学习机会的珍惜和拼搏的劲头。每当我感到疲惫了，想停下了，耳边总会响起母亲的声音："不怕慢，就怕站。只要不停步，哪怕笨一点，也能向前。"

朋友们不解，问我："你都四十几岁的人了，每年还读那么多书、考那么多试、写那么多文章，还准备出书，是不是有什么大抱负啊？"我说："我是个简单的人，没有任何野心，我只是怕自己浪费了学习的机会，忘记了拼搏的价值，消磨了奋斗的意志，迷失了来时的路。"我知道，这是母亲用一辈子论证出来的精神财富，必须把它融入血液里、刻到骨子里。

母亲已是耄耋之年的老人，身体每况愈下，我日夜牵挂，想送她一件称心的礼物。想来想去，觉得把学习成果送给她最好，所以我花六年多时间潜心写作，汇聚成《笔杆子修炼36堂课：公文写作精进之道》《公文写作32讲：从思维构思到笔法语言》两本书。送给她，既算是向她交上一份作业，说明我的书没白读，也告诉她：不管我走得再远，也从没忘记来时的路，我依然是当年那个"拼命五郎"（我在家排行第八，是我妈第五个儿子），今后还会好好读书，好好作文。

凡是过往，皆为序章。

"这不是结束，甚至不是结束的开始，而可能只是开始的结束。"（丘吉尔）

这两本书的出版，不是结束的开始，而是一个新的开始。我的第三本书的创作已接近尾声，会尽快跟大家见面。

谨将本书献给我的母亲！

如果文字有灵性，愿它化作另一个我，为母亲守着心中的家！